Como os Estados pensam

FUNDAÇÃO EDITORA DA UNESP

Presidente do Conselho Curador
Mário Sérgio Vasconcelos

Diretor-Presidente / Publisher
Jézio Hernani Bomfim Gutierre

Superintendente Administrativo e Financeiro
William de Souza Agostinho

Conselho Editorial Acadêmico
Júlio Cesar Torres
Luís Antônio Francisco de Souza
Marcelo dos Santos Pereira
Maurício Funcia de Bonis
Patricia Porchat Pereira da Silva Knudsen
Ricardo D'Elia Matheus
Sílvia Maria Azevedo
Tatiana Noronha de Souza
Trajano Sardenberg

Editores-Adjuntos
Anderson Nobara
Leandro Rodrigues

JOHN J. MEARSHEIMER
SEBASTIAN ROSATO

Como os Estados pensam

A racionalidade da política externa

Tradução
Fernando Santos

Título original: *How States Think: The Rationality of Foreign Policy*

© 2023 by John J. Mearsheimer and Sebastian Rosato.
All rights reserved.
Originalmente publicado pela Yale University Press

© 2024 Editora Unesp

Direitos de publicação reservados à:
Fundação Editora da Unesp (FEU)
Praça da Sé, 108
01001-900 – São Paulo – SP
Tel.: (0xx11) 3242-7171
Fax: (0xx11) 3242-7172
www.editoraunesp.com.br
www.livrariaunesp.com.br
atendimento.editora@unesp.br

Dados Internacionais de Catalogação na Publicação (CIP) de acordo com ISBD
Elaborado por Odilio Hilario Moreira Junior – CRB-8/9949

M483c

Mearsheimer, John J.
    Como os Estados pensam: a racionalidade da política externa / John J. Mearsheimer, Sebastian Rosato; traduzido por Fernando Santos. – São Paulo: Editora Unesp, 2024.

    Tradução de: *How States Think: The Rationality of Foreign Policy*
    Inclui bibliografia.
    ISBN: 978-65-5711-270-0

    1. Ciências políticas. 2. Teoria política. 3. História. 4. Relações internacionais. 5. Política. 6. Estado. 7. Diplomacia. 8. Políticas públicas. 9. Guerra fria. 10. Guerra mundial. I. Rosato, Sebastian. II. Santos, Fernando. III. Título.

2024-4094   CDD 320
     CDU 32

Esta publicação contou com apoio da Fundação de Amparo à Pesquisa do Estado de São Paulo (Fapesp, processo n.2014/50935-9)

Editora afiliada:

Para os nossos colegas teóricos das relações internacionais

Sumário

Prefácio   11

1   O pressuposto do agente racional   19

Racionalidade estratégica e imprevisibilidade   22
    Racionalidade individual   22
    Racionalidade coletiva   23

Definição de racionalidade estratégica na política
    mundial   24
    Teoria verossímil e deliberação   25
    Maximização da utilidade esperada   26

Avaliação da racionalidade estratégica na política
    mundial   28
    Routine Rationality   28
    Todos os atalhos o tempo todo   29

Racionalidade de objetivos   31

Roteiro   31

2   Racionalidade estratégica e imprevisibilidade   33

Racionalidade estratégica   33
    Racionalidade individual   34
    Racionalidade coletiva   35

Um mundo imprevisível   36

A imprevisibilidade em ação   39
    A política americana em relação à Europa depois da
    Segunda Guerra Mundial   39
    A política americana em relação ao leste da Ásia depois
    da Guerra Fria   41

A política japonesa antes de Pearl Harbor   43

A política americana durante a Crise
dos Mísseis Cubanos   44

Imprevisibilidade em larga escala   45

O significado da racionalidade estratégica   46

3 Definição de racionalidade estratégica   47

Teoria   48

As virtudes da teoria num mundo imprevisível   49

Teoria e política   50

Teorias verossímeis   53

Um inventário de teorias verossímeis   57

Teorias inverossímeis   63

Um inventário de teorias inverossímeis   64

Pensamento não teórico   68

Racionalidade individual   71

Racionalidade do Estado   72

Processo *versus* resultados   74

Teorias verossímeis e deliberação   75

4 Definições opostas   77

Maximização da utilidade esperada   78

Uma não definição de racionalidade individual   83

Uma definição alternativa equivocada
de racionalidade individual   84

Uma não definição de racionalidade do Estado   91

Psicologia política   93

Uma definição incorreta de não racionalidade   98

Analogias e heurísticas   100

Definições imperfeitas   103

5 Racionalidade e grande estratégia   105

Avaliação de racionalidade   105

Alemanha decide como lidar com a Tríplice Entente
antes da Primeira Guerra Mundial   107

Japão decide como lidar com a União Soviética antes
da Segunda Guerra Mundial   113

França decide como enfrentar a ameaça nazista antes
da Segunda Guerra Mundial   119

Os Estados Unidos decidem expandir a Otan depois
da Guerra Fria   126

Estados Unidos decidem buscar a hegemonia liberal
depois da Guerra Fria   131

Grandes estratégias racionais   136

6 Racionalidade e gestão de crise   139

A Alemanha decide iniciar a Primeira
Guerra Mundial   139

O Japão decide atacar os Estados Unidos
em Pearl Harbor   145

A Alemanha decide invadir a União Soviética   150

Estados Unidos decidem resolver a Crise
dos Mísseis Cubanos   158

A União Soviética decide invadir a
Tchecoslováquia   162

Escalada americana na Coreia e no Vietnã   167

Comportamento racional do Estado   169

7 Comportamento irracional do Estado   171

A Alemanha escolhe a estratégia de risco
antes da Primeira Guerra Mundial   172

A Grã-Bretanha escolhe uma estratégia de
desresponsabilização antes da Segunda
Guerra Mundial   176

Os Estados Unidos decidem invadir Cuba   183

Os Estados Unidos decidem invadir o Iraque   187

Dominadores e não racionalidade   194

8 Racionalidade de objetivos   195

Definição de racionalidade de objetivos   196

A racionalidade de objetivos na prática   199
A priorização da sobrevivência   199
A sobrevivência em risco   201
Desprezo pela sobrevivência   203

O imperativo da sobrevivência   204

9 Racionalidade na política internacional   205

Referências bibliográficas   209

Índice remissivo   235

Prefácio

Há uma crença generalizada no Ocidente de que a decisão do presidente russo Vladimir Putin de invadir a Ucrânia não foi um gesto racional. Na véspera da invasão, o primeiro-ministro britânico Boris Johnson sugeriu que talvez os Estados Unidos e seus aliados não tinham feito "o suficiente para dissuadir um agente irracional, e temos de aceitar no momento que Vladimir Putin possivelmente esteja pensando de maneira ilógica a respeito disso e não enxergue o desastre à frente". O senador americano Mitt Romney fez um comentário semelhante depois que a guerra começou, observando que, "ao invadir a Ucrânia, o sr. Putin já demonstrou ser capaz de tomar decisões ilógicas e contraproducentes".[1] O pressuposto subjacente às duas declarações é que líderes racionais só iniciam guerras se têm a possibilidade de vencer. Ao iniciar uma guerra que estava fadado a perder, prosseguia o raciocínio, Putin demonstrava sua não racionalidade.[2]

Outros críticos alegam que Putin não foi racional porque violou uma regra internacional básica. De acordo com esse ponto de vista, o único motivo moralmente aceitável para entrar em guerra é a autodefesa, mas a invasão da Ucrânia foi uma guerra de conquista. A especialista em Rússia

---

1 Faulconbridge, "UK's Johnson Says Russia's Putin May Be 'Irrational' on Ukraine", *Reuters*, 20 fev. 2022; Romney, "We Must Prepare for Putin's Worst Weapons", *New York Times*, 21 maio 2022.

2 Usamos o termo "não racional/não racionalidade" em vez de "irracional/irracionalidade" para designar agentes que não são racionais. Isso porque a palavra "irracional" é usada frequentemente para criticar – e até mesmo depreciar – alguém, mas nós só procuramos avaliar se os líderes e os Estados atendem aos critérios de racionalidade. Não estamos interessados em criticar ou elogiar a qualidade das suas decisões.

Nina Khrushcheva afirma que, "com sua agressão não provocada, o sr. Putin se junta a uma longa série de tiranos irracionais", e prossegue alegando que ele "parece ter sucumbido à sua obsessão egocêntrica de restaurar o *status* da Rússia como uma grande potência com sua própria esfera de influência bem definida". Bess Levin, da *Vanity Fair*, descreve o presidente da Rússia como "um megalomaníaco com sede de poder que nutre pretensões imperiais, a tal ponto que decidiu atacar um país vizinho". O ex-embaixador britânico em Moscou Tony Brenton alega que "a violação da soberania ucraniana por parte de Putin... [e] a obsessão praticamente insensível de pôr o país de joelhos" mostram que ele é um "autocrata desequilibrado", não o "agente racional" de outrora.[3]

Essas afirmações se baseiam em noções comuns de racionalidade que são intuitivamente plausíveis, mas, em última instância, equivocadas. Ao contrário do que muita gente pensa, não podemos relacionar a racionalidade ao sucesso e a não racionalidade ao fracasso. Racionalidade não tem a ver com resultados. Agentes racionais muitas vezes não conseguem alcançar seus objetivos, não por terem ideias malucas, mas devido a fatores que eles não conseguem prever nem controlar. Também existe uma forte tendência de relacionar racionalidade a moralidade, já que ambas as categorias são consideradas características do pensamento esclarecido. Mas isso também é um equívoco. Políticas racionais podem violar padrões de conduta amplamente aceitos, e podem até ser extremamente injustas.

Então, o que é "racionalidade" em política internacional? Surpreendentemente, a literatura acadêmica não oferece uma boa definição. Para nós, racionalidade tem a ver com a compreensão do mundo – isto é, perceber como e por que ele funciona – para decidir como alcançar certos objetivos. Ela tem uma dimensão individual e coletiva. Líderes racionais são guiados pela teoria; eles são o *homo theoreticus*. Dispõem de teorias verossímeis – explicações lógicas baseadas em pressupostos realistas e apoiadas em evidências sólidas – a respeito do funcionamento do sistema internacional, e as utilizam para compreender sua situação e determinar a melhor maneira de lidar com ela. Estados racionais reúnem as opiniões de líderes importantes através de um processo deliberativo que é marcado por um debate vigoroso e irrestrito. Em suma: as decisões racionais em política internacional se baseiam em teorias verossímeis a respeito do funcionamento do mundo e resultam de um processo deliberativo de tomada de decisões.

Isso tudo significa que a decisão da Rússia de invadir a Ucrânia foi racional. Imaginem que os líderes russos se baseassem numa teoria verossímil. A maioria dos comentaristas contesta essa afirmação, argumentando que

---

3 Khrushcheva, "Putin Joins a Long Line of Irrational Tyrants", *Globe and Mail*, 26 fev. 2022; Levin, "An 'Increasingly Frustrated' Putin, a Madman with Nuclear Weapons, Is Lashing out at his Inner Circle", *Vanity Fair*, 1º mar. 2022; Brenton, "This Isn't the Vladimir Putin that I once Knew", *Telegraph*, 1º mar. 2022.

Putin estava decidido a conquistar a Ucrânia e outros países da Europa oriental para criar um grande império russo, algo que satisfaria um desejo nostálgico dos russos, mas que não faz sentido estrategicamente no mundo moderno. O presidente Joe Biden sustenta que Putin aspira "a ser o líder da Rússia que uniu todos os russófonos. Quer dizer... acho apenas que isso é irracional".[4] O ex-conselheiro de segurança nacional H. R. McMaster afirma: "Não acho que ele é um agente racional, porque ele é assustador, certo? O que ele quer fazer acima de tudo é restaurar a grandeza nacional da Rússia. É isso que o motiva".[5]

O fato, porém, é que Putin e seus conselheiros pensaram simplesmente em termos da teoria do equilíbrio de poder, considerando que as tentativas do Ocidente de transformar a Ucrânia numa cidadela na fronteira da Rússia era uma ameaça existencial que não podia ser tolerada. O presidente da Rússia expôs essa lógica num discurso em que ele explicou sua decisão de declarar guerra: "Com a expansão da Otan para o leste, a situação da Rússia tem se agravado e ficado a cada ano mais perigosa... Não podemos ficar inertes e observar passivamente esses acontecimentos. Isso seria algo totalmente irresponsável da nossa parte". Ele prosseguiu dizendo: "Para o nosso país, é uma questão de vida ou morte, uma questão do nosso futuro histórico como nação. Isso não é um exagero; isso é um fato. Não é apenas uma ameaça muito concreta aos nossos interesses, mas à própria existência do nosso Estado e à nossa soberania. É a linha vermelha a que nos referimos inúmeras vezes. Eles cruzaram a linha".[6] Resumindo: era uma guerra de autodefesa para impedir uma mudança desfavorável no equilíbrio de poder.

Cabe ressaltar que Moscou preferia lidar com a ameaça crescente em suas fronteiras através de uma diplomacia agressiva, mas os Estados Unidos e seus aliados não estavam dispostos a atender as preocupações com a segurança da Rússia.[7] Assim sendo, Putin optou pela guerra, cujo resultado, segundo os analistas, seria a invasão da Ucrânia pelo exército russo. Relatando a opinião dos funcionários americanos logo antes da invasão, David Ignatius, do *Washington Post*, escreveu que a Rússia "ganharia rapidamente a fase inicial e tática desta guerra, se ela ocorrer. O exército enorme que a Rússia organizou ao longo da fronteira com a Ucrânia provavelmente conseguiria capturar a capital Kiev em alguns dias e controlar o país em pouco mais de uma semana".[8] Aliás, a comunidade de informação "disse à

---

4 Liptak, "Biden Says Putin 'Totally Miscalculated' by Invading Ukraine but Is a 'Rational Actor'", *CNN*, 11 out. 2022.

5 Costa, "Interview with H. R. McMaster on 'Face the Nation'", *CBS News*, 27 fev. 2022.

6 Citado em "Vladimir Putin's Televised Address on Ukraine", *Bloomberg News*, 24 fev. 2022.

7 Mardini, "Course Correcting toward Diplomacy in the Ukraine Crisis", *National Interest*, 12 ago. 2022.

8 Ignatius, "Putin's Impending 'March of Folly' in Ukraine", *Washington Post*, 13 fev. 2022.

Casa Branca que a Rússia venceria numa questão de dias, esmagando rapidamente o exército ucraniano".[9]

A decisão russa de invadir também resultou de um processo deliberativo. Uma vez mais, muito observadores contestam essa avaliação, afirmando que Putin atuou sozinho, sem contar com contribuições importantes de conselheiros civis e militares, que teriam aconselhado que ele não se envolvesse numa aposta imperial temerária. Nas palavras do senador Mark Warner, presidente do Comitê de Inteligência do Senado: "Não há tanta gente assim lhe passando informações. Portanto, estamos preocupados que esse tipo de indivíduo tenha se tornado um megalomaníaco por se considerar o único personagem histórico capaz de reconstruir a velha Rússia ou recriar a ideia do espaço soviético". O ex-embaixador em Moscou Michael McFaul sugere que um elemento da não racionalidade da Rússia é que Putin está "profundamente isolado, rodeado apenas de capachos que o afastaram das informações corretas".[10]

As evidências disponíveis contam uma história diferente: os subordinados de Putin compartilhavam suas opiniões acerca da natureza da ameaça que a Rússia enfrentava, e ele conversou com eles antes de decidir pela guerra. O consenso entre os líderes russos com relação aos riscos intrínsecos no relacionamento da Ucrânia com o Ocidente está refletido num memorando de 2008 escrito pelo então embaixador na Rússia William Burns; ele advertia que "a entrada da Ucrânia na Otan é a mais clara de todas as linhas vermelhas para a elite russa (não apenas Putin). Em mais de dois anos e meio de conversas com importantes protagonistas russos, dos brutamontes nas alcovas escuras do Kremlin aos mais incisivos críticos liberais de Putin, ainda estou para ver alguém que encare a Ucrânia na Otan como algo além de um desafio direto aos interesses russos... Não consigo imaginar uma fórmula perfeita que permitisse que os russos engolissem esse remédio sem protestar". Putin também não parece ter tomado a decisão de ir à guerra sozinho. Quando lhe perguntaram se o presidente russo tinha conversado com seus principais conselheiros, o ministro das Relações Exteriores Sergey Lavrov respondeu: "Todo país tem um mecanismo de tomada de decisão. Neste caso, o mecanismo existente na Federação Russa foi plenamente utilizado".[11]

---

9 Risen; Klippenstein, "The CIA Thought Putin Would Quickly Conquer Ukraine. Why Did They Get it So Wrong?", *Intercept*, 5 out. 2022.

10 Warner citado em Merchant; Isachenkov, "Reading Putin: Unbalanced or Cagily Preying on West's Fears?", *Independent*, 1º mar. 2022; McFaul, "Putin Is Menacing the World. Here's How Biden Should Respond to his Nuclear Threats", *Washington Post*, 3 mar. 2022.

11 Burns, *The Back Channel: A Memoir of American Diplomacy and the Case for its Renewal*, p.233; "Foreign Minister Sergey Lavrov's Interview with the BBC TV Channel, St. Petersburg" ["Entrevista do ministro das Relações Exteriores Sergey Lavrov ao canal de TV BBC, S. Petersburgo"], Ministério das Relações Exteriores da Federação Russa, 16 jun. 2022. Disponível em: <https://www.mid.ru/en/foreign_policy/news/1818228/>. Acesso em: 4 out. 2024.

Isso tudo quer dizer que a decisão russa de invadir surgiu muito provavelmente de um processo deliberativo.

A decisão russa de invadir a Ucrânia não foi apenas racional, também não foi anormal. Dizem que várias grandes potências agiram de maneira não racional quando na verdade elas agiram racionalmente. A lista inclui a Alemanha nos anos que antecederam a Primeira Guerra Mundial e durante a Crise de Julho, bem como o Japão na década de 1930 e durante os preparativos para Pearl Harbor. Isso não significa que os Estados são sempre racionais: a decisão britânica de não se contrapor à Alemanha nazista em 1938 não foi racional, como também não foi racional a decisão americana de invadir o Iraque em 2003. Mas esses exemplos são as exceções. Contra a opinião cada vez mais frequente entre os estudantes de política internacional de que os Estados geralmente não são racionais, afirmamos neste livro que a maioria dos Estados é racional a maior parte do tempo.

Esse argumento tem consequências profundas tanto para o estudo como para a prática da política internacional. Nenhum deles pode ser coerente num mundo em que a não racionalidade impera. Dentro da academia, nosso argumento afirma o pressuposto do agente racional, que é há muito tempo um componente fundamental para compreender a política mundial, ainda que tenha sido atacado recentemente. Se a não racionalidade é a norma, o comportamento do Estado não pode ser compreendido nem previsto, e o estudo da política internacional é uma tarefa inútil. Para os profissionais, a racionalidade permite que os Estados elaborem políticas externas eficazes. Somente se os outros Estados forem agentes racionais é que um Estado pode prever o comportamento possível dos amigos e dos inimigos numa determinada situação e, portanto, formular políticas que promovam seus próprios interesses.

A primeira vez que examinamos a possibilidade de escrever algo sobre o pressuposto do agente racional na política internacional foi em novembro de 2019. À época, planejamos escrever um artigo, que esboçamos durante os quatro meses seguintes numa série de reuniões de um dia de duração na Faculdade de Administração Booth da Universidade de Chicago. O único *insight* que tivemos naquela fase inicial que sobreviveu ao longo da produção deste livro foi que o pensamento baseado na teoria é o símbolo da racionalidade.

Em março de 2020, a pandemia chegou, pondo fim às nossas reuniões, mas não aos nossos esforços. Rosato produziu o primeiro rascunho do artigo no dia 8 de maio, quando então Mearsheimer começou a escrever um segundo rascunho. Quando ele se viu em dificuldade, começamos a nos reunir diariamente pelo Zoom para resolver os problemas que o estavam deixando confuso, e logo passamos a escrever o segundo rascunho juntos. Finalizamos essa versão no dia 31 de julho e a distribuímos para diversos colegas, com quem nos reunimos depois pelo Zoom – geralmente dois de cada vez – para ouvir comentários sobre as nossas ideias. Também apresentamos o rascunho em dois seminários: o Seminário de Relações Internacionais Notre Dame e o Seminário sobre Relações Internacionais da Universidade de Chicago.

Praticamente todos que leram o rascunho tinham importantes ressalvas a respeito do projeto, e percebemos que, apesar de todo o nosso esforço, não tínhamos um conhecimento adequado da questão da racionalidade. Em tais situações, geralmente existe a tentação de desistir, mas decidimos dobrar a aposta e escrever um livro, não somente porque acreditávamos que tínhamos algo importante a dizer, mas também porque quase todos os nossos interlocutores ficaram fascinados com o tema.

Portanto, a partir de outubro de 2020, passamos a nos reunir quase diariamente durante quatro horas pelo Zoom até que, no dia 17 de junho de 2021, produzimos o primeiro rascunho do livro. As reuniões seguiram um padrão regular: passávamos os primeiros quinze a trinta minutos jogando conversa fora, antes de começar a trabalhar, usando a função de compartilhamento de tela para escrever, ler e pesquisar juntos. Depois distribuímos o rascunho do livro para um grande número de colegas – alguns dos quais tinham lido a versão do artigo –, a que se seguiu uma série de conversas pelo Zoom, muitas das quais duraram várias horas. Também aproveitamos a flexibilização das restrições da pandemia para fazer duas reuniões presenciais com alguns de nossos colegas de Chicago e Notre Dame no Hyde Park.

Embora fôssemos para essas reuniões pensando, não pela primeira vez, que nossos argumentos eram sólidos, acabávamos percebendo nosso engano. Mais uma vez, nossos interlocutores apontaram problemas graves no original, embora vários deles nos dissessem que achavam que tínhamos descoberto algo importante e que dispúnhamos dos ingredientes para escrever um livro fundamental.

No final de setembro de 2021, demos início a uma reformulação total, reunindo-nos pelo Zoom durante quatro horas por dia, sete dias por semana – incluindo o Dia de Ação de Graças e o dia de Ano-Novo (mas não o Natal) –, até que, no dia 5 de março de 2022, a nova versão ficou pronta. A diferença entre esse rascunho e o anterior, em termos conceituais, teóricos e empíricos, era profunda. Tendo esgotado nossa lista de interlocutores, compartilhamos o original com William Frucht, nosso editor na Yale University Press, que o mandou avaliar. Os extensos comentários que recebemos dele e dos avaliadores nos fizeram retornar ao Zoom em período integral e reescrever o original mais uma vez. Terminamos o rascunho final no dia 15 de agosto, dois anos e nove meses depois do dia em que iniciamos o projeto.

Que fique claro, *Como os Estados pensam* é filho tanto da pandemia – que nos confinou em nossas casas e que, ao deixar em suspenso o resto das nossas vidas, nos proporcionou o tempo de que precisávamos para pensar e escrever – como do Zoom, que nos permitiu passar umas 3 mil horas trabalhando juntos e nos reunindo com colegas do mundo inteiro. Por estranho que pareça, não podemos imaginar que seria possível ter finalizado o livro em outra circunstância qualquer, e mesmo que o tivéssemos feito, desconfiamos que teríamos levado muito mais tempo para escrevê-lo e o resultado final não teria sido tão bom.

É um enorme prazer agradecer ao grande número de pessoas inteligentes e talentosas que tornaram este livro melhor. Somos especialmente gratos às pessoas que se reuniram conosco no Zoom e fizeram inúmeros comentários estimulantes e criteriosos, entre os quais Jasen Castillo, Dale Copeland, Eliza Gheorge, Charles Glaser, Brendan Green, Mariya Grinberg, Dominic Johnson, Sean Lynn-Jones, Nuno Monteiro, Lindsey O'Rourke, Brian Rathbun, John Schuessler, Jack Snyder, Janice Gross Stein, Marc Trachtenberg, Stephen Walt e Alexander Wendt. Somos gratos também a Joshua Byun, Moritz Graefrath, Robert Gulotty, William Howell, Eric Oliver e Duncan Snidal, que se reuniram conosco pessoalmente, dando conselhos sensatos sobre todo o original.

Foi muito proveitoso apresentar nossas reflexões iniciais sobre racionalidade no Seminário de Relações Internacionais Notre Dame e no Seminário sobre Relações Internacionais da Universidade de Chicago. Somos gratos a todos os participantes desses seminários, principalmente Austin Carson, Michael Desch, Eugene Gholz, Alec Hahus, Rosemary Kelanic, Dan Lindley, Joseph Parent, Jazmin Sierra e Diana Wueger, pelas perguntas, comentários e sugestões pertinentes.

Gostamos muitíssimo das conversas e trocas de *e-mail* que tivemos com Bryce Adam, Sener Aktürk, Ólafur Björnsson, Sean Braniff, Kevin Bustamante, Arthur Cyr, Amitava Dutt, Christian Godwin, Gary Goertz, Peter Katzenstein, Samuel Leiter, Jennifer A. Lind, Ramzy Mardini, James Morrow, Bangchen Ruan, Yubing Sheng, Lei Sun, Robert Trager, Mike Wolcott e especialmente Robert Keohane.

Por fim, agradecemos aos três avaliadores anônimos pela seriedade com que leram e criticaram o original. Nossas desculpas sinceras a qualquer pessoa que tenhamos esquecido de mencionar.

Temos a sorte de ter recebido um magnífico apoio administrativo e financeiro. Agradecemos em especial a Elyse Boldt, David Mearsheimer e Burak Tan pelo excelente apoio à pesquisa. A pesquisa de Mearsheimer foi facilitada por um pequeno financiamento do Valdai Discussion Club, que ele recebeu em conjunto com o prêmio de melhor livro do clube de 2019 para *The Great Delusion*. O trabalho de Rosato foi financiado parcialmente pela Faculdade de Artes e Letras de Notre Dame.

Este é o segundo livro que cada um de nós publicou pela Yale University Press. Não poderíamos ter desejado um editor melhor que William Frucht, que se mostrou entusiasmado ao longo de todo o processo e também fez um maravilhoso trabalho de edição do original. Agradecemos também a

Amanda Gerstenfeld pelo apoio logístico, a Bojana Ristich pela esplêndida edição de texto, e a Joyce Ippolito pela orientação tranquila durante as etapas de produção.

O processo de escrita de um livro é muito desgastante para os autores e, portanto, é inevitável que ele tenha um impacto profundo naqueles que os rodeiam. Devido à pandemia, isso se aplicou especialmente a Pamela e David Mearsheimer e a Susan, Anna e Olivia Rosato, que foram obrigados a vivenciar a empreitada quase diariamente. No entanto, apesar de tudo, eles se mostraram sempre pacientes, solidários e incentivadores, pelo que somos profundamente gratos.

1
O PRESSUPOSTO DO AGENTE RACIONAL

Virou lugar-comum os líderes americanos descreverem seus adversários externos como não racionais. Em algum momento ao longo dos últimos 25 anos, Saddam Hussein, Mahmoud Ahmadinejad, Hugo Chávez, Muammar Gaddafi, Kim Jong-Un e Vladimir Putin, entre outros, foram rotulados de "irracionais", "ilógicos", "malucos", "paranoicos" ou "loucos", e em alguns casos foram comparados a Adolf Hitler, que costuma ser retratado como o garoto-propaganda da não racionalidade.[1]

A visão de que os indivíduos, incluindo os assessores políticos, são não racionais pode ser ainda mais influente nos círculos acadêmicos, onde se diz que "uma nova revolução comportamental varreu as ciências sociais nas últimas décadas".[2] Baseando-se na obra de psicólogos, muitos estudantes de política e economia sustentam que os seres humanos – dos consumidores comuns aos chefes de Estado – agem frequentemente de maneira contrária aos ditames da racionalidade.

Se essas afirmações são verdadeiras, então o conhecimento tradicional a respeito das relações internacionais está com problemas, já que grande parte

---

1 Ver, por exemplo, MacAskill, "Irrational, Illogical, Unpredictable: 24 Years on, the World Awaits Saddam's Next Move", *Guardian*, 18 mar. 2003; Hanson, "The Not-So-Mad Mind of Mahmoud Ahmadinejad", *Chicago Tribune*, 20 jan. 2006; Gunson, "Is Hugo Chavez Insane?", *Newsweek*, 11 nov. 2001; Kelland, "No Method in Deciphering Gaddafi's Mind", *Reuters*, 3 mar. 2011; Bowden, "Understanding Kim Jong Un, the World's Most Enigmatic and Unpredictable Dictator", *Vanity Fair*, 12 fev. 2015.

2 Hafner-Burton et al., "The Behavioral Revolution and International Relations", *International Organization*, v.71, supl.S1, p.S2, 2017.

dele se baseia no pressuposto de que os Estados são agentes racionais.[3] A descoberta de que eles são sistematicamente não racionais enfraqueceria muitos dos principais argumentos e perspectivas no setor e, provavelmente, poria em causa toda a atividade.[4] Também impossibilitaria que os chefes de Estado concebessem políticas externas eficazes. Afinal de contas, eles não conseguiriam prever como os outros Estados provavelmente se comportariam. Em suma: os desafios acadêmicos e do mundo real não poderiam ser maiores.

Nosso objetivo neste livro é examinar o pressuposto do agente racional na política mundial. Procuramos responder a duas perguntas relacionadas. Primeira, o que é racionalidade? Qualquer discussão a respeito do pressuposto do agente racional tem de começar com uma compreensão adequada do que significa para os Estados pensar e agir racionalmente, e, inversamente, o que significa para eles pensar e agir não racionalmente. Sem uma definição convincente, é impossível estabelecer um parâmetro que possa ser usado para diferenciar o pensamento e a ação racionais do pensamento e da ação não racionais. Segunda, os Estados realmente são agentes racionais? Isto é, o registro empírico mostra que eles são sistematicamente racionais ou não racionais?

Racionalidade diz respeito à compreensão do mundo com a finalidade de explorá-lo na busca dos objetivos almejados.[5] No âmbito da política externa, isso significa que ela tem dimensões individuais e no nível do Estado. Os líderes racionais são guiados pela teoria – eles empregam teorias verossímeis tanto para compreender a situação em questão como para escolher as melhores políticas para alcançar seus objetivos. Um Estado é racional se as opiniões de seus principais líderes são reunidas através de um processo

---

3 Nesta questão, *ver* Abulof, "The Malpractice of 'Rationality' in International Relations", *Rationality and Society*, v.27, n.3, p.359, 2015; Narizny, "On Systemic Paradigms and Domestic Politics: A Critique of the Newest Realism", *International Security*, v.42, n.2, p.160-1, 2017; Wendt, "Anarchy Is what States Make of it: The Social Construction of Power Politics", *International Organization*, v.46, n.2, p.391-5, 1992. Quanto à alegação de que o pressuposto de racionalidade é fundamental tanto para a abordagem liberal como para a abordagem realista, *ver* Keohane; Nye Jr., *"Power and Interdependence* Revisited", *International Organization*, v.41, n.4, p.728, 1987. Quanto à alegação de que ele é fundamental para as abordagens liberais, *ver* Moravcsik, "Taking Preferences Seriously: A Liberal Theory of International Politics", *International Organization*, v.51, n.4, p.516-21, 1997. E quanto à alegação de que ele é fundamental para as abordagens realistas, *ver* Keohane, "Theory of World Politics: Structural Realism and Beyond", em Keohane (org.), *Neorealism and its Critics*, p.164-5; Legro; Moravcsik, "Is anybody still a Realist?", *International Security*, v.24, n.2, p.6 e 12, 1999; Schmidt; Wight, "Rationalism and the 'Rational Actor Assumption' in Realist International Relations Theory", *Journal of International Political Theory*, v.19, n.2, p.158-82, 2023.

4 Quanto à opinião de que não se pode abandonar ou alterar os pressupostos de um programa de pesquisa sem abandonar também o próprio programa, *ver* Lakatos, *The Methodology of Scientific Research Programmes*, v.1: *Philosophical Papers*, p.1-101.

5 Para uma definição similar, *ver* Pinker, *Rationality: What it Is, Why it Seems Scarce, Why it Matters*, p.36-7. Pinker escreve especificamente: "Uma definição que é mais ou menos fiel ao modo como a palavra é usada é 'a capacidade de usar o conhecimento para atingir objetivos'".

Como os Estados pensam

deliberativo e a política final é baseada numa teoria verossímil. Por outro lado, um Estado é não racional se ele não baseia sua estratégia numa teoria verossímil, não delibera, ou ambos. Uma análise cuidadosa da história mostra que, avaliados por esses critérios, os Estados são sistematicamente racionais em sua política externa.

Nossos argumentos se opõem fortemente à literatura existente sobre racionalidade nas relações internacionais.[6] É surpreendente que nas duas visões que dominam o debate – escolha racional e psicologia política – se discuta tão pouco como os indivíduos compreendem o mundo, uma etapa que é um componente essencial da racionalidade. Os acadêmicos que seguem a tradição da escolha racional, que esperaríamos que tivessem muito a dizer sobre esse tema, simplesmente não analisam como os assessores políticos empregam seu senso crítico para descobrir o modo que o mundo funciona. Os psicólogos políticos também permanecem basicamente silenciosos quando se trata do modo como os assessores políticos procuram compreender o mundo que os rodeia.

Em vez disso, tantos os teóricos da escolha racional como os psicólogos políticos se concentram na questão mais restrita do modo como os indivíduos decidem entre opções estratégicas alternativas. Os acadêmicos partidários da escolha racional alegam que os indivíduos racionais agem "como se" buscassem maximizar sua utilidade esperada. Essa abordagem não considera como os indivíduos realmente pensam a respeito das suas escolhas. Por outro lado, os psicólogos políticos de fato analisam como os indivíduos realmente tomam decisões, e, portanto, se pronunciam a respeito da aparência da escolha racional. Porém, sua compreensão é diferente da nossa; enquanto enfatizamos o uso de teorias verossímeis, eles dizem que os indivíduos racionais fazem escolhas utilizando a fórmula da maximização da utilidade esperada.

Os teóricos da escolha racional e os psicólogos políticos têm ainda menos a dizer sobre o que é a racionalidade no nível do Estado do que no nível individual. Embora reconheçam que a elaboração da política externa é um empreendimento coletivo, não dizem praticamente nada sobre o modo como as opiniões dos diferentes líderes são reunidas para produzir uma estratégia racional ou não racional.

Passando à questão empírica de saber se os Estados são de fato agentes racionais, os acadêmicos partidários da escolha racional e os psicólogos políticos contestam nossa afirmação de que a racionalidade é algo comum. Para ser claro, muitos teóricos da escolha racional não abordam a questão, e aqueles que se posicionam sobre o assunto sustentam que os Estados são

---

6 Para obras recentes que descrevem as iniciativas da escolha racional e da psicologia política, *ver* Kydd, *International Relations Theory: The Game-Theoretic Approach*; Mintz; Valentino; Wayne, *Beyond Rationality: Behavioral Political Science in the 21st Century*.

frequentemente não racionais. Os psicólogos políticos também afirmam que a não racionalidade é generalizada na política internacional.

Isso tudo quer dizer que a nossa intervenção no debate é radical. Por um lado, oferecemos uma definição pertinente de racionalidade na política internacional onde não havia nenhuma. Além disso, em vez de simplesmente defender que os Estados geralmente são racionais, nós apresentamos os argumentos.

Racionalidade estratégica e imprevisibilidade

Antes de poder definir "racionalidade" na política internacional é importante delinear alguns aspectos essenciais dos agentes relevantes e o ambiente em que eles atuam. Existe uma diferença importante entre assessores políticos e Estados. Portanto, é fundamental considerar o que significa pensar e agir racionalmente para os indivíduos e para as coletividades. Ademais, avaliações de racionalidade se aplicam tanto aos objetivos que os assessores políticos e os Estados estabelecem para si mesmos como às estratégias que adotam para realizá-los. Existe uma diferença entre o que chamamos de "racionalidade estratégica" e "racionalidade de objetivos", embora o debate sobre a racionalidade nas relações internacionais se concentre quase exclusivamente em saber se as estratégias de um Estado são racionais e dê pouca atenção à avaliação da racionalidade dos seus objetivos.

O mundo em que os Estados atuam se caracteriza, acima de tudo, pela imprevisibilidade. Em outras palavras, a política internacional é uma empreitada com carência de informações; grande parte dos dados de que os assessores políticos precisam para tomar decisões não existem, e as informações que existem podem não ser confiáveis. Os assessores políticos enfrentam déficits de informação a respeito de seu próprio Estado, a respeito de outros Estados – tanto amigos como inimigos – e a respeito de possíveis interações entre seu Estado e os outros. Esses problemas, que já são intratáveis no presente, são mais desafiadores quando se tenta prever o futuro.

Racionalidade individual

No nível individual, a racionalidade é um processo mental. Portanto, dizer que os indivíduos são racionais ou não racionais é fazer uma afirmação a respeito do caráter do seu pensamento. Em primeiro lugar, como eles compreendem o mundo, e, em segundo lugar, como eles tomam decisões a respeito das questões específicas com que se deparam?[7]

---

7 Como deve estar evidente, adotamos uma perspectiva realista científica para teorizar as relações internacionais. Para nós, as teorias contêm afirmações que refletem como o mundo

Indivíduos racionais empregam um processo de reflexão que é adequado para compreender o mundo em que atuam. Utilizam seu espírito crítico para responder perguntas como estas: quais objetivos devem perseguir e por quê? Quais são os fatores mais importantes para definir o seu mundo? Quais são as causas e os efeitos desses diferentes fatores? Por que essas causas e esses efeitos se realizam? Quais são as causas e os efeitos de ações específicas? O que explica por que essas causas produzem esses efeitos? Em outras palavras, compreender o mundo – que é a essência da racionalidade – consiste em explicar como o mundo funciona e por que ele funciona da maneira que o faz. Ao executar essa tarefa, os assessores políticos racionais estão cientes de que a política internacional é um mundo carente de informações e, portanto, imprevisível.

Quando indivíduos racionais tomam decisões sobre como lidar com determinadas questões, eles escolhem aquela que, para eles, é a melhor estratégia para alcançar seus objetivos, levando em conta que estão atuando num mundo imprevisível. A tomada de decisão racional também tem uma importante dimensão informacional. Ao tomar suas decisões, os indivíduos racionais avaliam cuidadosamente a situação em questão, um processo que consiste em reunir e analisar as evidências disponíveis. Além disso, tendo feito uma escolha, estão dispostos a modificar seus pontos de vista caso disponham de novas informações.

Racionalidade coletiva

A racionalidade no nível coletivo tem a ver com o modo como os líderes que formulam a política externa trabalham juntos para apresentar os objetivos e as estratégias para alcançá-los. É esse conjunto de pessoas, não o Estado propriamente dito, que faz as políticas. Portanto, a racionalidade de um Estado depende do modo como as opiniões de seus principais assessores políticos são reunidas.

---

realmente funciona. Por conseguinte, os pressupostos que sustentam essas teorias precisam refletir fielmente aspectos da política internacional, e pode-se demonstrar que eles estão certos ou errados. Esses pressupostos não são simplesmente invenções úteis que ajudam a gerar teorias interessantes, como os instrumentalistas alegam. No caso em questão, isso significa que uma definição adequada de racionalidade deve refletir como os líderes realmente pensam. Sobre a diferença entre realismo científico e instrumentalismo, *ver* MacDonald, "Useful Fiction or Miracle Maker: The Competing Epistemological Foundations of Rational Choice Theory", *American Political Science Review*, v.97, n.4, p.551-65, 2003; Mearsheimer; Walt, "Leaving Theory Behind: Why Simplistic Hypothesis Testing Is Bad for International Relations", *European Journal of International Relations*, v.19, n.3, p.432-4, 2013; e sobre realismo científico, *ver* Chakravartty, "Scientific Realism", em Zalta (org.), *The Stanford Encyclopedia of Philosophy*. Disponível em: <https://plato.stanford.edu/archives/sum2017/entries/scientific-realism/>. Acesso em: 4 out. 2024.

John J. Mearsheimer • Sebastian Rosato

Um processo de agregação racional tem duas características fundamentais. A primeira é ser um mecanismo que permite a avaliação sistemática das opções disponíveis. Na prática, isso significa que os membros do grupo de formulação de políticas põem suas opções preferidas – que derivam da sua compreensão do mundo – na mesa, e todas essas opções são discutidas, juntamente com as opiniões de cada formulador de políticas a respeito delas. Essa análise meticulosa é fundamental para que o processo de agregação seja racional, porque, no mundo imprevisível em que os Estados atuam, muitas vezes não é evidente o que eles deveriam almejar nem qual é a melhor maneira de alcançar suas ambições. A segunda característica é ser um procedimento para decidir entre as opções disponíveis. Afinal de contas, só um processo de agregação que produz uma decisão é racional; aquele que não consegue produzir uma decisão é não racional.

É necessário dizer uma última palavra sobre o conceito de agente racional. Poderíamos pensar que a discussão precedente acerca dos processos individual e coletivo que levam a uma política significa que não temos muito a dizer a respeito do pressuposto do agente racional, que, supostamente, tem a ver com ação. Como política e ação são conceitos analiticamente distintos, pode parecer que estamos nos concentrando na primeira e ignorando a segunda. Isso seria incorreto. Embora política e ação sejam analiticamente distintas, elas estão intimamente ligadas. Trocando em miúdos, os Estados atuam com base em políticas. Portanto, na medida em que suas políticas são racionais, suas ações também são. Resumindo: nossa análise tem tudo a ver com o pressuposto do agente racional.

Concluindo, os requisitos para uma definição válida de racionalidade na política internacional são claros. Tanto no nível individual como no nível do Estado, ela precisa descrever um processo adequado a um mundo imprevisível que permita que esses agentes compreendam sua situação e tomem decisões à medida que os problemas surgem.

Definição de racionalidade estratégica na política mundial

Embora os especialistas em relações internacionais costumem invocar o pressuposto do agente racional ao se referirem aos Estados como racionais ou não racionais, surpreendentemente a literatura discute muito pouco as implicações da racionalidade. Por isso, apresentaremos uma definição de racionalidade estratégica e explicaremos por que ela é superior à alternativa usada mais frequentemente.[8]

---

8 Para que fique claro, usamos a expressão "racionalidade estratégica" para designar a racionalidade de uma estratégia ou política de um Estado. Os especialistas em escolha racional empregam a expressão de forma um pouco diferente, enfatizando a natureza interativa da

Teoria verossímil e deliberação

Como foi dito, definimos um Estado como racional se a sua estratégia está baseada numa teoria verossímil e resulta de um processo deliberativo. Os assessores políticos racionais são guiados pela teoria; eles empregam teorias verossímeis para compreender o mundo e decidir a melhor maneira de alcançar um objetivo. Os Estados racionais agregam as opiniões de diferentes assessores políticos em duas etapas: um debate vigoroso e irrestrito e uma escolha de política feita por um decisor supremo.

Assessores políticos racionais que procuram compreender o mundo adotam teorias verossímeis; podemos chamá-los de *homo theoreticus*. Como a teoria e a política estão intimamente ligadas, os líderes que empregam essas teorias defendem, em última análise, políticas racionais. As pessoas têm na cabeça diferentes teorias – discursos probabilísticos compostos de pressupostos, lógica causal e elementos de prova – a respeito de diversos aspectos da política internacional. Muitas dessas teorias são verossímeis, ou seja, seus pressupostos são realistas, seus relatos causais são logicamente consistentes e suas afirmações encontram um apoio expressivo na história. Algumas teorias, porém, não são verossímeis do ponto de vista hipotético, lógico ou empírico (ou os três), e, nesse caso, as propostas de política que se originam delas são não racionais. O mesmo acontece com as estratégias baseadas em qualquer forma de pensamento não teórico.

Quando confrontados com a necessidade de tomar uma decisão sobre um determinado problema, os assessores políticos racionais recorrem, mais uma vez, a teorias verossímeis. Por explicarem o modo como o mundo funciona, essas teorias ajudam os assessores políticos a escolher a melhor estratégia para lidar com a situação em questão. De fato, nenhuma teoria verossímil se aplica a todos os problemas, e mesmo que se aplique numa determinada ocasião, pode não fazê-lo posteriormente, se as circunstâncias mudarem. Em outras palavras, assessores políticos racionais são profundamente apegados a suas teorias, mas também avaliam se essas teorias se aplicam ao caso em apreço, e estão dispostos a mudar de opinião diante de novos indícios convincentes.

Os Estados racionais agregam as opiniões dos principais assessores políticos através da deliberação. Deve ficar claro que, em qualquer situação, é provável que cada líder tenha uma teoria preferida e tenda a acreditar que ela capta melhor o modo que o mundo funciona, e, portanto, oferece a solução comprovada para lidar com o problema em questão. Algumas

---

tomada de decisão. Eles se concentram no modo como os agentes têm de levar em conta as estratégias um do outro ao fazerem escolhas. *Ver*, por exemplo, Lake; Powell, "International Relations: A Strategic-Choice Approach", em Lake; Powell (orgs.), *Strategic Choice and International Relations*, p.3-4.

vezes essas teorias vão se sobrepor consideravelmente, e em outras ocasiões haverá discordâncias acentuadas. Alguns assessores políticos podem até privilegiar teorias não verossímeis, mas a maioria não o fará. Portanto, a questão da agregação ocupa um lugar importante.

A deliberação é a marca de um processo de agregação racional no nível do Estado. Ela consiste num debate vigoroso e irrestrito no qual cada líder pode opinar a respeito dos pontos fortes e fracos das diferentes políticas em questão sem recorrer à coação e à fraude nem ser vítima delas, e numa escolha de políticas feita por um decisor supremo. Na prática, a discussão se parece a um mercado de ideias clássico em que o grupo tenta compreender a situação. O debate pode se desenrolar de três maneiras. Na primeira, os assessores políticos, incluindo o decisor supremo, discutem a situação que eles estão enfrentando de forma exaustiva e chegam facilmente a um consenso porque suas teorias basicamente se sobrepõem. Na segunda, defendem teorias, e suas respectivas políticas, diferentes, mas resolvem suas discordâncias porque o debate leva alguns a reconsiderar suas opiniões. Na terceira, os participantes discordam, nenhum lado consegue convencer o outro e o decisor supremo resolve a disputa.

Inversamente, um Estado é não racional se o processo de agregação que produz a política escolhida é não deliberativo – isto é, alguns membros do grupo de tomada de decisão se empenham em silenciar, coagir, suprimir, mentir ou reter informações. Isso se aplica mesmo se a política final acabar se baseando numa teoria verossímil. E, naturalmente, um Estado é não racional se a estratégia que ele escolher se basear numa teoria não verossímil ou não se basear em nenhuma teoria, independentemente da natureza do processo de agregação.

Nossa definição de "racionalidade estratégica" – Estados são racionais se suas políticas se baseiam em teorias verossímeis e resultam de um processo deliberativo de tomada de decisão – capta o significado essencial desse conceito. No nível individual, teorias verossímeis – que são construções mentais – são a forma mais adequada de compreender um mundo imprevisível, embora não sejam nem de longe perfeitas. Elas também são ideais para tomar decisões a respeito da melhor maneira de seguir em frente diante de déficits de informação importantes. No nível coletivo, a deliberação fornece um mecanismo tanto para a revisão sistemática das opções de política, que é fundamental num mundo imprevisível onde não está claro qual é a melhor das estratégias, como um procedimento para decidir entre essas opções.

Maximização da utilidade esperada

A maioria dos estudantes de relações internacionais trata a racionalidade como sinônimo de maximização da utilidade esperada, que, no fundo, é uma iniciativa baseada em dados. De acordo com esse método – defendido

Como os Estados pensam

por especialistas em escolha racional –, os indivíduos racionais primeiro identificam o conjunto de possíveis consequências que podem resultar de suas interações com outros agentes. Então classificam essas consequências possíveis por ordem de preferência e lhes atribuem utilidades ou valores específicos. Em seguida, multiplicam a utilidade de cada consequência possível pela probabilidade de que ela ocorra – que eles estabelecem analisando os dados disponíveis –, para calcular a utilidade esperada das diversas ações em análise. Finalmente, otimizam o procedimento, escolhendo a ação que maximize sua utilidade esperada. Essa visão da racionalidade é empregada normalmente na economia tradicional, e é por isso que os indivíduos que maximizam ou otimizam suas ações se envolvendo em cálculos de utilidade esperada são geralmente chamados de *homo economicus*.

É importante observar que existem duas visões na literatura sobre racionalidade e maximização da utilidade esperada. Os teóricos da escolha racional afirmam que os indivíduos racionais agem como se estivessem maximizando sua utilidade esperada. Eles não pressupõem que os agentes racionais realmente calculam a utilidade esperada das ações disponíveis a fim de tomar decisões. Na verdade, não dizem nada a respeito do processo mental em que os indivíduos se envolvem para escolher como agir. Os psicólogos políticos adotam uma perspectiva diferente. Embora também equiparem a racionalidade à otimização, eles consideram que isso significa que os indivíduos racionais realmente executam cálculos de utilidade esperada em suas cabeças quando decidem o que fazer.

Essa definição de racionalidade nas relações internacionais é incompleta; aborda apenas o modo como os indivíduos escolhem, estipulando que os líderes racionais escolhem ações que maximizam sua utilidade esperada. A definição diz pouco sobre o modo como esses indivíduos compreendem o mundo antes de serem confrontados com um problema que exige uma decisão. Ela também diz pouco sobre a aparência do processo de agregação racional no nível do Estado.

Mesmo na questão específica das escolhas individuais, a maximização da utilidade esperada é uma definição incorreta de racionalidade. Os estudiosos da escolha racional não dizem praticamente nada a respeito do processo mental de escolha. Em vez disso, simplesmente pressupõem que os indivíduos racionais agem como se estivessem maximizando sua utilidade, não que estejam realmente fazendo isso. Como os processos de pensamento estão no centro da racionalidade, isso significa que os teóricos da escolha racional, em última análise, não dizem nada a respeito da tomada de decisão racional. Os psicólogos políticos, que afirmam que os assessores políticos que são racionais realmente pensam em termos da utilidade esperada, não enfrentam esse problema. Não obstante, a exemplo dos estudiosos da escolha racional, os psicólogos políticos são vulneráveis a outra crítica: a maximização da utilidade esperada não é uma abordagem racional para tomar decisões de política externa. É uma maneira de decidir como alcançar os objetivos num mundo com muita informação em que os dados confiáveis são abundantes, mas a política internacional é carente de informações e imprevisível.

Avaliação da racionalidade estratégica na política mundial

Uma vez definida a racionalidade, podemos avaliar se os Estados são agentes racionais ou não. Existem, basicamente, duas posições a respeito do assunto. Nós defendemos que os Estados geralmente são racionais, enquanto os psicólogos políticos afirmam que eles geralmente são não racionais. Tanto as análises dos argumentos como do registro histórico revelam que a racionalidade é algo corriqueiro na política internacional.

Routine Rationality

Como definimos racionalidade como a soma de teorias verossímeis mais deliberação, constatamos que, de modo geral, os Estados são agentes racionais. Assessores políticos individuais geralmente utilizam teorias verossímeis para fundamentar sua compreensão da política internacional e suas decisões a respeito dos assuntos em questão, e deliberam entre si para elaborar estratégias para alcançar seus objetivos.

Nossa análise do registro histórico se concentra numa série de exemplos conhecidos nos quais as grandes potências elaboraram grandes estratégias e gerenciaram crises. Examinamos casos em que foi dito que esses Estados pensaram e agiram de modo não racional. O motivo é simples: se as grandes potências foram racionais nesses casos de suposta não racionalidade, então é provável que também tenham sido racionais na maioria das outras vezes. É claro que não analisamos toda a história. Isso é impossível, já que existem inúmeros casos em que os Estados tomam decisões de política externa e poucas evidências a respeito de muitas delas. Não obstante, acreditamos que nossa abordagem avança um pouco na solução do problema.

É importante observar que, em muitos dos casos examinados, a política escolhida fracassou, às vezes de forma desastrosa. Isso não quer dizer que o Estado em questão não foi racional. Existe uma diferença conceitual fundamental entre processo e resultado, e a racionalidade tem a ver com o primeiro, não com o segundo. Os Estados racionais procuram compreender o mundo e analisam de forma sistemática as estratégias disponíveis. Isso não quer dizer que as políticas que eles escolhem serão bem-sucedidas. Os Estados podem estar comprometidos com a deliberação baseada na teoria e, no entanto, não conseguir alcançar o resultado desejado devido a um obstáculo exógeno ou a uma situação imprevista. Há vários motivos – como a sorte ou uma superioridade esmagadora – pelos quais Estados não racionais podem alcançar seus objetivos. Resumindo: os Estados podem ser racionais e mal-sucedidos como também não racionais e bem-sucedidos. Portanto, não faz muito sentido equiparar racionalidade com resultados. Não obstante, um Estado que aplica uma estratégia racional tem uma probabilidade maior de ser bem-sucedido que de fracassar, já que tem uma boa compreensão da política internacional e refletiu cuidadosamente sobre como proceder.

Nada disso significa que a racionalidade é onipresente na política internacional. Aliás, identificamos inúmeros exemplos de não racionalidade em que os Estados ou não conseguiram deliberar ou não conseguiram basear sua política numa teoria verossímil, ou ambos.

Existe uma explicação simples do motivo de os Estados geralmente pensarem e agirem de forma racional quando elaboram sua política externa. A política internacional é uma atividade perigosa. Os Estados atuam num sistema onde não existe uma autoridade superior para protegê-los e onde outros Estados podem, e talvez queiram, prejudicá-los seriamente. Consequentemente, eles têm um grande interesse em descobrir as melhores estratégias para enfrentar os problemas que aparecem. Isso leva os assessores políticos individuais a empregar teorias verossímeis para compreender o mundo e decidir o que fazer, bem como a deliberar entre si para estabelecer uma estratégia para seguir em frente. Isso não significa negar que os Estados às vezes pensam e agem de forma não racional, quando elaboram grandes estratégias ou passam por momentos de crise. Mas o alto custo do fracasso indica que tais casos tendem a ser raros.

Todos os atalhos o tempo todo

Embora tanto os psicólogos políticos como os especialistas em escolha racional sejam fascinados pela questão do agente racional, estes últimos não dizem quase nada a respeito de os Estados serem realmente racionais ou não. Aliás, eles praticamente ignoram os processos mentais individuais que sustentam o comportamento do Estado. Pelo contrário, simplesmente pressupõem que os líderes racionais agem como se estivessem empregando a maximização da utilidade esperada. Os psicólogos políticos defendem que os Estados geralmente não são racionais. Baseados em sua noção de racionalidade como otimização, concluem que os Estados se desviam com frequência dessa noção idealizada de tomada de decisão estratégica. Alegam, especificamente, que o registro histórico está cheio de exemplos nos quais os assessores políticos não conseguiram empregar a maximização da utilidade esperada e, em vez disso, agiram de maneira não racional. De acordo com os psicólogos políticos, a causa principal da não racionalidade ou do viés nas relações internacionais é que os chefes de Estado empregam atalhos mentais, incluindo analogias e heurística, para implementar suas políticas – eles são *homo heuristicus*. Sobretudo, esses artifícios simplificadores – alguns dos quais são geneticamente determinados e outros são aprendidos – não são teorias, pelo fato de que não explicam por que o mundo funciona da maneira que funciona.

Dizem que os líderes empregam atalhos mentais devido a limitações situacionais e cognitivas. Eles podem não ter o tempo e a informação necessários para refletir sobre um problema, ou podem ter uma capacidade de cálculo limitada que prejudica sua condição de avaliar a melhor estratégia para abordar um problema. Todas essas deficiências, que tornam necessário o uso de analogias e de heurística, são sinônimos da racionalidade limitada.

Há bons motivos para duvidar dessas afirmações empíricas acerca do predomínio da não racionalidade na política internacional. Para começar, os psicólogos políticos definem a racionalidade de modo a assegurar que os líderes sejam não racionais. De acordo com seu relato, a racionalidade exige que os indivíduos realmente escolham políticas que maximizem a sua utilidade esperada, mas isso significa pedir que eles realizem tarefas impossíveis. Os assessores políticos nunca conseguem identificar todos os resultados possíveis de suas interações com outros Estados, quanto mais lhes atribuir utilidades e probabilidades significativas. Basicamente, a racionalidade é definida pela vida.

Embora sua definição de racionalidade leve os psicólogos políticos a enxergar apenas não racionalidade, em última instância eles afirmam que os Estados não são racionais a maior parte do tempo, mas não o tempo todo. Essa afirmação mais limitada se apoia aparentemente numa definição diferente de racionalidade – uma definição baseada em resultados, não em como os líderes pensam e agem. Os psicólogos políticos tendem a se concentrar em resultados desastrosos – como a derrota numa guerra – e raciocinam retroativamente, afirmando que a decisão subjacente foi baseada em analogias ou heurística, tornando-a, assim, não racional. Essa abordagem é equivocada. Repetindo: não se pode avaliar se os Estados são racionais ou não racionais considerando os resultados.

Não é evidente também que os psicólogos políticos têm uma boa explicação para toda essa suposta não racionalidade. Em particular, não existem muitos motivos para pensar que os líderes empregam atalhos mentais quando definem a política externa. Não há dúvida de que os indivíduos geralmente recorrem a regras gerais em sua vida diária. Contudo, quando o que está em jogo é importante, como nos assuntos de segurança nacional, eles têm estímulos poderosos para pensar em termos teóricos.

Tirando essas questões, na verdade os psicólogos políticos não apresentam muito respaldo histórico para a sua principal alegação, de que os Estados raramente pensam e agem racionalmente. Aliás, é surpreendente que, apesar da retórica a respeito de uma não racionalidade generalizada, só apresentem um punhado de exemplos relevantes na política internacional. Dão a entender que os líderes empregaram diversos atalhos cognitivos, mas eles se agarram ao mesmo grupo reduzido de casos. E mesmo esses casos notórios não são exemplos convincentes de não racionalidade. Depois de uma verificação minuciosa, os respectivos assessores políticos foram racionais, empregando teorias verossímeis para compreender o mundo e decidir como seguir adiante. Também não há nenhuma prova de que eles se basearam em analogias ou heurísticas para tomar decisões. Ou seja, ao contrário das opiniões dos psicólogos políticos, a história é habitada sobretudo pelo *homo theoreticus*, não pelo *homo heuristicus*.

Racionalidade de objetivos

Até aqui, nos concentramos em saber se os Estados são racionais ao elaborar sua política externa. Esse debate referente à racionalidade estratégica domina a literatura das relações internacionais relacionada ao pressuposto do agente racional. No entanto, uma discussão abrangente também tem de levar em conta a racionalidade de objetivos.

O principal aqui é saber se os Estados são racionais em relação a seus objetivos. Ninguém contesta que os Estados racionais podem ter diversos objetivos, incluindo segurança, prosperidade e promoção do seu modo de vida no mundo todo. Contudo, afirmamos que, para ser considerado racional, um Estado tem de pôr a sobrevivência como principal objetivo. Afinal de contas, uma teoria verossímil põe a sobrevivência acima de todos os outros objetivos. Trata-se de uma lógica e uma evidência irrefutáveis que a sobrevivência é um pré-requisito para alcançar qualquer outro objetivo que o Estado possa ter. Os outros objetivos podem ser posicionados em qualquer ordem que o Estado deseje, já que é possível criar teorias verossímeis que justifiquem qualquer classificação.

Embora poucos especialistas contestem o aspecto conceitual de que os Estados racionais classificam a sobrevivência como seu objetivo mais importante, alguns apontam exemplos históricos em que se diz que os Estados arriscaram de forma temerária sua sobrevivência ou deram pouca importância a ela, e, portanto, não foram racionais. Discordamos da sua interpretação desses casos. Depois de fazer uma análise criteriosa, os Estados quase sempre privilegiaram a sobrevivência acima dos outros objetivos.

Roteiro

Os três próximos capítulos são teóricos e conceituais. O Capítulo 2 examina o significado da racionalidade estratégica num nível geral, concentrando-se no fato de que a política internacional é um espaço carente de informações e que os agentes racionais – tanto os assessores políticos como os Estados – procuram compreendê-lo com o objetivo de tomar decisões estratégicas inteligentes.

No Capítulo 3, expomos nossa definição de racionalidade estratégica, defendendo que o que diferencia os assessores políticos racionais dos não racionais é o fato de basearem ou não suas escolhas políticas em teorias verossímeis. O mesmo se aplica aos Estados, mas com o critério adicional de que a política tem de se originar de um processo deliberativo de tomada de decisão.

No Capítulo 4, examinamos outros argumentos a respeito da racionalidade na política internacional. Concentramos a maior parte da nossa atenção na definição predominante de racionalidade estratégica – proposta pelos especialistas em escolha racional e aceita pelos psicólogos políticos – e a consideramos insatisfatória. Depois, apresentamos motivos teóricos e conceituais para duvidar das afirmações, apresentadas pelos psicólogos políticos, de que os Estados geralmente não são racionais.

Em seguida, abordamos a pergunta empírica: os Estados são mesmo estrategicamente racionais? Para sustentar nosso argumento de que eles geralmente pensam e agem racionalmente, descrevemos cinco casos de importantes tomadas de decisão estratégicas no Capítulo 5 e cinco casos de tomadas de decisão em crises no Capítulo 6. Cada um desses dez casos foi apresentado, em algum momento, como um exemplo de não racionalidade. No entanto, demonstramos que em todos os exemplos o respectivo processo de tomada de decisão foi deliberativo e resultou numa política baseada em uma teoria verossímil. Isso não significa que os Estados sempre foram racionais: no Capítulo 7 descrevemos quatro exemplos de não racionalidade estratégica.

O Capítulo 8 tira o foco da racionalidade estratégica e mira a racionalidade de objetivos. Começamos explicando que para saber se os Estados têm objetivos racionais é preciso verificar como eles refletem sobre a sobrevivência. Especificamente, eles põem a sobrevivência acima de todos os outros objetivos? Em seguida, demonstramos que, ao contrário das afirmações de alguns especialistas, não há muitos indícios de que os Estados subordinem sua autopreservação a outros objetivos, ignorando o imperativo da sobrevivência ou pondo em risco de forma temerária sua sobrevivência.

No Capítulo 9, examinamos as consequências dos nossos argumentos para a teoria e a prática da política internacional.

2
RACIONALIDADE ESTRATÉGICA E IMPREVISIBILIDADE

Este capítulo começa nossa análise do que significa dizer que os Estados são estrategicamente racionais. Para isso, executamos três tarefas. Primeiro, apresentamos uma estrutura para refletir sobre a racionalidade estratégica que permeia o restante da nossa análise, incluindo nossa definição do termo e nossa avaliação das suas alternativas nos capítulos seguintes. Diferenciamos entre racionalidade individual e coletiva e explicamos o que significa para os indivíduos e as coletividades – nesse caso, assessores políticos e Estados – ser racional. Segundo, visto que compreender o mundo real e decidir como lidar com ele é a essência da racionalidade estratégica, descrevemos a característica definidora da política internacional, que pode ser resumida numa palavra: imprevisibilidade. Grande parte da informação necessária para compreender e encarar o mundo não existe, e a informação relevante que existe pode não ser confiável. Finalmente, apresentamos quatro exemplos históricos que ilustram como os líderes sempre têm de enfrentar a carência de informação quando elaboram a política externa.

Racionalidade estratégica

Ao pensar em racionalidade estratégica nas relações internacionais – o que, novamente, se trata de dar sentido ao mundo com o propósito de navegar por ele em busca de objetivos desejáveis – é essencial considerar o que o termo implica tanto para formuladores de políticas quanto para Estados.

John J. Mearsheimer • Sebastian Rosato

Racionalidade individual

A racionalidade individual é um atributo mental. Quando dizemos que um indivíduo é racional ou não racional estamos fazendo uma afirmação a respeito do seu processo de pensamento. Como observa Herbert Simons, a racionalidade é um "processo" e um "produto do pensamento", ou seja, qualquer avaliação da racionalidade individual "deve descrever [a] *racionalidade procedimental* – a efetividade, à luz das capacidades e limitações cognitivas humanas, dos *procedimentos* usados para escolher as ações".[1] Debra Satz e John Ferejohn chamam isso de *"interpretação internalista"* da racionalidade, observando que, "dessa perspectiva, se considera que as entidades mentais (por exemplo, preferências e crenças) têm uma relação causal com a escolha, no sentido de serem motivos para o agente ter feito a escolha".[2]

Os indivíduos empregam seu senso crítico com dois objetivos principais: compreender o mundo e decidir o que fazer quando enfrentam determinados problemas.[3] No que diz respeito à compreensão do funcionamento do mundo e do motivo desse funcionamento, os indivíduos racionais procuram identificar as forças motrizes em ação e compreender as relações de causa-efeito mais importantes. Ao fazê-lo, avaliam o volume e a qualidade da informação disponível. Especificamente, os indivíduos racionais encarregados de formular a política externa compreendem que a política internacional é um mundo social e, portanto, carente de informação.

A visão da racionalidade individual como aquela que tenta compreender um mundo imprevisível não é especialmente controvertida. Segundo Max Weber, explica Stephen Kalberg, "Por mais que variem de conteúdo, os processos mentais que se esforçam conscientemente para controlar a realidade são comuns a todos os tipos de racionalidade [...] Para Weber, todos esses processos enfrentam sistematicamente o fluxo interminável de ocorrências específicas, eventos desconectados e acontecimentos esporádicos. Ao controlar a realidade, seu objetivo comum é banir as percepções particularizadas ordenando-as em periodicidades compreensíveis e 'significativas'".[4]

Quando surgem questões específicas, a racionalidade individual consiste em decidir como seguir em frente. Como dizem David Lake e Robert

---

1 Simon, "Rationality as Process and as Product of Thought", *American Economic Review*, v.68, n.2, p.1 e p.9, 1978; ênfase no original.

2 Satz; Ferejohn, "Rational Choice and Social Theory", *Journal of Philosophy*, v.91, n.2, p.73, 1994; ênfase no original.

3 Quanto à afirmação de que os indivíduos têm crenças a respeito da natureza do mundo político e crenças a respeito da tomada de decisões, *ver* Walker, "Foreign Policy Analysis and Behavioral International Relations", em Walker; Malici; Schafer (orgs.), *Rethinking Foreign Policy Analysis: States, Leaders, and the Microfoundations of Behavioral International Relations*, p.6.

4 Citado em Kalberg, "Max Weber's Types of Rationality: Cornerstones for the Analysis of Rationalization Processes in History", *American Journal of Sociology*, v.85, n.5, p.1159-60, 1980.

Powell, "agentes [racionais] fazem escolhas calculadas[;] da melhor maneira possível, escolhem a estratégia que melhor atende a seus objetivos, definidos de forma subjetiva".[5] Sendo mais específico, indivíduos racionais levam em conta o mundo em que estão atuando e escolhem a que consideram ser a melhor política para abordar a situação em apreço. Em política internacional, isso significa empregar um processo decisório que tem consciência das incertezas.

Ao fazer escolhas, os indivíduos racionais ficam atentos à informação. Para decidir o que fazer, reúnem e analisam todas as informações disponíveis. Em seguida, depois de escolher uma estratégia, eles se dispõem a mudar de opinião se tomarem conhecimento de novos fatos importantes. Brian Rathbun formula esse argumento de forma veemente: "O pensamento racional exige uma abordagem ativa da coleta de informações. Esse processo é contínuo, não termina quando se chega a uma determinada conclusão. Portanto, o pensamento racional é receptivo por natureza. O pensador racional nunca se fecha a novas evidências; ele está sempre disposto a reconsiderar suas crenças, mesmo que se sinta confortável com antigas conclusões. Os racionalistas chamam isso de 'atualização', o processo por meio do qual a informação se torna mais completa à medida que se reúne uma quantidade maior de dados".[6]

Racionalidade coletiva

Ao examinar a racionalidade coletiva na política mundial, é importante observar que é o dirigente do Estado que é racional ou não racional, não o Estado propriamente dito. Por outro lado, um grupo de dirigentes é composto de diversos funcionários públicos – normalmente o chefe do governo mais um punhado de ministros e assessores – que agem coletivamente para elaborar a política do Estado. Como constata Sidney Verba, "É um truísmo que todos os atos no interior do sistema internacional podem ser reduzidos à ação dos indivíduos. Contudo, também é verdade que as relações internacionais não podem ser devidamente compreendidas em termos de atitudes e comportamentos individuais. Os modelos do sistema internacional normalmente tratam com unidades maiores, os Estados-nação, como os principais agentes".[7] Portanto, para saber se um Estado é racional dependemos

---

5 Lake; Powell, "International Relations: A Strategic-Choice Approach", em Lake; Powell (orgs.), *Strategic Choice and International Relations*, p.6-7.

6 Rathbun, *Reasoning of State: Realists, Romantics and Rationality in International Relations*, p.18. *Ver também* Spokojny; Scherer, "Foreign Policy Should Be Evidence-Based", *War on the Rocks*, 26 jul. 2021.

7 Verba, "Assumptions of Rationality and Non-Rationality in Models of the International System", *World Politics*, v.14, n.1, p.93, 1961.

do processo de agregação que traduz as opiniões dos assessores políticos individuais numa decisão final.[8]

O processo de agregação racional tem duas dimensões. Primeiro, existe um procedimento para garantir uma avaliação sistemática das possíveis estratégias. Como os Estados atuam num mundo imprevisível, muitas vezes não fica claro qual é a melhor política para enfrentar um determinado problema. A solução racional é assegurar uma avaliação rigorosa de todas as opções. Todas as opiniões defendidas pelos diversos líderes são apresentadas e discutidas naquilo que é, na prática, um mercado de ideias expostas no pequeno grupo na sala. Stanley Ingber faz uma observação semelhante com referência ao mercado que, segundo dizem, funciona na sociedade como um todo: "Essa teoria pressupõe que um processo de debate vigoroso, caso não sofra restrições [...] levará à descoberta da verdade, ou pelo menos às melhores perspectivas ou soluções para os problemas sociais [...] A qualidade do intercâmbio público de ideias promovido pelo mercado antecipa a qualidade do [...] governo".[9] Segundo, existe um procedimento para escolher entre as políticas em discussão. O Estado incapaz de estabelecer uma estratégia de orientação não é racional. Por conseguinte, o Estado racional dispõe de um mecanismo para tomar essa decisão.

Resumindo: a racionalidade estratégica nas relações internacionais se refere tanto aos assessores políticos como aos Estados que reconhecem que atuam num mundo imprevisível. Quando enfrentam determinados problemas, os assessores políticos racionais compreendem aquele mundo e escolhem a melhor maneira de proceder, enquanto os Estados racionais avaliam as estratégias disponíveis e adotam uma.

Um mundo imprevisível

O que significa dizer que a imprevisibilidade é a característica que define a política internacional? É comum na literatura sobre racionalidade descrever o mundo que os agentes enfrentam como sendo previsível, arriscado ou imprevisível.[10] Num mundo previsível, toda a informação necessária para se tomar uma decisão é conhecida. Não há dúvida quanto às consequências de seguir uma determinada estratégia, mesmo se for preciso fazer cálculos

---

8 Ripsman; Taliaferro; Lobell, *Neoclassical Realist Theory of International Politics*, p.61-2 e p.123-9; Wendt, "The State as Person in International Theory", *Review of International Studies*, v.30, n.2, p.296-301, 2004.

9 Ingber, "The Marketplace of Ideas: A Legitimizing Myth", *Duke Law Journal*, v.1984, n.1, p.3-4, 1984.

10 Elster, "Introduction", em Elster (org.), *Rational Choice*, p.5; Morrow, *Game Theory for Political Scientists*, p.28.

Como os Estados pensam

complexos e dispor de um grande volume de informações para chegar àquela decisão. Todas as informações indispensáveis estão disponíveis. Quase ninguém afirmaria que existem assessores políticos ou Estados num mundo como esse.

Num mundo arriscado, os líderes não sabem as consequências de seguir uma determinada estratégia, mas podem obter a informação necessária para calcular as probabilidades dos diferentes desfechos. Existem duas maneiras de avaliar as probabilidades. A primeira é através da dedução lógica, ou o que Frank Knight chama de "cálculo *a priori*".[11] Esse método se aplica aos jogos de azar, em que a probabilidade de ocorrerem todos os possíveis resultados é conhecida, mesmo que não se possa saber qual resultado irá ocorrer. Por exemplo: alguém que joga um dado não viciado sabe que existe uma possibilidade em seis de sair cada número, mas não sabe que número vai dar num determinado lance.

A segunda maneira de chegar a uma avaliação de probabilidade num mundo arriscado é reunir os dados disponíveis e utilizar as estatísticas para avaliá-los. Esse processo, que Knight classifica de "método empírico de aplicação de estatísticas a exemplos concretos", é usado no setor de seguros.[12] As companhias de seguro possuem uma grande quantidade de dados que lhes permitem calcular a probabilidade de diversos eventos, de incêndios em residências a mortes acidentais.

Num mundo imprevisível, os agentes não podem adquirir a informação necessária para avaliar as consequências prováveis de seguir diferentes estratégias. Quando o "conhecimento" é "imprevisível", observa John Maynard Keynes, "não existe base científica sobre a qual se possa criar qualquer cálculo probabilístico". Além disso, ele constata que, quando existe imprevisibilidade, a informação necessária para especificar os custos e benefícios, ou o que ele chama de "vantagens e desvantagens potenciais", associados a diferentes políticas não está disponível. Quanto a esses fatores, "simplesmente não sabemos".[13]

---

11 Knight, *Risk, Uncertainty and Profit*, p.214-6, 224-5 e 230; citação na p.214.
12 Ibid., p.214.
13 Keynes, "The General Theory of Employment", *Quarterly Journal of Economics*, v.51, n.2, p.213-4, 1937. Sobre a imprevisibilidade, *ver também* Dequech, "Fundamental Uncertainty and Ambiguity", *Eastern Economic Journal*, v.26, n.1, p.41-60, 2000; id., "Uncertainty: A Tipology and Refinements of Existing Concepts", *Journal of Economic Issues*, v.45, n.3, p.621-40, 2011; Hayek, "The Use of Knowledge in Society", *American Economic Review*, v.35, n.4, p.519-30, 1945; Kay; King, *Radical Uncertainty: Decision-Making beyond the Numbers*, p.14-5; Kirshner, "The Economic Sins of Modern IR Theory and the Classical Realist Alternative", *World Politics*, v.67, n.1, p.168-77, 2015; Knight, *Risk, Uncertainty and Profit*, op. cit., p.198-9, 225, 231-3; Mitzen; Schweller, "Knowing the Unknown Unknowns: Misplaced Certainty and the Onset of War", *Security Studies*, v.20, n.1, p.2-35, 2011; Rathbun, "Uncertain about Uncertainty: Understanding the Multiple Meanings of a Crucial Concept in International Relations Theory", *International Studies Quarterly*, v.51, n.3, p.533-57, 2007.

Nunca é demais enfatizar a diferença entre os mundos arriscado e imprevisível – ou entre os chamados mundos "restrito" e "amplo".[14] É uma distinção entre situações em que, de um lado, a informação relevante para a elaboração de políticas é abundante e confiável e, do outro, ela é escassa e não confiável. No entanto, muitos cientistas sociais pressupõem que não existe diferença significativa entre as características informacionais dos mundos restrito e amplo. John Kay e Mervyn King ressaltam que esse pensamento é predominante na teoria econômica: "Ao longo do último século, os economistas tentaram eliminar essa distinção histórica entre risco e imprevisibilidade e aplicar a probabilidade a todos os casos em que o nosso conhecimento do futuro é imperfeito".[15] Ao fazê-lo, eles confundem equivocadamente dois mundos profundamente diferentes.

As relações internacionais acontecem num mundo imprevisível. Os assessores políticos não têm acesso a informação abundante a respeito dos problemas que enfrentam, e os dados relevantes que conseguem obter nem sempre são confiáveis. Carl von Clausewitz faz essas observações a respeito da guerra, a forma mais radical de política internacional. Como "todas as informações e todos os pressupostos são questionáveis", ele escreve, "a guerra é o espaço da imprevisibilidade; três quartos dos fatores em que se baseia a ação militar estão cobertos por uma névoa de maior ou menor imprevisibilidade".[16]

Os assessores políticos enfrentam déficits de informação graves com relação à maioria dos elementos importantes para conceber estratégias ambiciosas e superar crises. Quanto mais distante o futuro perscrutado por eles, maiores se tornam os déficits. Entre outras coisas, os assessores políticos podem não dispor de dados confiáveis a respeito da vontade do seu próprio povo, ou de como seu armamento e suas forças de combate vão se comportar numa guerra. Imprevisibilidades adicionais entram em cena na hora de avaliar outros Estados, tanto amigos como inimigos. É difícil aferir os recursos militares, os objetivos, as intenções e as estratégias dos outros Estados, principalmente porque eles geralmente escondem ou distorcem seus recursos e seu ideário.[17] Tomados em conjunto, esses déficits de informação obrigam os líderes a ter um conhecimento limitado a respeito de como as interações entre seus Estados e outros Estados provavelmente

---

14 Sobre os mundos "restrito" e "amplo", *ver* Gigerenzer, "Axiomatic Rationality and Ecological Rationality", *Synthese*, v.198, p.3548-50, 2021.

15 Kay; King, *Radical Uncertainty*, op. cit., p.12.

16 Clausewitz, *On War* [*Da guerra*], p.101-2.

17 *Ver*, por exemplo, Blainey, *The Causes of War*; Fearon, "Rationalist Explanations for War", *International Organization*, v.49, n.3, p.379-414, 1995; Levy, "Misperception and the Causes of War: Theoretical Linkages and Analytical Problems", *World Politics*, v.36, n.1, p.76-99, 1983; May, "Capabilities and Proclivities", em May (org.), *Knowing One's Enemies: Intelligence Assessment before the Two World Wars*, p.504-19.

irão se desenrolar e de qual será o desfecho. Para agravar ainda mais esses problemas, fatores imprevistos às vezes influenciam os acontecimentos de maneira significativa.

A imprevisibilidade em ação

Os formuladores da política externa se preocupam sobretudo em gerenciar crises ou conceber grandes estratégias. O gerenciamento da crise é uma iniciativa de curto prazo que exige que os assessores políticos resolvam um grave conflito com outro Estado. Entre outras opções, eles podem decidir negociar um acordo, recuar, capitular, não ceder, recrudescer ou declarar guerra. Por exemplo, as Grandes Potências europeias escolheram entrar em guerra durante a Crise de Julho de 1914. Por outro lado, os líderes britânicos e franceses fizeram um acordo com a Alemanha nazista para pôr fim à Crise de Munique no outono de 1938. A França recuou na Crise de Fashoda de 1898 e a União Soviética fez o mesmo na Crise de Berlim de 1948.

A formulação de uma grande estratégia é uma tarefa de longo prazo na qual os líderes fazem um "plano para deixar [seu Estado] seguro".[18] Entre os exemplos célebres de debates a respeito de grandes estratégias está a opção da Grã-Bretanha entre recuar para um isolamento esplêndido ou aceitar se comprometer com o continente na primeira metade do século XX, e o debate nos Estados Unidos durante o final da década de 1930 e o início da década de 1940 sobre como lidar com as Grandes Potências da Europa e da Ásia.

Os assessores políticos sempre enfrentam a imprevisibilidade quando gerenciam crises ou concebem grandes estratégias. Ilustramos esses problemas informacionais com dois exemplos de tomada de decisão estratégica ambiciosa – a política americana em relação à Europa depois da Segunda Guerra Mundial e em relação ao Sudeste Asiático depois da Guerra Fria – e dois exemplos de tomada de decisão na crise: o raciocínio japonês durante sua crise com os Estados Unidos em 1941 e o raciocínio americano durante a Crise dos Mísseis Cubanos em 1962.

A política americana em relação à Europa depois da Segunda Guerra Mundial

Nos cinco anos posteriores à derrota da Alemanha na Segunda Guerra Mundial, os assessores políticos americanos tiveram de escolher a melhor

---

18 Walt, "The Case for Finite Containment: Analyzing U. S. Grand Strategy", *International Security*, v.14, n.1, p.6, 1989. *Ver também* Posen, *Restraint: A New Foundation for U. S. Grand Strategy*, p.1; Silove, "Beyond the Buzzword: The Three Meanings of 'Grand Strategy'", *Security Studies*, v.27, n.1, p.34-9, 2018.

estratégia para negociar com a Europa. Isso foi necessário diante do enorme déficit de informações sobre como a Europa iria se desenvolver depois da devastação da guerra, sobre as opções políticas que estavam disponíveis para os Estados Unidos e as prováveis consequências dessas políticas.

A Alemanha, que foi a principal responsável pelo início tanto da Primeira Guerra Mundial como da Segunda, estava destruída, deixando um vácuo de poder no centro do continente. No entanto, ela tinha o potencial de se reconstruir e voltar ao grupo das grandes potências. A União Soviética, que tinha sido uma aliada próxima dos Estados Unidos durante a guerra, era a principal potência militar europeia, mas tinha sido destruída pelo conflito com a Alemanha nazista. A Grã-Bretanha fora gravemente prejudicada economicamente e sobrecarregada pelas necessidades do império. A França enfrentava problemas econômicos e imperiais semelhantes e também vivia uma agitação política, em parte porque tinha um Partido Comunista poderoso. A Itália estava arruinada por problemas econômicos e políticos. Havia também uma grande imprevisibilidade a respeito dos próprios Estados Unidos. Não estava claro se o isolacionismo e a depressão, que afetaram profundamente o papel dos Estados Unidos no mundo durante os anos 1930, eram coisa do passado ou prenúncios do futuro. Para complicar ainda mais a situação, quando a Alemanha se rendeu, em maio de 1945, era impossível saber como e quando a guerra contra o Japão chegaria ao fim.

Os assessores políticos americanos não podiam saber como a situação na Europa iria evoluir. Não estava claro em que medida a Alemanha se recuperaria da guerra. Os Aliados a tinham dividido em quatro zonas de ocupação; a Alemanha permaneceria dividida ou se reunificaria, e, em caso afirmativo, quando? Ela ficaria neutra, e, caso contrário, com quem se aliaria? Quanto à União Soviética, ninguém sabia se ela permaneceria uma aliada ou pelo menos continuaria a manter relações cordiais com os Estados Unidos e a Europa ocidental. Também não havia nenhuma maneira de avaliar as perspectivas econômicas da Grã-Bretanha e da França, determinar se elas se empenhariam em manter seus impérios ou prever as consequências dessas decisões para a política europeia. Além disso, a situação política tanto na França como na Itália, principalmente o papel de seus poderosos Partidos Comunistas, estava cercada de dúvidas.

Em 1948, a maioria dos assessores políticos americanos acreditava que a União Soviética representava uma ameaça para a Europa ocidental e, portanto, para os próprios Estados Unidos. No entanto, não dispunham de dados confiáveis suficientes para avaliar as intenções, os objetivos e as estratégias de Moscou. Essas incógnitas, por sua vez, dificultavam a avaliação da natureza da ameaça soviética e a escolha da melhor maneira de enfrentá-la. Era difícil saber se Moscou representava sobretudo uma ameaça ideológica para a Europa ocidental na forma do comunismo ou uma ameaça militar na figura do exército soviético. A ausência dessas informações, aliada às importantes imprevisibilidades a respeito das opções, das capacidades e da vontade dos Estados Unidos e da Europa ocidental, dificultava a definição, por parte de Washington, do melhor caminho a seguir.

No entanto, como os assessores políticos americanos não tinham escolha senão desenvolver uma estratégia para negociar com a Europa, eles discutiram quatro grandes opções. A primeira delas era o isolacionismo; nesse caso, os Estados Unidos retirariam suas forças da Europa e não dariam muita atenção à ameaça soviética. A segunda era a deslocalização do equilíbrio, uma estratégia que convocava os Estados da Europa ocidental a atuar como contrapeso à União Soviética enquanto os Estados Unidos ficavam na linha do horizonte prontos para ajudar em caso de necessidade. A terceira opção era a contenção: as forças americanas ficariam na Europa e Washington tomaria a iniciativa de se contrapor à União Soviética. Finalmente, os Estados Unidos poderiam aplicar uma estratégia ambiciosa de desmantelamento, que procuraria sabotar o controle de Moscou sobre a Europa oriental e, possivelmente, enfraquecer a própria União Soviética.

As imprevisibilidades que os assessores políticos americanos enfrentavam em relação à União Soviética, aos europeus ocidentais e mesmo aos Estados Unidos indicavam que não estava claro qual era a melhor escolha entre as quatro opções. Como a União Soviética reagiria a cada uma das estratégias e com que eficácia? A divisão da Alemanha era sustentável ou os alemães exigiriam a unificação? Se a Alemanha continuasse dividida, os alemães ocidentais seriam aliados confiáveis? E se ela se reunificasse, que contornos assumiria sua política externa? O que os Estados Unidos podiam esperar da Grã-Bretanha, da França e da Itália? A população americana apoiaria um compromisso militar com a Europa? E a economia americana conseguiria aguentar esse esforço? Estas eram apenas algumas das perguntas relevantes para as quais não havia respostas fáceis.

A política americana em relação ao leste da Ásia depois da Guerra Fria

Com o fim da Guerra Fria em 1990 e o colapso da União Soviética um ano depois, os Estados Unidos se tornaram a única grande potência do planeta. Um dos problemas centrais enfrentados pelos assessores políticos americanos era conceber uma estratégia para lidar com o leste da Ásia. Sua tarefa era complicada pelos importantes déficits de informação a respeito das políticas emergentes da região, das estratégias que os Estados Unidos poderiam empregar e dos seus prováveis resultados.

Sucessora da União Soviética, a Rússia estava econômica e militarmente enfraquecida, mas possuía um robusto arsenal nuclear e as matérias-primas para retomar posteriormente sua posição de grande potência – uma população numerosa e capacitada e recursos naturais abundantes. A economia da China tinha crescido de forma impressionante durante os anos 1980, mas ainda era um país em desenvolvimento e, embora possuísse armas nucleares, não era uma potência militar de primeira linha. O Japão, à época a segunda maior economia do mundo, era, com uma certa folga, o país mais rico da região, embora fosse militarmente fraco e dependesse bastante dos Estados Unidos para a sua segurança. Quanto aos Estados Unidos, eles estavam profundamente comprometidos com a região, onde mantinham uma presença em grande escala, além de disponibilizar uma força de dissuasão nuclear para seus principais aliados, entre os quais o Japão e a Coreia do Sul. Washington também tinha vínculos profundos com as principais economias do leste da Ásia.

Havia uma grande imprevisibilidade sobre como a política do leste da Ásia iria evoluir. Era difícil saber se a Rússia iria se recuperar, e, se o fizesse, o quão poderosa se tornaria, tanto militar como economicamente. Não estava claro como o seu relacionamento com os Estados Unidos e com outros países da região iria se desenvolver. Era ainda mais difícil prever se a China continuaria seu crescimento econômico impressionante e, caso o fizesse, se ela converteria esse poderio econômico recém-descoberto em poderio militar. Ninguém sabia, tampouco, quais seriam os objetivos políticos e econômicos da China e como ela iria interagir com seus vizinhos e com os Estados Unidos. Em relação ao Japão, ninguém podia dizer qual era o futuro das suas relações militares e econômicas com Washington. O mesmo acontecia com as relações historicamente complexas de Tóquio com outros países do leste da Ásia.

Muitos assessores políticos americanos acreditavam que o Japão seria a principal ameaça aos interesses americanos no leste da Ásia. Contudo, no final dos anos 1990 ficou claro que essas previsões estavam erradas e que o mais provável era que a China surgisse como a principal rival dos Estados Unidos. No entanto, como Washington não dispunha de informações confiáveis a respeito do potencial e das ideias de Pequim, as elites políticas americanas tinham dificuldade de avaliar os contornos da ameaça chinesa e elaborar uma resposta.

Diante da necessidade de criar uma estratégia, os assessores políticos americanos tinham três opções. Com o isolacionismo, os Estados Unidos ignorariam a política de equilíbrio de poder e retirariam suas forças militares do leste da Ásia. No entanto, continuariam comprometidos econômica e politicamente com a China e o restante da região. A segunda opção, o envolvimento, significaria promover o crescimento econômico de Pequim, estimulando sua liberalização política e integrando-a ainda mais nas instituições internacionais, na expectativa de que a China se tornasse um parceiro responsável na ordem internacional liderada pelos americanos. Finalmente, a contenção exigia a expansão das alianças americanas no leste da Ásia e a manutenção de uma presença militar robusta na região, ao mesmo tempo que tentava limitar o crescimento econômico da China.

Devido aos déficits de informação envolvendo a China, o Japão, a Rússia e outros Estados do leste da Ásia, era difícil saber qual das três estratégias seria melhor para os Estados Unidos. Como a China reagiria a cada uma das estratégias? Se as forças americanas se retirassem da região, a China tentaria alcançar a hegemonia regional? Como outras potências regionais, Japão e Rússia, por exemplo, reagiriam e quais seriam as consequências para os Estados Unidos? Se os Estados Unidos atraíssem a China, Pequim se tornaria uma força em defesa da estabilidade internacional, ou se tornaria um rival perigoso? Se Washington confrontasse a China, essa estratégia conteria Pequim, ou provocaria uma intensa disputa por segurança que poderia levar à guerra? Em ambos os casos, como os aliados da Rússia e dos Estados Unidos reagiriam, e quais seriam as consequências? Como não havia respostas prontas para essas perguntas, ficava difícil descobrir qual era a estratégia mais promissora.

A política japonesa antes de Pearl Harbor

O Japão, que fora durante muito tempo uma potência imperial no leste da Ásia, começou a expandir seu império no continente em 1931, quando conquistou a Manchúria. Em 1937, invadiu o norte da China, três anos depois conquistou o norte da Indochina e em julho de 1941 ocupou o sul da Indochina. A partir daí, os Estados Unidos e seus aliados Grã-Bretanha e Holanda decretaram o embargo de petróleo e seus derivados para o Japão. Como Tóquio dependia muito da importação desses produtos, o embargo ameaçava estrangular a economia japonesa e comprometia sua capacidade de manter a guerra que estava travando com a China. Os assessores políticos japoneses concluíram que, para o país continuar uma grande potência e preservar seu império, eles tinham de encontrar uma maneira de pôr fim ao embargo.

Tinham quatro estratégias possíveis para resolver o problema do petróleo. Primeira: o Japão poderia negociar com os Estados Unidos e chegar ao fim do embargo de uma forma que fosse aceitável para as duas partes. Segunda: ele poderia restaurar o fluxo de petróleo cedendo a todas as exigências que os Estados Unidos fizessem com relação ao seu império. Terceira: Tóquio poderia desferir um ataque ao sul com suas tropas e capturar as Índias Orientais Holandesas, ricas em petróleo. Quarta: poderia combinar uma ofensiva contra os campos de petróleo do Sudeste Asiático com um ataque aos Estados Unidos em Pearl Harbor.

Devido às graves imprevisibilidades envolvendo cada uma dessas opções, era difícil para os assessores políticos japoneses escolher uma delas. No caso de um acordo negociado, não estava claro se os Estados Unidos desejariam negociar, muito menos quais seriam suas exigências. Os assessores políticos japoneses também não podiam saber como seus homólogos americanos interpretariam o desejo de Tóquio de chegar a um acordo e que influência as discussões teriam sobre a política americana posterior.

Entre julho e dezembro de 1941, como parecia que os Estados Unidos não estavam muito interessados em negociar o término do embargo, o Japão começou a dar uma atenção cada vez maior às outras três opções, todas contaminadas por déficits de informação específicos. Por exemplo: era difícil descobrir o que a capitulação acarretava. Havia indícios de que os americanos queriam que o Japão se retirasse completamente do norte da China; porém, que exigências eles fariam além dessa e como elas evoluiriam em relação à Manchúria, à Coreia e à Indochina, isso não se sabia. O Japão também não tinha uma boa noção de como a capitulação afetaria seu poderio econômico e militar e sua posição diplomática no leste da Ásia.

Uma incerteza semelhante envolvia as duas opções militares. Um ataque às Índias Orientais Holandesas, se fosse bem-sucedido, romperia o embargo e garantiria o petróleo de que o Japão precisava desesperadamente para conservar tanto a condição de grande potência como o império. O perigo, naturalmente, era que os Estados Unidos encarassem essa manobra como um *casus belli*, e o Japão entrasse em guerra com um adversário muito mais poderoso. A questão crucial, portanto, era como os Estados Unidos reagiriam, e quanto a isso não havia uma resposta clara. Havia motivos tanto para acreditar que os Estados Unidos se manteriam à margem como declarariam guerra.

Um ataque simultâneo a Pearl Harbor e às Índias Orientais Holandesas poderia não só romper o embargo, mas também tornaria mais difícil para Washington travar uma guerra com Tóquio. Se o Japão destruísse a frota americana e expandisse seu perímetro de defesa, os Estados Unidos teriam de enfrentar a perspectiva de travar uma guerra longa e sangrenta do outro lado do Pacífico. A grande incógnita era como os dirigentes americanos, bem como a população americana, reagiria a essa perspectiva. Evidentemente, mesmo depois de uma derrota importante em Pearl Harbor, os Estados Unidos se reorganizariam e revidariam. Mas não estava claro que Washington tinha a intenção de travar uma guerra longa na Ásia, devido aos sentimentos isolacionistas dentro do país e ao fato de que sua prioridade máxima era derrotar a Alemanha nazista. Além disso, se os americanos continuassem lutando, era difícil saber se eles imporiam uma derrota limitada ou decisiva ao Japão, quais seriam os custos dessa derrota e como seria um acordo no pós-guerra. Havia a possibilidade de que o Japão perdesse a guerra e, no entanto, conservasse grande parte do império.

A política americana durante a Crise dos Mísseis Cubanos

Em outubro de 1962, o governo de John F. Kennedy tomou conhecimento de que a União Soviética tinha instalado mísseis nucleares em Cuba. As principais autoridades concordaram que essa manobra não podia ser tolerada.

Os assessores políticos americanos tinham duas opções estratégicas. Primeira: forçar os soviéticos a retirar os mísseis ameaçando com uma escalada militar se não o fizessem. Em resposta, Moscou poderia ceder às exigências americanas ou ser obrigada a se sentar à mesa de negociações, onde se poderia chegar a um acordo mutuamente aceitável. Segunda: os Estados Unidos poderiam ignorar as negociações e resolver o problema por meio da força, simplesmente bombardeando os silos de mísseis junto com uma invasão de Cuba.

Essas opções continham um grau elevado de imprevisibilidade. A estratégia coercitiva combinaria um bloqueio naval ao redor de Cuba com a ameaça de atacar os mísseis soviéticos ou conquistar a ilha, manobras que aumentariam a possibilidade de uma nova escalada. Contudo, era difícil saber se essa estratégia daria certo ou não. A União Soviética cederia, negociaria um acordo ou tentaria romper o bloqueio, provocando uma guerra entre as superpotências? Supondo que os soviéticos estivessem dispostos a negociar, era difícil dizer como seriam os desdobramentos da negociação, principalmente porque os assessores políticos americanos enfrentavam pressões políticas internas e externas, e as intenções e os objetivos de Moscou eram obscuros. Além disso, caso chegassem a um acordo, não estava claro como o acordo afetaria as futuras relações dos Estados Unidos com a União Soviética ou com seus próprios aliados.

As opções militares – bombardear os silos de mísseis ou invadir Cuba – também eram prejudicadas pela falta de informação. Para começar, os assessores políticos americanos não sabiam como os soviéticos reagiriam. Uma incógnita decisiva era se Moscou retaliaria bloqueando Berlim ou, pior, usando força militar na cidade. Se o conflito eclodisse, os americanos não podiam saber se os soviéticos iriam intensificá-lo ou se ele teria outro desfecho. Em termos gerais, era difícil determinar se e como as armas nucleares fariam parte de uma escalada da crise, seja no Caribe ou na Europa. Será que ambos os lados ameaçariam ou até iniciariam o uso de armas nucleares? Qual era o nível de determinação de Washington e de Moscou nos dois teatros de conflito mais prováveis? Qual era o equilíbrio militar? Embora os Estados Unidos tivessem uma vantagem acentuada no nível nuclear estratégico, não estava claro se dispunham de uma excelente capacidade de primeiro ataque (ou seja, se conseguiriam destruir todo o arsenal soviético de uma tacada só) e, se dispusessem, como isso influenciaria suas opções. Também não era fácil descobrir se a União Soviética dispunha de uma opção nuclear viável.

Imprevisibilidade em larga escala

Deveria ser óbvio que os assessores políticos geralmente enfrentam sérios déficits de informação quando elaboram estratégias ambiciosas ou gerenciam uma crise. Devemos observar também que, nos quatro exemplos examinados anteriormente, os líderes enfrentaram muitas outras imprevisibilidades além das indicadas. Além disso, o que pode parecer óbvio para nós hoje, por termos a vantagem de poder olhar retrospectivamente, não era óbvio para eles à época. Eles não conseguiam compreender plenamente a situação que estavam enfrentando, nem podiam saber qual seria o resultado de suas decisões.

Mesmo em retrospecto, com inúmeros outros fatos à disposição, os especialistas ainda discordam a respeito de aspectos importantes de decisões passadas. O debate continua, por exemplo, a respeito dos objetivos soviéticos no final dos anos 1940, sobre se o governo de Franklin D. Roosevelt estava disposto a analisar um acordo mutuamente aceitável com o Japão no outono de 1941, se os Estados Unidos tinham uma excelente capacidade de primeiro ataque durante a Crise dos Mísseis Cubanos, e sobre as consequências de dialogar com a China no início do século XXI.[19]

O significado da racionalidade estratégica

A racionalidade estratégica em política internacional se resume ao modo como os assessores políticos e os Estados compreendem sua situação e escolhem o caminho a seguir num mundo imprevisível. Nossa principal tarefa agora é precisar quais são as formas adequadas, ou racionais, de fazer isso, em oposição às formas inadequadas, ou não racionais.

---

19 Ver, por exemplo, Jervis, "Was the Cold War a Security Dilemma?", *Journal of Cold War Studies*, v.3, n.1, p.36-60, 2001; Trachtenberg, *The Craft of International History: A Guide to Method*, cap.4; id., "The Influence of Nuclear Weapons in the Cuban Missile Crisis", *International Security*, v.10, n.1, p.137-63, 1985; Mearsheimer, "The Inevitable Rivalry: America, China, and the Tragedy of Great-Power Politics", *Foreign Affairs*, v.100, n.6, p.48-58, 2021.

3
Definição de racionalidade estratégica

No universo imprevisível da política internacional, as teorias verossímeis e a deliberação constituem os instrumentos mais apropriados para compreender o mundo e decidir como explorá-lo na busca dos objetivos desejados.[1] No nível individual, os assessores políticos estrategicamente racionais são guiados pela teoria, empregando teorias verossímeis não somente para compreender como o mundo funciona, mas também para escolher a melhor política para alcançar seus objetivos. Por outro lado, os assessores políticos que se baseiam em teorias inverossímeis ou não utilizam nenhuma teoria não são racionais. No nível do Estado, em que as opiniões dos líderes individuais são agregadas, a racionalidade também exige deliberação. Estados estrategicamente racionais avaliam as opiniões dos principais assessores políticos de forma minuciosa e, por fim, escolhem uma política baseada numa teoria verossímil. Um Estado não racional é incapaz de deliberar, baseia sua estratégia numa teoria inverossímil ou não a baseia em teoria nenhuma, ou padece dessas duas anomalias.

A teoria verossímil permeia nossa análise da racionalidade como uma linha vermelha. Portanto, devemos começar destrinchando nossa concepção de teoria e de política. O que é teoria? Quais são as vantagens do pensamento teórico num mundo imprevisível? Qual é a ligação entre teoria e política? O que torna as teorias verossímeis ou inverossímeis? Quais são os

---

1 Para uma análise criteriosa que associa teorias – os autores usam as palavras "ideias" ou "crenças" – a política externa, ver Goldstein; Keohane, "Ideas and Foreign Police: An Analytical Framework", em Goldstein; Keohane (orgs.), *Ideas and Foreign Policy: Beliefs, Institutions, and Political Change*, p.3-30.

repertórios de teorias verossímeis e inverossímeis? E com o que se parece o pensamento não teórico? Depois de responder a essas perguntas, definimos a racionalidade tanto no nível do decisor como do Estado. Finalmente, examinamos a relação entre racionalidade e resultados. Embora Estados estrategicamente racionais nem sempre alcancem os resultados desejados, políticas baseadas em teorias verossímeis maximizam suas possibilidades de sobrevivência e prosperidade, e é por isso que eles confiam nelas.

Teoria

Teorias são descrições simplificadas da realidade que explicam como funciona uma faceta do mundo. Elas são feitas de afirmações e pressupostos empíricos e de lógica causal. Na literatura sobre relações internacionais, as afirmações empíricas preveem um relacionamento sólido, embora não absoluto, entre uma variável independente e uma dependente. Uma afirmação típica sustenta que a variável independente A é uma causa possível ou provável da variável dependente B. Por exemplo, a teoria do equilíbrio da ameaça afirma que os Estados geralmente fortalecem sua capacidade contra adversários ameaçadores, onde a ameaça é principalmente uma mistura de capacidades e intenções.[2] A teoria da paz democrática, por outro lado, afirma que as democracias raramente travam guerras entre si.[3]

Os pressupostos e a lógica causal que deriva deles oferecem explicações para as afirmações empíricas – isto é, descrevem como as variáveis independentes afetam as variáveis dependentes. Pressupostos são declarações descritivas a respeito de líderes ou de seus ambientes. A maioria das teorias das relações internacionais, incluindo a teoria do equilíbrio da ameaça e a teoria da paz democrática, pressupõem implícita ou explicitamente que os Estados são os principais agentes da política mundial, que têm como objetivo sobreviver e que são agentes racionais. Além disso, parte-se do pressuposto de que atuam dentro de um sistema anárquico no qual não existe nenhuma autoridade que esteja acima deles.

A lógica causal se baseia num conjunto de pressupostos e aprofunda uma ou mais redes de mecanismos causais que ligam uma variável independente e uma dependente. Uma lógica causal simples pode assumir a seguinte forma: A causa B porque A causa x, que causa y, que causa z, que causa B. A principal lógica causal que sustenta a teoria do equilíbrio da ameaça afirma que os Estados agem para se proteger de rivais poderosos, que são considerados mal-intencionados porque esses Estados ameaçam sua sobrevivência

---

2 Sobre a teoria do equilíbrio da ameaça, ver Walt, *The Origins of Alliances*.
3 Sobre a teoria da paz democrática, ver Russett, *Grasping in the Democratic Peace: Principles for a Post-Cold War World*.

Como os Estados pensam

e não existe nenhum guarda-noturno a quem possam pedir ajuda. Uma importante lógica causal por trás da teoria da paz democrática sustenta que as eleições e a liberdade de expressão obrigam os dirigentes a prestar conta a eleitores do país que podem se opor à guerra, o que, por sua vez, impede que as democracias lutem entre si.

As virtudes da teoria num mundo imprevisível

Como enfatizamos, a política internacional é um mundo carente de informação. Quer os assessores políticos estejam gerenciando crises ou elaborando estratégias ambiciosas, eles invariavelmente têm de avaliar situações e tomar decisões baseadas em dados limitados e incorretos. Entre outras coisas, faltam informações abundantes e confiáveis sobre os interesses, as intenções, a decisão e as capacidades dos outros Estados. Eles também não sabem como suas interações com esses Estados irão acabar. No entanto, não têm muita escolha senão se contentar com a estratégia que, segundo eles, tem a probabilidade maior de alcançar seus objetivos.

Os filósofos identificaram duas formas típicas por meio das quais os agentes podem usar seu senso crítico para adquirir conhecimento a respeito do mundo que os rodeia. A primeira é a dedução lógica. Para enfrentar uma situação, os indivíduos fazem pressupostos – conhecidos como premissas – a partir dos quais depois tiram conclusões. "Um instrumento com tal poder", escreve Steven Pinker, "nos permite descobrir novas verdades a respeito do mundo... e a resolver disputas a respeito das inúmeras coisas sobre as quais as pessoas discordam".[4] A segunda forma de raciocínio é empírica. Nesse caso, os indivíduos descobrem soluções para os problemas examinando os indícios relevantes de maneira objetiva. De acordo com Brian Rathbun, essa abordagem indutiva privilegia a "análise baseada em dados" e produz "uma compreensão acurada do mundo".[5]

Em seu estado puro, cada abordagem tem apenas uma utilidade limitada para compreender o funcionamento da política mundial e sugerir decisões sobre a forma ideal de alcançar determinados objetivos. A lógica pura simplesmente garante que, se as premissas feitas pelos assessores políticos sobre as relações internacionais forem verdadeiras, então as conclusões também serão verdadeiras. Contudo, ela não diz se essas premissas são verdadeiras, algo que só pode ser definido avaliando os dados empíricos. O empirismo puro também é insustentável. Como os indícios que os assessores políticos podem reunir a respeito do funcionamento do sistema internacional geralmente são complexos, ambíguos, contraditórios, indisponíveis,

---

4 Pinker, *Rationality: What it Is, Why it Seems Scarce, Why it Matters*, p.74.
5 Rathbun, *Reasoning of State: Realists, Romantics and Rationality in International Relations*, p.18 e 20.

49

confusos, ou todas as opções anteriores, nenhuma dose de objetividade pode revelar a verdade. "O empirismo puro é impossível", escreve Robert Jervis. "Os fatos não falam por si mesmos. Não é sensato – aliás, não é possível – ... 'se sentar diante do[s] fato[s] como uma simples criança'."[6]

Pensar teoricamente é a melhor maneira de lidar com o mundo imprevisível da política internacional, embora esteja longe da perfeição. Em resumo: essa postura alia a pujança da abordagem puramente lógica com a pujança da abordagem empírica, enquanto evita suas fragilidades. Teorizar se resume a desenvolver explicações logicamente coerentes que se baseiam em pressupostos verificados empiricamente e testados diante dos fatos.[7] Como disse o estrategista prussiano Carl von Clausewitz, que tinha plena consciência da natureza imprevisível da política internacional: "A teoria não consegue fornecer à mente fórmulas para solucionar os problemas, nem consegue sinalizar o caminho estreito no qual a única solução supostamente se encontra colocando um muro de princípios de cada lado. Mas ela consegue fornecer informações à mente a respeito da grande quantidade de fenômenos e de seus relacionamentos, e depois deixá-la livre para ascender às esferas mais elevadas da ação".[8]

Teoria e política

Poder-se-ia pensar que a teoria tem pouca relevância para a política, e é uma empreitada limitada corretamente à academia. O ex-assessor político americano Robert Zoellick, por exemplo, sustenta que a "diplomacia americana tem se concentrado em alcançar resultados em questões específicas, não em aplicar teorias".[9] Essa visão é equivocada. Praticamente todos os assessores políticos dependem de teorias para elaborar estratégias ambiciosas e gerenciar crises. Alguns se dão conta disso, outros não; alguns admitem isso, outros não; alguns o fazem explicitamente, outros não. Mas não resta dúvida de que usam teorias enquanto tocam suas atividades.

O ex-funcionário do Departamento de Estado americano Roger Hilsman ressalta a importância da teoria para os assessores políticos em segurança nacional: "Parece óbvio que todo pensamento inclui ideias de como e por que as coisas acontecem. Mesmo o homem 'prático' que despreza teorias tem uma série de pressupostos e expectativas que o fazem acreditar que,

---

6 Jervis, *Perception and Misperception in International Politics*, p.158.
7 John Kay e Mervyn King empregam uma estrutura semelhante para pensar a respeito do raciocínio em diferentes contextos informacionais, embora se refiram a "narrativas" em vez de "teorias". Também não desenvolvem seu conceito de narrativa do modo como desenvolvemos o conceito de teoria. Ver Kay; King, *Radical Uncertainty: Decision-Making beyond the Numbers*.
8 Clausewitz, *On War*, p.578.
9 Zoellick, *America in the World: A History of U. S. Diplomacy and Foreign Policy*, p.8.

Como os Estados pensam

quando determinadas coisas são feitas, determinados resultados acontecem... É essa 'teoria' que ajuda um solucionador de problemas a escolher, da grande quantidade de fatos que o rodeia, aqueles que ele espera que sejam relevantes".[10] Numa análise detalhada da ligação entre a academia e o mundo da política, Michael Desch apresenta um argumento semelhante, observando que os assessores políticos "usam teorias para analisar situações e avaliar suas alternativas... Eles dependem da academia para obter os dados brutos – sejam quantitativos ou históricos – que utilizam para tomar decisões. Também se baseiam nas ciências sociais no que diz respeito às teorias que utilizam para analisar e compreender esses dados".[11]

Essa linha de argumentação a respeito da relação entre teoria e política está profundamente enraizada no mundo econômico, que às vezes é descrito como o espaço da "imprevisibilidade radical".[12] Na verdade, Hilsman estava parafraseando o célebre comentário de John Maynard Keynes no qual ele dizia que "as ideias dos economistas e dos filósofos políticos, tanto quando estão corretas como quando estão equivocadas, são mais influentes do que geralmente se acredita. Aliás, é isso que governa o mundo, nada mais. Os homens práticos, que se consideram livres de qualquer influência intelectual, geralmente são escravos de algum economista morto. Os loucos no poder que ouvem vozes ao vento extraem sua loucura de algum escriba acadêmico de alguns anos atrás".[13]

Não é difícil encontrar exemplos. Binyamin Appelbaum escreve, em *The Economists' Hour*, uma história da relação entre teorias econômicas e política econômica americana entre 1969 e 2008, que Richard Nixon "não era muito versado em economia, porém, como a maioria dos americanos da sua geração, seu quadro de referência básico era o keynesianismo. Ele acreditava que o governo tinha de optar entre inflação e desemprego, e sabia o que queria escolher no cardápio". Ronald Reagan, por sua vez, era profundamente influenciado pelas teorias monetaristas de Milton Friedman, chegando a ponto de escrever uma carta a um importante jornalista dizendo que ele não podia adotar uma proposta política que "uma das minhas pessoas preferidas, Milton F., combatia". Em termos gerais, Appelbaum deixa claro que a evolução da política econômica americana ao longo das décadas abarcadas por ele foi influenciada a cada passo por teorias concorrentes.[14]

---

10 Citado em Desch, *Cult of the Irrelevant: The Waning Influence of Social Science on National Security*, p.240-1.

11 Ibid., p.241.

12 Kay; King, *Radical Uncertainty*, op. cit., p.12-7.

13 Keynes, *General Theory of Employment, Interest and Money*, p.331. *Ver também* Kant, "Perpetual Peace: A Philosophical Sketch", em Reiss (org.), *Kant: Political Writings*, p.93 e 114-5.

14 Applebaum, *The Economists' Hour: False Prophets, Free Markets, and the Fracture of Society*, p.67 e 82. *Ver também* Buchholz, *New Ideas from Dead Economists: An Introduction to Modern Economic Thought*; Krugman, *Peddling Prosperity: Economic Sense and Nonsense in the Age of Diminished Expectations*; Wapshott, *Samuelson Friedman: The Battle over the Free Market*.

Tal como a sua política econômica, depois da Guerra Fria a política externa americana se baseou nas mesmas teorias que povoam a academia. Os Estados Unidos adotaram uma política de hegemonia liberal depois que a disputa entre as superpotências terminou e o mundo se tornou unipolar. Essa política se baseou nas "três grandes" teorias liberais das relações internacionais: o institucionalismo liberal, a teoria da interdependência econômica e a teoria da paz democrática. Seu objetivo era ampliar a participação nas instituições internacionais que foram criadas no Ocidente durante a Guerra Fria, promover uma economia mundial aberta e difundir a democracia pelo mundo, acreditando que essas medidas criariam um mundo mais seguro e mais próspero. Os principais críticos da hegemonia liberal se baseavam no realismo, e os debates sobre políticas que ocorriam entre os dois lados utilizavam geralmente a linguagem dessas duas tradições teóricas rivais.

Tomemos a expansão da Otan, uma das principais questões políticas dos anos 1990. O subsecretário de Estado Strobe Talbott, um importante defensor do avanço da aliança para o leste, afirmou que "a ampliação da Otan estimularia o império da lei tanto dentro das novas democracias europeias como entre elas". Além disso, ela "promoveria e consolidaria os valores democráticos e de livre mercado", contribuindo ainda mais para a paz.[15] Mas George Kennan, o artífice da política de contenção implantada depois da Segunda Guerra Mundial, se opunha à expansão baseado no realismo: "Penso que ela é o começo de uma nova guerra fria. Penso que os russos reagirão gradualmente de forma bastante negativa e que ela irá influenciar suas políticas. Penso que é um erro trágico. Não havia nenhum motivo imaginável para tomar essa decisão. Ninguém estava ameaçando ninguém".[16] Resumindo: no fundo, a elaboração de políticas é um trabalho teórico, embora muita gente não a encare dessa maneira.

A confiança dos assessores políticos nas teorias não causa surpresa, já que essa é a única maneira viável que eles têm para realizar seu trabalho. A essência da formulação de políticas é determinar as consequências das diferentes estratégias. Os dirigentes atuam num mundo em que a lógica do "se, portanto" está permanentemente em ação. Como observa Robert Dahl: "Ocupar-se de política é se concentrar no esforço para produzir efeitos desejados. Consequentemente, o pensamento político é e tem de ser um pensamento baseado na causalidade".[17] Além disso, como foi observado, o mundo deles é carente de informações, o que significa que nunca dispõem

---

15 Talbott, "Why Nato Should Grow", *New York Review of Books*, 10 ago. 1995.

16 Citado em Friedman, "Foreign Affairs; Now a Word from X", *New York Times*, 2 maio 1998.

17 Citado em Dessler, "Beyond Correlations: Toward a Causal Theory of War", *International Studies Quarterly*, v.35, n.3, p.349, 1991. Sobre essa questão, *ver também* Blankshain; Stigler, "Applying Method to Madness: A User's Guide to Causal Inference in Policy Analysis", *Texas National Security Review*, v.3, n.3, p.76-89, 2020.

Como os Estados pensam

de todos os fatos relevantes. Têm de descobrir as causas e as consequências a partir de informações escassas, que é o que a teoria faz.

Teorias verossímeis

O que torna uma teoria verossímil? Para começo de conversa, devemos ressaltar que, embora as teorias sejam instrumentos poderosos para compreender o mundo e decidir como atuar nele, existem limites à capacidade explicativa até mesmo das melhores teorias sobre relações internacionais. Sempre há exemplos que contradizem as principais afirmações de qualquer teoria. Nenhuma teoria consegue explicar todos os casos relevantes. O motivo dessas anomalias é simples: as teorias simplificam uma realidade extremamente complexa omitindo determinados fatores que são considerados menos importantes para explicar um fenômeno específico, enquanto privilegiam outros fatores que são considerados mais importantes. A teoria da interdependência econômica, por exemplo, pressupõe que as preocupações com a prosperidade são decisivas para explicar o início da guerra, enquanto as preocupações com o equilíbrio de poder são menos significativas. Enquanto isso, teorias realistas estruturais ignoram os líderes específicos e a política interna ao explicar a disputa pela segurança entre as Grandes Potências. É essa simplicidade que torna as teorias guias tão úteis para os assessores políticos – mas a simplificação tem um preço. Quando os fatores omitidos por uma teoria são realmente muito importantes numa determinada situação, a teoria não explica muita coisa.

A credibilidade de uma teoria se baseia na avaliação dos seus pressupostos, da sua lógica causal e das suas afirmações empíricas. Existe um debate sobre se uma teoria verossímil tem de se basear em pressupostos realistas.[18] Alguns especialistas argumentam que os pressupostos não precisam refletir a realidade; o que importa é saber se uma teoria baseada num conjunto específico de pressupostos faz afirmações que são sustentadas pelos dados empíricos. Friedman chegou a sustentar que as melhores teorias "serão consideradas as que têm 'pressupostos' que são representações descritivas da realidade extremamente imprecisas, e, de modo geral, quanto mais significativa a teoria, mais irrealistas os pressupostos".[19] Essa afirmação é insólita: é improvável que uma teoria cujos pressupostos iniciais são descritivamente falsos ofereça uma boa explicação do funcionamento do mundo. Como escreveu Ronald Coase em resposta a Milton Friedman: "É preciso

---

18 Para uma descrição do debate entre realistas científicos e instrumentalistas sobre pressupostos e lógica causal, *ver* MacDonald, "Useful Fiction or Miracle Maker: The Competing Epistemological Foundations of Rational Choice Theory", *American Political Science Review*, v.97, n.4, p.551-65, 2003.
19 Friedman, "The Methodology of Positive Economics", em *Essays in Positive Economics*, p.14.

53

que nossos pressupostos sejam realistas para que nossas teorias possam nos ajudar a compreender por que o sistema funciona da maneira que funciona. Pressupostos realistas nos obrigam a analisar o mundo que existe, não um mundo imaginário que não existe".[20]

Para ser verossímil, não basta que a teoria se baseie em pressupostos realistas, ela também tem de extrair deles um relato causal logicamente consistente.[21] A teoria tem de detalhar um ou mais mecanismos causais que expliquem como a variável independente influencia a variável dependente. Para que a teoria ofereça uma compreensão apurada dos principais aspectos da política internacional, é fundamental uma lógica causal convincente. Às vezes se alega que a melhor maneira de deduzir essa lógica é empregar modelos formais porque a matematização assegura "maior clareza e consistência".[22] Não há dúvida de que a formalização pode ajudar a facilitar a consistência lógica, mas não é necessária nem suficiente. É possível obter uma lógica confiável sem a matemática, e a matematização não é um método infalível para gerar clareza e consistência.[23]

Não se pretende com isso negar que todas as lógicas causais têm lacunas e inconsistências. Por exemplo, Kenneth Waltz afirma em *Theory of International Politics* que, num mundo bipolar, as duas maiores potências irão competir intensamente na periferia, mas ele também argumenta que as áreas periféricas têm pouca importância estratégica. O que suscita a pergunta: afinal, por que as grandes potências competem ali?[24] Ou peguem o caso do institucionalismo liberal, que diz que as instituições internacionais são um fator de paz porque resolvem o problema da traição entre os Estados, que é um sério obstáculo à cooperação.[25] Contudo, essas falhas lógicas são irrelevantes, e seria um equívoco condenar essas duas teorias como inverossímeis. Esse veredito só se aplica às teorias cujas lógicas causais são afetadas por equívocos ou contradições importantes.

Finalmente, para ser verossímil, a teoria precisa receber suporte probatório. Deve haver provas relevantes que permitam avaliar a teoria, e seus partidários devem apresentar argumentos plausíveis de que a maior parte

---

20 Coase, *How Should Economists Choose?*, p.7. Ver *também* Moe, "On the Scientific Status of Rational Models", *American Journal of Political Science*, v.23, n.1, p.215-43, 1979.

21 Sobre lógica causal, *ver* Elster, *Nuts and Bolts for the Social Sciences*, p.3-10; Goertz, *Multimethod Research, Causal Mechanisms, and Case Studies: An Integrated Approach*, cap.2; Hedström; Ylikoski, "Causal Mechanisms in the Social Sciences", *Annual Review of Sociology*, v.36, p.49-67, 2010.

22 Arrow, "Mathematical Models in the Social Sciences", em Lerner; Lasswell (orgs.), *The Policy Sciences*, p.129.

23 Walt, "Rigor or Rigor Mortis? Rational Choice and Security Studies", *International Security*, v.23, n.4, p.12 e 14-20, 1999.

24 Waltz, *Theory of International Politics*, p.171-2.

25 Grieco, "Anarchy and the Limits of Cooperation: A Realist Critique of the Newest Liberal Institutionalism", *International Organization*, v.42, n.3, p.485-507, 1988.

Como os Estados pensam

das provas a sustenta. Afinal de contas, uma teoria que não se adequa aos casos concretos não pode explicar acontecimentos do mundo real. Maurice Allais deixou bem claro ao receber o Prêmio Nobel de economia: "A mera lógica, até mesmo a dedução matemática, é inútil para a compreensão da realidade se não estiver intimamente ligada a essa realidade... Seja qual for a teoria, se não for confirmada pelas evidências empíricas, não tem valor científico e deve ser rejeitada".[26] O suporte probatório assume duas formas: comprovação das afirmações empíricas da teoria a respeito da relação entre as variáveis independente e dependente, e comprovação de que os pressupostos e mecanismos que constituem a lógica causal da teoria captam o que realmente está acontecendo.

Decidir se uma teoria específica dispõe de suficiente respaldo comprobatório para ser considerada verossímil é uma tarefa desafiadora, porque mesmo nos casos mais bem documentados as provas relevantes são escassas e não confiáveis. Considerem a Primeira Guerra Mundial, que ocupa um lugar importante em muitas teorias sobre guerra e paz. Alguns realistas sustentam que a decisão da Alemanha de iniciar a guerra foi uma tentativa deliberada de conquistar a hegemonia na Europa. Outros realistas afirmam que a Primeira Guerra Mundial foi uma guerra preventiva iniciada pela Alemanha para conter a ascensão da Rússia. Há ainda outros realistas que sustentam que a decisão de Berlim é mais bem explicada por fatores políticos internos, já que a tentativa de dominar a Europa não fazia sentido para a Alemanha. E mesmo entre esse último grupo de especialistas há discordância a respeito de quais fatores internos levaram a Alemanha a entrar em guerra.[27]

Considerem também o debate entre realistas e teóricos liberais das relações internacionais sobre o que a Primeira Guerra Mundial revela a respeito da teoria da paz democrática. Os partidários liberais da paz democrática afirmam que a composição das alianças rivais na Grande Guerra é consistente com sua teoria, porque ela envolveu a Alemanha iliberal combatendo quatro potências liberais – Grã-Bretanha, França, Itália e Estados Unidos. Inúmeros especialistas realistas, contudo, argumentam que a Alemanha também era uma democracia liberal; portanto, democracias liberais lutaram entre si, contrariando a teoria da paz democrática.[28]

---

26 Citado em Walt, "Rigor or Rigor Mortis?", op. cit., p.31-2. Walt cita George Stigler com um efeito semelhante: "A nova teoria nos ajuda a compreender a economia visível?... Enquanto [esta] pergunta não for respondida, a teoria não tem legitimidade e, portanto, não deve ser utilizada como guia para as políticas". Ibid., p.22.

27 Ver, por exemplo, Copeland, *The Origins of Major War*; Mearsheimer, *The Tragedy of Great Power Politics*; Snyder, *Myths of Empire: Domestic Politics and International Ambition*; Van Evera, *Causes of War: Power and the Roots of Conflict*.

28 Em relação à visão liberal, ver Doyle, "Kant, Liberal Legacies, and Foreign Affairs", *Philosophy and Public Affairs*, v.12, n.3, p.205-35, 1983; em relação à visão realista, ver Layne, "Kant or Cant: The Myth of Democratic Peace", *International Security*, v.19, n.2, p.5-49, 1994.

As questões comprobatórias explicam por que a produção acadêmica a respeito das relações internacionais está cheia de teorias verossímeis diferentes, sem que nenhuma prevaleça sobre as outras.[29] Como observa Paul Krugman, "Nas ciências sociais, é muito mais difícil [diferenciar] entre ideias sérias e pseudociência [...] Isso se deve em parte ao fato de não se poder realizar experiências controladas: na ciência social, a evidência é sempre evidência histórica, e a história é tão complexa que suas lições raramente são inequívocas".[30] Portanto, devemos exigir um parâmetro comprobatório modesto para determinar se uma teoria cruza o limiar da verossimilhança. Deve haver provas substanciais – geradas preferencialmente por meio de técnicas estatísticas ou de rastreamento de processo aplicadas ao registro histórico – que corroborem as afirmações empíricas da teoria, bem como seus pressupostos e sua lógica causal.[31]

Há outro motivo que explica a existência de um grande número de teorias de política internacional verossímeis. Por serem afirmações probabilísticas, é difícil descartá-las quando são desmentidas em casos específicos. Jonathan Kirshner explica bem a questão: "Se uma teoria sugere que um determinado resultado tem 70% de possibilidade de ocorrer, isso significa que a teoria afirma que aquele resultado não acontecerá 30% do tempo. Portanto, quando se constata um fracasso, ele é resultado de um modelo defeituoso ou do azar? Ambos são possíveis; com amostras heterogêneas muito

---

29 Com isso não se pretende negar que determinados especialistas muitas vezes argumentam que a sua teoria oferece a melhor explicação do funcionamento do mundo. Afinal de contas, teorizar é uma atividade competitiva, e os teóricos dedicam bastante tempo e esforço para defender suas próprias teorias e criticar as teorias rivais. Na maioria dos casos, eles concluem que a sua teoria é superior à teoria alternativa, ainda que esta seja verossímil. Em alguns casos, contudo, sustentam que a teoria alternativa não é simplesmente incorreta e inferior, mas também, de fato, inverossímil. Sobre os exemplos da nossa própria obra em que afirmamos que nossa teoria é superior a uma teoria rival verossímil, ver Mearsheimer, "The False Promise of International Institutions", *International Security*, v.19, n.3, p.5-49, 1994-1995; Rosato, "The Flawed Logic of Democratic Peace Theory", *American Political Science Review*, v.97, n.4, p.585-602, 2003. Para um excelente ensaio que reconhece a ligação entre teoria e racionalidade e fornece critérios para identificar a melhor teoria para compreender a política internacional, ver Chernoff, *Theory and Metatheory in International Relations: Concepts and Contending Accounts*.

30 Krugman, *Peddling Prosperity*, op. cit., p.xiii.

31 Sobre essas técnicas, ver Beach; Pedersen, *Causal Case Study Methods: Foundations and Guidelines for Comparing, Matching, and Tracing*; Bennett; Checkel, *Process Tracing: From Metaphor to Analytic Tool*; Gerring, *Social Science Methodology: A Unified Framework*; Imai, *Quantitative Social Science: An Introduction*; Kellstedt; Whitten, *The Fundamentals of Political Science Research*; King; Keohane; Verba, *Designing Social Inquiry: Scientific Inference in Qualitative Research*; Seawright, *Multi-Method Social Science: Combining Qualitative and Quantitative Tools*; Trachtenberg, *The Craft of International History: A Guide to Method*. Para uma discussão dos diversos critérios possíveis para avaliar se as provas sustentam uma teoria, ver Goertz, *Multimethod Research, Causal Mechanisms, and Case Studies*, op. cit., p.204-8.

Como os Estados pensam

pequenas é muito difícil determinar qual deles ocorreu. Consequentemente, não é fácil selecionar teorias concorrentes".[32]

Existe uma exceção à análise precedente. Como algumas teorias abordam fenômenos internacionais que nunca aconteceram, não há nenhuma evidência em relação à qual elas podem ser postas à prova. Por exemplo: embora corpos teóricos importantes abordem a escalada nuclear e a guerra nuclear, as armas nucleares nunca foram empregadas em tempo de guerra, com exceção das duas bombas atômicas lançadas no Japão no final da Segunda Guerra Mundial. Também não houve uma guerra convencional em larga escala entre dois países com armas nucleares que poderia ter escalado para o nível nuclear.[33] No início da era nuclear, também havia poucos indícios que permitissem avaliar as teorias de coação nuclear e de dissuasão nuclear, embora essa situação tenha se modificado ao longo do tempo. E havia poucas evidências que permitissem examinar teorias de unipolaridade no início do período unipolar, em 1991. Nesses casos, as avaliações da verossimilhança de uma teoria dependem em grande medida de saber se seus pressupostos são realistas e sua lógica causal é válida.

Um inventário de teorias verossímeis

Os assessores políticos avaliam suas conjunturas e elaboram suas estratégias usando dois conjuntos de teorias de relações internacionais verossímeis: realismo e liberalismo.[34] Esses corpos teóricos têm origem na academia, onde há muito tempo controlam o discurso, e chegam à mente dos futuros dirigentes antes que esses indivíduos comecem a elaborar políticas. O modo como eles chegam às suas teorias norteadoras varia. Alguns examinam a literatura pertinente. Outros são expostos a ideias variadas simplesmente porque é impossível que alguém interessado em política internacional evite essa exposição. Contudo, independentemente do processo de captação, as teorias das relações internacionais se tornam na prática as teorias dos assessores políticos.

Tanto a tradição realista como a tradição liberal contêm inúmeras teorias diferentes.[35] O que permite identificar duas grandes tradições é o fato de as

---

32 Kirshner, "The Economic Sins of Modern IR Theory and the Classical Realist Alternative", *World Politics*, v.67, n.1, p.175, 2015.

33 *Ver*, por exemplo, Posen, *Inadvertent Escalation: Conventional War and Nuclear Risks*; Talmadge, "Would China go Nuclear? Assessing the Risk of Chinese Nuclear Escalation in a Conventional War with the United States", *International Security*, v.41, n.4, p.50-92, 2017.

34 Para um apanhado das correntes de pensamento realista e liberal, *ver* Doyle, *Ways of War and Peace: Realism, Liberalism, and Socialism*; Schmidt, *The Political Discourse of Anarchy: A Disciplinary History of International Relations*.

35 Sobre as tradições de pesquisa, *ver* Chalmers, *What Is this Thing Called Science?*, p.97-148; Godfrey-Smith, *Theory and Reality: An Introduction to the Philosophy of Science*, p.101-50.

teorias abrangidas por cada categoria se basearem em premissas comuns. Essa sobreposição não significa que as teorias de uma mesma família partilham dos mesmos pressupostos básicos. Elas também podem ter lógicas causais diferentes, seja porque divergem em relação a um pressuposto, seja porque fazem deduções diferentes. Por outro lado, isso significa que teorias da mesma tradição às vezes fazem afirmações empíricas diferentes.

As teorias realistas partilham a premissa de que a estrutura do sistema internacional é a causa principal do comportamento do Estado. "O realismo", observa Kevin Narizny, "é um paradigma descendente. Toda teoria realista tem de começar com uma especificação dos imperativos sistêmicos; só então ela pode abordar outros fatores."[36] Os Estados, que são os principais agentes na política internacional, buscam a sobrevivência acima de tudo, num mundo perigoso que não conta com uma autoridade central capaz de resolver os conflitos entre eles e protegê-los uns dos outros. Essa situação os obriga a ficar muito atentos ao equilíbrio de poder. Afinal de contas, o que determina basicamente sua capacidade de se proteger e buscar outros interesses é a quantidade de poder que eles têm.[37]

Não obstante essas semelhanças fundamentais, existem diversas teorias realistas de política internacional.[38] Os realistas defensivos afirmam que a estrutura do sistema incentiva os Estados a competir pelo poder, mas limita consideravelmente essa competição. Eles empregam duas linhas de argumentação. A primeira sustenta que a guerra raramente compensa, porque normalmente é mais fácil defender que atacar e porque as possíveis vítimas têm fortes incentivos para se contrapor juntas a um Estado que as ameace. Ainda assim, os realistas defensivos admitem que os Estados às vezes se comportam de maneira agressiva, dando início a conflitos importantes para aumentar seu poder ou mesmo controlar o sistema. Eles alegam que esse tipo de

---

36 Narizny, "On Systemic Paradigms and Domestic Politics: A Critique of the Newest Realism", *International Security*, v.42, n.2, p.160, 2017.

37 Para uma análise sucinta do realismo, *ver* Lynn-Jones; Miller, "Prefácio", em Lynn-Jones; Miller; Brown (orgs.), *The Perils of Anarchy: Contemporary Realism and International Security*, p.ix-xxi.

38 A análise a seguir se concentra nas teorias realistas que procuram explicar como o mundo realmente funciona e que, consequentemente, podem ser usadas por líderes para elaborar a política externa. Por esse motivo, não incluímos duas contribuições importantes ao cânone realista: Fearon, "Rationalist Explanations for War", *International Organization*, v.49, n.3, p.379-414, 1995; e Glaser, *Rational Theory of International Politics: The Logic of Competition and Cooperation*. Os dois especialistas dizem explicitamente que não estão propondo uma teoria explicativa. Fearon realiza um experimento mental lógico, descrevendo os motivos pelos quais os Estados "verdadeiramente racionais" – algo que não existe – entrariam em guerra (Fearon, "Rationalist Explanations for War", op. cit., p.392). Glaser, por sua vez, observa que a sua teoria é "uma teoria do que os Estados deveriam fazer para alcançar seus objetivos, dadas as restrições que eles enfrentam; nesse sentido, ela é uma teoria prescritiva e normativa" (Glaser, *Rational Theory of International Politics*, op. cit., p.23).

Como os Estados pensam

comportamento geralmente decorre de fatores como erro de cálculo, ordem política vigente, relações entre civis e militares e política organizacional.[39]

A segunda linha de argumentação realista defensiva é que os Estados satisfeitos com o *status quo* às vezes podem comunicar esse fato entre si e reduzir bastante a intensidade de sua disputa. Contudo, quando as potências que defendem o *status quo* não conseguem se comunicar entre si, elas continuam competindo pelo poder como sempre. O mesmo acontece se um ou mais Estados quiserem rever o *status quo*.[40]

O realismo ofensivo postula que o sistema internacional força os Estados a competir mais intensamente do que o realismo defensivo sugere porque a agressão às vezes compensa e os Estados não conseguem adivinhar os interesses e as intenções uns dos outros. A consciência de que outros Estados podem ter a capacidade e a vontade de prejudicá-los ou até mesmo de destruí-los leva os Estados a querer ter o maior poder possível. Os Estados estão sempre de olho nas oportunidades de deslocar o equilíbrio de poder a seu favor – através da construção de armas, das alianças ou da guerra –, tendo como objetivo final a hegemonia.[41]

O realismo hegemônico também afirma que os Estados tentam controlar o sistema, e podem entrar em guerra para alcançar essa posição ou permanecer nela. Contudo, ele se diferencia do realismo ofensivo no que diz respeito ao motivo de um Estado querer ser o poder hegemônico. Ele afirma que os Estados buscam um poder insuperável não apenas para garantir sua segurança, mas também para buscar objetivos mais ambiciosos: moldar o mundo de forma a maximizar, entre outros, seus interesses políticos, econômicos e ideológicos.[42]

---

39 Hume, "Of the Balance of Power", em Miller (org.), *Essays Moral, Political, and Literary*; Hoffmann; Fidler (orgs.), *Rousseau on International Relations*; Jervis, *Perception and Misperception in International Politics*, op. cit.; id., "Cooperation under the Security Dilemma", *World Politics*, v.30, n.2, p.167-213, 1978; Waltz, *Theory of International Politics*, op. cit.; Posen, *The Sources of Military Doctrine: France, Britain, and Germany between the World Wars*; Walt, *The Origins of Alliances*, op. cit.; Powell, "Absolute and Relative Gains in International Relations Theory", *American Political Science Review*, v.85, n.4, p.1303-20, 1991; Snyder, *Myths of Empire*, op. cit.; Van Evera, *Causes of War*, op. cit.

40 Schelling, *The Strategy of Conflict*; Jervis, *The Logic of Images in International Relations*; id., "Cooperation under the Security Dilemma", op. cit.; Schweller, "Neorealism's Status-Quo Bias: What Security Dilemma?", *Security Studies*, v.5, n.3, p.90-121, 1996; Glaser, *Rational Theory of International Politics*, op. cit.; Kydd, *Trust and Mistrust in International Relations*; Copeland, *Economic Interdependence and War*.

41 Hobbes, *Leviathan*; Dickinson, *The European Anarchy*; Spykman, *America's Strategy in World Politics: The United States and the Balance of Power*; Herz, *Political Realism and Political Idealism: A Study in Theories and Realities*; Morgenthau, *Politics among Nations: The Struggle for Power and Peace*; Labs, "Beyond Victory: Offensive Realism and the Expansion of War Aims", *Security Studies*, v.6, n.4, 1-49, 1997; Mearsheimer, *The Tragedy of Great Power Politics*, op. cit.; Lieber, *War and the Engineers: The Primacy of Politics over Technology*.

42 Tucídides, *The Landmark Thucydides: A Comprehensive Guide to the Peloponnesian War*; Gilpin, *War and Change in World Politics*; Brooks; Wohlforth, *America Abroad: The United States' Global Role in the 21ˢᵗ Century*.

59

Como os realistas dão muita atenção ao papel da força militar na política internacional, criaram uma série de teorias que abordam especificamente a dissuasão, a coação e o uso da força, tanto no nível convencional como nuclear.

Em relação ao êxito ou fracasso da dissuasão convencional, diversas teorias ressaltam a importância de fatores como equilíbrio de força, estratégias inteligentes e o equilíbrio entre ataque e defesa.[43] Na esfera nuclear, o debate gira em torno da destruição mútua assegurada (DMA). Alguns teóricos sustentam que a DMA é incontornável e oferece uma dissuasão considerável para todos os Estados que dispõem de uma capacidade assegurada de desfechar um segundo ataque, ao passo que outros teóricos argumentam que o Estado pode desenvolver uma capacidade militar de resposta que lhe permita escapar do mundo da DMA e travar e vencer uma guerra nuclear.[44]

Quanto à coação, existem várias correntes de pensamento preocupadas com a melhor estratégia para mudar o comportamento de um adversário em tempo de paz. As teorias de coação convencional enfatizam uma mistura de diplomacia com ameaça de uso da força contra o governo ou os recursos militares do adversário.[45] As teorias de coação nuclear giram em torno da ameaça do uso de armas nucleares contra os núcleos populacionais, a infraestrutura econômica ou as forças militares de outro Estado.[46]

O uso efetivo da força pode assumir diversas formas. No nível convencional, ele pode abranger um ataque por terra, um bloqueio naval, um desembarque anfíbio ou ataques aéreos, entre outras ações. Nos casos mais extremos, pode incluir campanhas terrestres, marítimas e aéreas de peso. Essa diversidade significa que existem diversas teorias de vitória possíveis. No entanto, os especialistas concordam que é importante ter uma estratégia que ofereça uma possibilidade razoável de sucesso, juntamente com as forças necessárias para executar essa estratégia.[47] Em relação à guerra nuclear, os teóricos apontam três caminhos para a vitória: os Estados podem eliminar o arsenal nuclear

---

43 Quester, *Offense and Defense in the International System*; Mearsheimer, *Conventional Deterrence*; Paul, *Asymmetric Conflicts: War Initiation by Weaker Powers*; Van Evera, "Offense, Defense, and the Causes of War", *International Security*, v.22, n.4, 5-43, 1998.

44 Jervis, *The Meaning of the Nuclear Revolution: Statecraft and the Prospects of Armageddon*; Green, *The Revolution that Failed: Nuclear Competition, Arms Control, and the Cold War*; Lieber; Press, *The Myth of the Nuclear Revolution: Power Politics in the Atomic Age*.

45 George, *Forceful Persuasion: Coercive Diplomacy as an Alternative to War*; Byman; Waxman, *The Dynamics of Coercion: American Foreign Policy and the Limits of Military Might*; Art; Cronin (orgs.), *The United States and Coercive Diplomacy*.

46 Kroenig, *The Logic of American Nuclear Strategy: Why Strategic Superiority Matters*. Demonstramos adiante que a teoria de coação nuclear em tempo de paz de Kroenig é inverossímil.

47 Clausewitz, *On War*, op. cit.; Mahan, *The Influence of Sea Power upon History, 1660-1783*; Schelling, *Arms and Influence*; Pape, *Bombing to Win: Air Power and Coercion in War*; Arreguín-Toft, *How the Weak Win Wars: A Theory of Asymmetric Conflict*; Biddle, *Military Power: Explaining Victory and Defeat in Modern Battle*.

Como os Estados pensam

do outro lado por meio de um primeiro ataque espetacular; podem realizar ataques a alvos militares, mantendo a supremacia enquanto intensificam a escalada; ou podem usar armas nucleares de forma limitada, para forçar o adversário a recuar por temer uma nova escalada e uma possível devastação.[48]

As teorias liberais postulam que os interesses do Estado são o principal motor de seu comportamento. Ao fazê-lo, elas assumem a postura contrária do argumento realista, que defende que o sistema é a força motivadora da política internacional. O liberalismo, escreve Narizny, "se baseia numa visão da política 'de baixo para cima' na qual as exigências dos indivíduos e dos grupos sociais são tratadas como anteriores, analiticamente, à política. Toda teoria liberal deve começar especificando os agentes sociais e suas preferências; só então ela pode abordar outros fatores".[49] Embora os liberais reconheçam que o sistema internacional coíbe os Estados, eles sustentam que os interesses têm um peso muito maior no processo decisório.[50] Essa ênfase em interesses como paz e prosperidade tem consequências importantes. Os liberais argumentam que a busca desses interesses pode provocar uma cooperação significativa entre os Estados, uma visão que contrasta com a ênfase realista na competição entre os Estados.

A tradição liberal gira em torno de três conjuntos de teorias. A teoria da paz democrática se apresenta nas variantes normativa e institucional. O argumento normativo sustenta que as democracias partilham interesses e valores comuns e, portanto, confiam umas nas outras e se respeitam. O argumento institucional afirma que os governos eleitos têm de prestar contas a um grande número de eleitores que se opõem à guerra – entre eles o grande público e diversos grupos de interesse – e, portanto, têm interesse na paz. Apesar dessas diferenças, as duas variantes explicam por que as democracias raramente lutam entre si.[51] As teorias da interdependência econômica se baseiam na crença de que os Estados se preocupam seriamente com a sua prosperidade. Embora essas teorias se diferenciem em alguns aspectos, todas concordam que esse interesse na prosperidade não somente incentiva os Estados a cooperar, mas também a evitar a competição pela segurança e

---

48 Wohlstetter, "The Delicate Balance of Terror", *Foreign Affairs*, v.37, n.2, p.211-34, 1959; Nitze, "Assuring Strategic Stability in an Era of Détente", *Foreign Affairs*, v.54, n.2, p.207-32, 1976; Schelling, *Arms and Influence*, op. cit.; id., *Strategy of Conflict*, op. cit.; Lieber; Press, "The End of MAD? The Nuclear Dimension of U. S. Primacy", *International Security*, v.30, n.4, p.7-44, 2006.

49 Narizny, "On Systemic Paradigms and Domestic Politics", op. cit., p.161.

50 Moravcsik, "Taking Preferences Seriously: A Liberal Theory of International Politics", *International Organisation*, v.51, n.4, p.513-53, 1997.

51 Kant, "Perpetual Peace", op. cit., p.93-130; Doyle, "Kant, Liberal Legacies, and Foreign Affairs", op. cit.; Russett, *Grasping the Democratic Peace*, op. cit.; Owen IV, *Liberal Peace, Liberal War: American Politics and International Security*; Mesquita et al., "An Institutional Explanation of the Democratic Peace", *American Political Science Review*, v.93, n.4, p.791-812, 1999; Rawls, *Law of Peoples*; Lipson, *Reliable Partners: How Democracies Have Made a Separate Peace*.

a guerra.[52] O institucionalismo liberal se concentra nas regras de comportamento, estabelecidas pelos Estados, que estipulam como eles devem interagir. Por serem os maiores interessados em seguir essas regras, os Estados tendem claramente a obedecê-las, ou seja, a cooperar entre si.[53]

Embora as "três grandes" teorias dominem a tradição liberal, outras teorias também se concentram nos interesses como os principais motivadores do comportamento do Estado. Essas outras teorias enfatizam as características domésticas dos Estados – incluindo seus sistemas políticos, suas culturas e suas ideologias – que definem seus interesses de maneira importante. Quando os Estados partilham interesses comuns, tendem a cooperar entre si. De acordo com um célebre conjunto de teorias, como os Estados querem que as suas ideologias se espalhem pelo mundo, eles cooperam com outros Estados que partilham seus princípios legitimadores.[54] Outro conjunto de teorias liberais sustenta que algumas culturas promovem interesses pacíficos. Por exemplo: algumas afirmam que os Estados confucianos estão interessados em promover a justiça e a harmonia, e, consequentemente, estão fortemente inclinados a se comportar de maneira pacífica.[55]

Além do realismo e do liberalismo, as duas linhas de pensamento em que os assessores políticos geralmente se baseiam para compreender o mundo e decidir a melhor maneira de explorá-lo, existe outra linha de teorias acadêmicas – o construtivismo social – que lança luz sobre o funcionamento da política internacional.[56] Há duas linhas que unem as diversas teorias dessa

---

52 Angell, *The Great Illusion: A Study of the Relationship of Military Power in Nations to their Economic and Social Advantage*; Rosecrance, *The Rise of the Trading State: Commerce and Conquest in the Modern World*; Brooks, *Producing Security: Multinational Corporations, Globalization, and the Changing Calculus of Conflict*; Gartzke, "The Capitalist Peace", *American Journal of Political Science*, v.51, n.1, p.166-91, 2007; McDonald, *The Invisible Hand of Peace: Capitalism, the War Machine, and International Relations Theory*; Copeland, *Economic Interdependence and War*, op. cit.

53 Locke, *Two Treatises on Government*, org. Peter Laslett; Krasner (org.), *International Regimes*; Keohane, *After Hegemony: Cooperation and Discord in the World Political Economy*; Milner, *Interests, Institutions and Information: Domestic Politics and International Relations*; Wallander, *Mortal Friends, Best Enemies: German-Russian Cooperation after the Cold War*; Ikenberry, *After Victory: Institutions, Strategic Restraint, and the Rebuilding of Order after Major Wars*.

54 Doyle, "Kant, Liberal Legacies, and Foreign Affairs", op. cit.; Oren; Hays, "Democracies May Rarely Fight One another, but Developed Socialist States Rarely Fight at All", *Alternatives*, v.22, n.4, p.493-521, 1997; Owen, *Liberal Peace, Liberal War*, op. cit.; Haas, *The Ideological Origins of Great Power Politics, 1789-1989*.

55 Fairbank, "Introduction: Varieties of Chinese Military Experience", em Fairbank; Kierman Jr. (orgs.), *Chinese Ways in Warfare*, p.1-26; Kissinger, *On China*; Xuetong, *Ancient Chinese thought, Modern Chinese Power*.

56 Finnemore, *National Interests in International Society*; Katzenstein (org.), *The Culture of National Security: Norms and Identity in World Politics*; Adler; Barnett (orgs.), *Security Communities*; Wendt, *Social Theory of International Politics*; Hopf, *Social Construction of International Politics: Identities and Foreign Policies, Moscow, 1955 and 1999*; Tannenwald, *The Nuclear Taboo: The United States and the Non-Use of Nuclear Weapons since 1945*.

tradição. Em primeiro lugar, os construtivistas sociais argumentam que os principais impulsionadores do comportamento do Estado são os fatores ideacionais, não os materiais. Em segundo lugar, esses fatores – principalmente as ideias e as identidades – são criados e recriados através da interação social. Várias dessas teorias são verossímeis. Além disso, os assessores políticos às vezes as utilizam para ajudá-los a refletir sobre política internacional. No entanto, parece que essas teorias raramente orientam suas principais decisões estratégicas ou em momentos de crise.

Embora o inventário seja grande, isso não é uma consequência da fixação de um patamar baixo para determinar o que se considera uma teoria verossímil. Afinal de contas, cada uma das teorias enumeradas é uma explicação lógica derivada de pressupostos realistas e respaldados por evidências empíricas substanciais. Elas superaram um patamar elevado. Além do mais, os estudiosos da política internacional discutiram intensamente os méritos e deméritos das teorias liberais e realistas durante séculos, e é razoável imaginar que, nesta altura, as teorias inverossímeis entre elas teriam sido extirpadas. Finalmente, há muitas visões sobre as relações internacionais que não superam o patamar da verossimilhança, incluindo as teorias inverossímeis e os conceitos não teóricos como as analogias e a heurística.

Teorias inverossímeis

Uma teoria é inverossímil se comete um ou mais dos erros seguintes. Primeiro, ela se baseia em pressupostos irrealistas. Para que fique claro, esses pressupostos não precisam captar perfeitamente a realidade, já que são simplificações de um aspecto da política internacional; porém, para que uma teoria seja verossímil, os pressupostos pelo menos têm de ser razoavelmente rigorosos. Segundo, uma teoria é inverossímil se o seu relato causal é logicamente inconsistente. Como observamos, problemas secundários dificilmente são fatais: as teorias sempre têm algumas lacunas, contradições e ambiguidades. Mas uma teoria que contém uma contradição grave em sua lógica causal é inverossímil. Terceiro, as teorias são inverossímeis se existe pouco suporte comprobatório para sua lógica causal, se existem alegações gerais ou as duas coisas.

Determinar se as partes de uma lógica causal se encaixam de forma coerente é uma questão simples que não deixa muito espaço para discordância. Portanto, é provável que as teorias com inconsistências lógicas significativas sejam descartadas antes de ganhar destaque, seja nos círculos acadêmicos ou políticos. Opiniões a respeito da verdade empírica dos pressupostos, da lógica causal e das afirmações gerais de uma teoria é um assunto diferente. Dada a natureza escassa e incerta das evidências históricas, há muito espaço para discordar a respeito dessas questões. Dito isso, algumas teorias aceitas por acadêmicos e assessores políticos se baseiam em pressupostos irrealistas ou encontram pouco suporte comprobatório para suas lógicas causais ou alegações gerais. Consequentemente, são inverossímeis.

Um inventário de teorias inverossímeis

Algumas teorias inverossímeis se apoiam em pressupostos irrealistas. Por exemplo: a tese do choque de civilizações se baseia na premissa de que as civilizações são os grupos sociais de nível mais elevado com real importância para as pessoas em todo o mundo. Portanto, os conflitos ocorrem seguindo categorias civilizacionais, seja entre Estados de diferentes civilizações, ou no interior de Estados em que grandes parcelas da população pertencem a civilizações rivais.[57] Contudo, o fato é que as nações, não as civilizações, são os maiores grupos sociais que impõem uma profunda lealdade. A mais poderosa ideologia política do planeta é o nacionalismo, não o civilizacionismo – se é que isso significa algo. Não surpreende, portanto, que o registro empírico não forneça muito respaldo para a alegação de que os conflitos do mundo moderno são impulsionados em grande parte por diferenças civilizacionais.[58]

As teorias raciais, aceitas por muitos estudiosos das relações internacionais nos anos 1930, se baseavam no pressuposto de que existe uma hierarquia racial de origem biológica entre povos e nações. Essas teorias inverossímeis sustentavam que as pessoas brancas são naturalmente superiores às pessoas de cor, que os teóricos descreviam como "pessoas selvagens", membros de uma "raça imatura" ou de "linhagem inferior". Embora os pressupostos por trás do "racismo científico" já tivessem sido rejeitados, os cientistas políticos continuaram a utilizá-los para justificar os impérios coloniais; basicamente, se dizia que a superioridade racial levava à superioridade política. Essa premissa falsa e racista também servia de base para determinar a forma de administrar as colônias e para justificar o colonialismo como um empreendimento nobre.[59]

O realismo neoclássico, de acordo com a definição de Norrin Ripsman, Jeffrey Taliaferro e Steven Lobell, é outra teoria inverossímil, embora nesse caso isso se deva a uma séria contradição no centro de sua lógica causal. Por um lado, Ripsman, Taliaferro e Lobell sustentam que, para os Estados, "a sobrevivência é o interesse nacional mais importante num ambiente anárquico". Por outro lado, também argumentam que avaliações políticas

---

57 Lewis, "The Roots of Muslim Rage", *Atlantic Monthly*, 1º set. 1990; Huntington, *The Clash of Civilizations and the Remaking of World Order*.

58 Walt, "Building Up New Bogeymen: The Clash of Civilizations and the Remaking of World Order", *Foreign Policy*, v.106, p.176-89, 1997.

59 Vitalis, *White World Order, Black Power Politics: The Birth of American International Relations*, p.46-54 e 88-92, citação na p.50; Taylor, "W. E. B. Dubois's Challenge to Scientific Racism", *Journal of Black Studies*, v.11, n.4, p.454, 1981.

Como os Estados pensam

podem forçar os Estados a atender os interesses de grupos internos "à custa dos interesses internacionais" e adotar estratégias que "põem em risco [seus] interesses fundamentais em matéria de segurança".[60] Em outras palavras, a teoria sustenta ao mesmo tempo que a sobrevivência é e não é o principal objetivo dos Estados. Como ressalta Narizny, isso a transforma num "amontoado de contradições".[61]

Outras teorias são inverossímeis porque seus relatos causais ou suas alegações gerais carecem de um suporte comprobatório. A teoria da democratização e da guerra sustenta que as elites nas democracias emergentes com instituições políticas frágeis têm tanto o incentivo como a oportunidade de estimular o fervor nacionalista, o qual, por sua vez, possibilita que seus Estados iniciem guerras.[62] No entanto, uma avaliação abrangente dos indícios mostra que "não há exemplos de um governo de democratização incompleta com instituições frágeis que tenha participado de, quanto mais iniciado, uma guerra externa desde a Primeira Guerra Mundial". No século anterior a 1914 existem seis casos de democracias emergentes com instituições políticas frágeis que participaram de guerras externas, mas o governo de democratização incompleta iniciou apenas uma delas. Mesmo nesse caso específico – a Guerra do Pacífico de 1879, conduzida pelo Chile contra a Bolívia e o Peru –, há motivos para duvidar de que o Chile fosse um regime instável. Isso tudo significa que "entre 1816 e 1992 não houve um único exemplo de governo de democratização incompleta com instituições frágeis que tivesse iniciado uma guerra".[63]

A teoria dos custos da audiência sustenta que os líderes eleitos democraticamente – ao contrário de seus homólogos não democráticos – são especialistas em transmitir sua determinação em momentos de crise porque podem fazer compromissos públicos de que agirão em determinadas condições, compromissos esses que depois são obrigados a cumprir.[64] Contudo, inúmeras pesquisas demonstraram que não há praticamente nenhuma evidência de que a lógica causal que sustenta a teoria dos custos da audiência funcione conforme o anunciado. Como constata um acadêmico, "A

---

60 Ripsman; Taliaferro; Lobell, *Neoclassical Realist Theory of International Politics*, p.69-71 e 179.
61 Narizny, "On Systematic Paradigms and Domestic Politics", op. cit., p.184.
62 Mansfield; Snyder, "Democratic Transitions, Institutional Strength, and War", *International Organization*, v.56, n.2, p.297-337, 2002; id., *Electing to Fight: Why Emerging Democracies Go to War*.
63 Narang; Nelson, "Who Are These Belligerent Democratizers? Reassessing the Impact of Democratization on War", *International Organization*, v.63, n.2, p.363 e 365, 2009. *Ver também* Goertz, *Multimethod Research, Causal Mechanisms, and Case Studies*, op. cit., p.196-9. Para uma resposta que não consegue responder a essas críticas, *ver* Mansfield; Snyder, "Pathways to War in Democratic Transitions", *International Organization*, v.63, n.2, p.381-90, 2009.
64 Fearon, "Domestic Political Audiences and the Escalation of International Disputes", *American Political Science Review*, v.88, n.3, p.577-92, 1994; Schultz, *Democracy and Coercive Diplomacy*; Smith, "International Crises and Domestic Politics", *American Political Science Review*, v.92, n.3, p.623-38, 1998.

conclusão básica é muito simples. Existem poucos indícios de que o mecanismo dos custos da audiência desempenhou um papel 'fundamental' em qualquer [crise]. Aliás, é difícil apontar um exemplo em que esse mecanismo desempenhou qualquer papel".[65] Outra análise, que se concentra nos "casos mais simples da teoria dos custos da audiência", ainda assim revelou "tão poucos indícios dos mecanismos dos custos da audiência [...] que a importância da teoria precisa ser reavaliada".[66] Resumindo: a teoria dos custos da audiência é inverossímil.

A teoria da promoção violenta da democracia postula que um Estado pode usar a força militar para derrubar um dirigente não democrático e transformar o Estado visado numa democracia.[67] A alegação é que, uma vez que os cidadãos do mundo inteiro anseiam pela democracia e o único obstáculo são os tiranos, uma democracia pode usar suas forças armadas para fazer engenharia social em larga escala em outro país. Porém, não existe praticamente nenhuma prova de que essa estratégia alguma vez tenha funcionado – embora isso não impeça que os Estados possam promover a democracia no exterior sem recorrer às forças armadas. Diversas pesquisas constatam que os Estados Unidos, que têm tentado frequentemente impor a democracia no exterior, fracassaram sistematicamente. Uma análise aprofundada constata que, entre a Segunda Guerra Mundial e 2004, "os Estados Unidos intervieram mais de 35 vezes em países em desenvolvimento no mundo inteiro [...] Apenas em um caso – a Colômbia, depois da decisão americana em 1989 de se envolver na guerra contra as drogas – emergiu uma democracia plena e estável... em até dez anos. É um índice de sucesso de menos de 3%".[68] Esse histórico lamentável continua no presente, demonstrando que a teoria da promoção violenta da democracia é inverossímil.

---

65 Trachtenberg, "Audience Costs: An Historical Analysis", *Security Studies*, v.21, n.1, p.3-42, 2012, citação na p.32. Ver *também* Goertz, *Multimethod Research, Causal Mechanisms, and Case Studies*, op. cit., p.199-203.

66 Snyder; Borghard, "The Cost of Empty Threats: A Penny, Not a Pound", *American Political Science Review*, v.105, n.3, p.455, 2011. Ver *também* Downes; Sechser, "The Illusion of Democratic Credibility", *International Organization*, v.66, n.3, p.457-89, 2012.

67 Krauthammer, *Democratic Realism: An American Foreign Policy for a Unipolar World*; Muravchik, *Exporting Democracy: Fulfilling America's Destiny*, cap.8; Bermeo, "Armed Conflict and the Durability of Electoral Democracy", em Krebs; Kier (orgs.), *In War's Wake: International Conflict and the Fate of Liberal Democracy*.

68 Downs; Mesquita, "Gun-Barrel Diplomacy Has Failed Time and Again", *Los Angeles Times*, 4 fev. 2004. Para a pesquisa original, *ver* Mesquita; Downs, "Intervention and Democracy", *International Organization*, v.60, n.3, p.627-49, 2006. Ver *também* Downes, *Catastrophic Success: Why Foreign-Imposed Regime Change Goes Wrong*; Easterly; Satyanath; Berger, *Superpower Interventions and their Consequences for Democracy: An Empirical Inquiry*; Gleditsch; Christiansen; Hegre, *Democratic Jihad? Military Intervention and Democracy*; Goldsmith, "Making the World Safe for Partial Democracy? Questioning the Premises of Democracy Promotion", *International Security*, v.33, n.2, p.120-47, 2008; Pickering; Peceny, "Forging Democracy at Gunpoint", *International Studies Quarterly*, v.50, n.3, p.556, 2006.

A teoria da coação nuclear afirma que um Estado com armas nucleares pode usá-las para ameaçar um Estado que não as têm – ou mesmo um Estado que tenha um pequeno arsenal de armas nucleares – e forçar o rival em desvantagem a mudar seu comportamento.[69] Nos primeiros anos da Guerra Fria, era razoável imaginar que a coação nuclear funcionaria conforme o anunciado. Contudo, quando a teoria foi testada empiricamente, a academia chegou a um consenso de que ela era inverossímil. A pesquisa mais abrangente sobre o tema aponta dezenove casos em que se poderia afirmar de maneira plausível que Estados com armas nucleares tentaram coagir seus rivais, e o único caso que pode ser considerado um êxito é a Crise dos Mísseis Cubanos de 1962. Contudo, mesmo ali é difícil encontrar argumentos de que os Estados Unidos usaram ameaças nucleares para coagir a União Soviética, quanto mais que o fizeram eficazmente.[70]

Finalmente, a teoria do *bandwagoning* sustenta que, diante de um rival poderoso e ameaçador, os Estados geralmente se alinham com esse Estado em vez de se contrapor a ele, seja porque esperam atenuar a ameaça e evitar um ataque ou porque desejam dividir o butim da vitória quando o Estado partir para a ofensiva.[71] Talvez a mais famosa variante desse argumento seja a teoria do dominó, apresentada publicamente pela primeira vez pelo presidente Dwight Eisenhower em 1954, para justificar as tentativas americanas de evitar o controle comunista do Vietnã do Sul. De acordo com a teoria, se um país se tornasse comunista, seus vizinhos não tardariam a seguir o mesmo caminho, e logo a maior parte do mundo seria tragada pelo comunismo. A teoria do dominó era verossímil nos anos 1950 e 1960, quando os Estados Unidos aumentaram consideravelmente seu envolvimento na defesa do Vietnã do Sul, porque à época havia poucas evidências que permitissem avaliá-la. Com o passar do tempo, porém, se acumularam evidências contra a teoria do dominó e contra a teoria do *bandwagoning* de modo geral; por volta de meados da década de 1980, já estava claro que as duas teorias eram inverossímeis.[72]

---

69 Kroenig, "Nuclear Superiority and the Balance of Resolve: Explaining Nuclear Crisis Outcomes", *International Organization*, v.67, n.1, p.141-71, 2013; id., *The Logic of American Nuclear Strategy*, op. cit.; Beardsley; Asal, "Winning with the Bomb", *Journal of Conflict Resolution*, v.53, n.2, p.278-301, 2009.

70 Sechser; Fuhrmann, *Nuclear Weapons and Coercive Diplomacy*, p.7-9 e 132-231. *Ver também* Goertz; Haggard, "Generalization, Case Studies, and Within-Case Causal Inference: Large-N Qualitative Analysis (LNQA)", em Kincaid; Bouwel (orgs.), *The Oxford Handbook of Philosophy of Political Science*. Disponível em: <https://ndisc.nd.edu/assets/419564/goertz_haggard2020. pdf>. Acesso em: 6 out. 2024.

71 Walt, *The Origins of Alliances*, op. cit., p.19-21.

72 Slater, "The Domino Theory and International Politics: The Case of Vietnam", *Security Studies*, v.3, n.2, p.186-224, 1993; id., "Dominos in Central America: Will They Fall? Does It Matter?", *International Security*, v.12, n.2, p.105-34, 1987; Walt, *The Origins of Alliances*, op. cit., cap.5.

O exemplo da teoria do dominó mostra que a verossimilhança teórica é condicionada historicamente. A marcha dos acontecimentos do mundo real pode transformar profundamente a base comprobatória, tornando verossímeis teorias inverossímeis e vice-versa. Como recorda o físico Steven Weinberg, "os astrônomos helênicos Apolônio e Hiparco criaram a teoria que diz que os planetas giram em torno da Terra em órbitas epicíclicas repetidas usando apenas os dados que estavam disponíveis".[73] Sua teoria – verossímil quando foi elaborada – foi declarada inverossímil quando novas evidências se tornaram disponíveis.

Pensamento não teórico

Embora os assessores políticos sejam animais teóricos, às vezes formulam estratégias ambiciosas ou administram crises baseando-se no pensamento não teórico. Nesses casos, agem tanto por meio do pensamento baseado em dados como nas emoções.

O pensamento baseado em dados inclui tanto o uso da maximização da utilidade esperada como as analogias e as heurísticas. Os maximizadores da utilidade esperada examinam os dados empíricos para determinar as probabilidades de diversos fenômenos – para incluir a possibilidade de que outro agente seja bondoso ou maldoso e as hipóteses de que determinados eventos irão ocorrer – e depois inserem suas descobertas numa fórmula que lhes indica o procedimento que devem escolher para maximizar sua utilidade. Os pensadores analógicos também observam o registro histórico, mas, em vez de analisar diversos casos, concentram-se num número reduzido de acontecimentos passados e pressupõem que se eles se parecem a um caso contemporâneo, então os acontecimentos anteriores determinam o procedimento adequado no presente. Os assessores políticos que empregam a heurística pensam de maneira semelhante, utilizando o passado de forma seletiva – por exemplo, concentrando-se em acontecimentos que vêm à mente facilmente ou que são considerados semelhantes à situação atual – para inspirar suas decisões.

Filósofos e psicólogos observam que não existe uma definição consensual de emoção, e que a emoção é um conceito amorfo.[74] Nossa definição, que é amplamente coerente com grande parte da literatura, é que a emoção é um sentimento que representa uma resposta inconsciente a uma determinada situação. Os acadêmicos geralmente identificam as emoções do medo,

---

73 Weinberg, *To Explain the World: The Discovery of Modern Science*, p.xiii.
74 Izard, "The Many Meanings/Aspects of Emotion: Definitions, Functions, Activation, and Regulation", *Emotion Review*, v.2, n.4, p.363-70, 2010; Scarantino; De Sousa, "Emotion", em Zalta (org.), *The Stanford Encyclopedia of Philosophy*. Disponível em: <https://plato.stanford.edu/archives/win2018/entries/emotion/>. Acesso em: 4 out. 2024.

Como os Estados pensam

da raiva, da ansiedade, da esperança, do orgulho e da humilhação. Esses sentimentos, por sua vez, são desencadeados por estímulos acionados pela biologia ou pela cultura.[75] Isso tudo significa que o pensamento emocional é pensamento não teórico, já que não requer um esforço consciente e proativo para compreender o mundo.

Embora as emoções não sejam teóricas, o neurocientista António Damásio afirma que elas são essenciais para o pensamento racional.[76] Atualmente essa visão é amplamente aceita pelos acadêmicos, incluindo os estudantes de política internacional.[77] Como escreve Janice Gross Stein numa análise das pesquisas relevantes, "Aprendemos nas duas últimas décadas que sem emoção não existe racionalidade".[78] Dominic Johnson também observa: "Atualmente dispomos de inúmeros indícios que mostram que a tomada de decisão racional realmente *exige* que a emoção funcione de maneira adequada [...] Determinadas emoções podem até aprimorar o processo decisório".[79]

Numa análise detalhada do papel desempenhado pelas emoções na diplomacia coercitiva, Robin Markwica corrobora a visão de Damásio de que as emoções geralmente atuam em conjunto com a razão. Sua avaliação dos pensamentos do premiê soviético Nikita Kruschev durante a Crise dos Mísseis Cubanos e do dirigente iraquiano Saddam Hussein durante a Guerra do Golfo de 1990-1991 sugere que as emoções não atrapalharam o raciocínio deles, mas o complementaram. As emoções de Kruschev e Saddam, escreve Markwica, "moldaram" e "influenciaram" seus processos mentais. De modo geral, "A expressão teoria da escolha emocional e a forma como eu comparo esse modelo de ação com o paradigma da escolha racional pode dar a impressão de que oponho a emoção à racionalidade. De maneira nenhuma. Não considero que o sentimento e o pensamento sejam processos independentes ou antagônicos".[80]

Não obstante, há momentos em que os líderes são motivados pelas emoções, não pelas teorias. Stein e Richard Ned Lebow afirmam que em algumas circunstâncias os assessores políticos podem ficar "emocionalmente perturbados", o que faz que eles "evitem, descartem e neguem advertências que aumentam a ansiedade e o medo" e os levam a tomar decisões

---

75 Markwica, *Emotional Choices: How the Logic of Affect Shapes Coercive Diplomacy*, p.4-5 e 17.
76 Damásio, *Descartes' Error: Emotion, Reason and the Human Brain*. Para uma abordagem filosófica que apresenta um argumento semelhante, *ver* De Sousa, *The Rationaliy of Emotion*.
77 Scarantino e Sousa, "Emotions".
78 Stein, "Threat Perception in International Relations", em Huddy; Sears; Levy (orgs.), *The Oxford Handbook of Political Psychology*, p.388.
79 Johnson, *Strategic Instincts: The Adaptive Advantages of Cognitive Biases in International Politics*, p.18, ênfase no original.
80 Markwica, *Emotional Choices*, op. cit., p.20-1.

equivocadas.[81] De maneira similar, Philip Tetlock escreve que, durante as crises, "os altos e baixos das emoções humanas" podem interferir nos "cálculos imparciais" e que o estresse concomitante "compromete o processamento de informações complexas". O pensamento emocional, acrescenta, "não é frio, racional e perspicaz, mas [...] arrogante, moralista e simplista", levando os assessores políticos a adotar estratégias arriscadas.[82] Entretanto, Rathbun afirma que "nossas emoções geralmente extraem o melhor dos nossos atributos deliberativos".[83] Jonathan Mercer sintetiza o ponto fundamental: a emoção "é capaz de prejudicar a racionalidade mesmo quando ela é necessária para a racionalidade".[84]

No entanto, os exemplos em que as emoções assumem o controle são raros. Acadêmicos que defendem que os assessores políticos às vezes são profundamente influenciados por suas emoções apresentam apenas alguns casos para corroborar sua afirmação, e mesmo esses exemplos não confirmam a ideia de que os dirigentes são vulneráveis ao pensamento emocional. Tomemos o tsar Nicolau II da Rússia, que, segundo dizem, teria ficado "paralisado pela indecisão" durante a Crise de Julho que levou à Primeira Guerra Mundial e, portanto, não teria conseguido reagir energicamente às provocações da Áustria contra a Sérvia.[85] É difícil conciliar essa história com os fatos. Há poucos indícios na literatura acadêmica de que Nicolau estava paralisado pelo estresse às vésperas da Grande Guerra. É certo que ele queria evitar o que, segundo imaginava, seria um conflito devastador, mas autorizou a mobilização geral assim que ficou claro que a Alemanha estava decidida a entrar em guerra e poderia garantir uma vantagem se tomasse a iniciativa.[86]

Também existem casos em que assessores políticos extremamente pressionados são dominados pelas emoções e perdem seu espírito crítico. Por exemplo: o general Helmuth von Moltke, chefe do Estado-Maior alemão no início da Primeira Guerra Mundial, sofreu um colapso nervoso logo depois

---

81 Lebow; Stein, "Beyond Deterrence", *Journal of Social Issues*, v.43, n.4, p.17-8, 1987; citação na p.17.

82 Tetlock, "Social Psychology and World Politics", em Gilbert; Fiske; Lindzey (orgs.), *Handbook of Social Psychology*, p.883-4.

83 Rathbun, *Reasoning of State*, op. cit., p.30-2; citação na p.32.

84 Mercer, "Human Nature and the First Image: Emotion in International Politics", *Journal of International Relations and Development*, v.9, n.3, p.299, 2006.

85 Ripsman; Taliaferro; Lobell, *Neoclassical Realists Theory of International Politics*, op. cit., p.23. O outro exemplo citado frequentemente se refere à tomada de decisão alemã durante a Crise de Julho. Como está explicado a seguir, esse não é um exemplo de assessores políticos movidos pelas emoções. Dito isso, encontramos um exemplo claro de pensamento movido pela emoção no capítulo 7: a diretriz de Neville Chamberlain para lidar com a Alemanha nazista entre maio de 1937 e outubro de 1938.

86 Trachtenberg, "The Meaning of Mobilization in 1914", *International Security*, v.15, n.3, p.120-50, 1990-1991. *Ver também* McMeekin, *July 1914: Countdown to War*, p.300-2.

que a Alemanha lançou o Plano Schlieffen, em agosto de 1914.[87] Também parece que o líder soviético Josef Stálin ficou profundamente deprimido e retraído nos dias que se seguiram à invasão alemã da União Soviética, em junho de 1941.[88] O general Yitzhak Rabin, chefe do Estado-Maior das Forças Armadas de Israel, também foi vencido pelas emoções em junho de 1967, logo antes do início da Guerra dos Seis Dias.[89]

Nesses casos, porém, outros líderes agiram rapidamente para assegurar que os colegas arrasados emocionalmente não atrapalhassem o processo decisório. A incapacidade temporária de Stálin levou seus principais subordinados – Vyacheslav Molotov, Lavrentiy Béria, Georgy Malenkov e Kliment Voroshilov – a criar o Comitê de Defesa do Estado, uma autoridade suprema para supervisionar o esforço de guerra soviético. Moltke foi dispensado e Rabin foi afastado da cadeia de comando até se recuperar.

O imperativo de impedir que líderes estressados influenciem o processo decisório é tão importante que outros assessores políticos às vezes agem preventivamente para afastá-los. No verão de 1974, quando o presidente Richard Nixon estava sob uma intensa pressão causada pelas investigações de Watergate, alguns de seus assessores temeram que ele pudesse ter uma crise emocional. O secretário de Defesa, James Schlesinger, tomou medidas para assegurar que Nixon não conseguiria burlar a cadeia de comando e iniciar uma ação não racional.[90] Décadas mais tarde, o general Mark Milley, chefe do Estado-Maior Conjunto, temendo que o presidente Donald Trump pudesse estar arrasado emocionalmente com a derrota na eleição presidencial de novembro de 2020, articulou com outros funcionários do governo e com seus homólogos chineses para minimizar as possibilidades de Trump iniciar uma guerra entre os Estados Unidos e a China.[91]

Racionalidade individual

O que significa, então, para os assessores políticos, ser racional? Assessores políticos racionais são *homo theoreticus*: eles aplicam teorias verossímeis para compreender o mundo e decidir como agir em determinadas

---

87 Mombauer, *Helmuth von Moltke and the Origins of the First World War* (2005), cap.5.

88 Crawford, "The Passion of World Politics: Propositions on Emotion and Emotional Relationships", *International Security*, v.24, n.4, p.138, 2000; Kershaw, *Fateful Choices: Ten Decisions that Changed the World, 1940-1941*, p.288; Khlevniuk, *Stalin: New Biography of a Dictator*, p.198-208.

89 Segev, *1967: Israel, the War, and the Year that Transformed the Middle East*, p.236-8, 243-5 e 255.

90 Gwertzman, "Pentagon Kept Tight Rein in Last Days of Nixon Rule", *New York Times*, 25 ago. 1974.

91 Woodward; Costa, *Peril*, p.128-30.

circunstâncias. Assessores políticos não racionais aplicam teorias inverossímeis, ou não aplicam nenhuma teoria, para lidar com as situações que enfrentam.

É racional se basear em teorias verossímeis para compreender como a política internacional funciona porque elas são os instrumentos mais adequados, embora nem de longe perfeitos, para realizar essa tarefa. Elas identificam os fatores mais importantes para moldar o mundo, bem como as causas e consequências dos diversos fenômenos políticos internacionais. E o fazem de uma forma logicamente coerente e empiricamente comprovada que maximiza as possibilidades de que os assessores políticos façam avaliações precisas sobre como os acontecimentos poderiam se desenrolar. É por esses motivos que os líderes se apegam firmemente às suas teorias preferidas e as consideram superiores às teorias concorrentes, sejam elas verossímeis ou inverossímeis.

Também é racional se basear em teorias verossímeis para escolher a melhor estratégia quando surge um problema. Como essas teorias se concentram em identificar as consequências prováveis das diversas estratégias, não apenas ajudam os assessores políticos a compreender o mundo, mas também a decidir como seguir em frente.

A tomada de decisão individual tem uma dimensão informacional decisiva. Os assessores políticos lidam invariavelmente com um conjunto abundante e dinâmico de fatos e precisam descobrir quais são os mais importantes, tanto enquanto decidem o que tem de ser feito como depois de tomarem a decisão inicial. A maneira racional de classificar esses fatos é se basear em teorias verossímeis, já que elas são instrumentos eficazes para identificar os fatos que merecem atenção e decidir o que eles significam dentro do contexto geral. É claro que os assessores políticos cujas teorias os levam a ignorar fatos contraditórios ou a distorcer os fatos de uma situação não são racionais, mesmo que essas teorias sejam verossímeis. Porém, desde que não empreguem as teorias dessa maneira, eles são racionais.

Racionalidade do Estado

Chega de falar em racionalidade individual. Na política mundial, não são os assessores políticos individuais, e sim os Estados – grupos de assessores políticos – que concebem as grandes estratégias e tentam administrar as crises. Naturalmente, todos os envolvidos no processo decisório têm suas próprias teorias preferidas e defendem as políticas decorrentes delas. As teorias que os líderes trazem para a mesa podem não ser todas idênticas e podem não ser todas verossímeis. Contudo, a questão fundamental não é o que cada indivíduo específico pensa, mas como o Estado agrega suas opiniões e que política ele finalmente adota.

A política de um Estado é racional se for baseada numa teoria verossímil ou num conjunto de teorias verossímeis e resultar de um processo deliberativo. Políticas que não se baseiam em teorias verossímeis ou não resultam de um processo deliberativo não são racionais.

A deliberação é um processo de agregação de duas etapas que consiste num debate vigoroso e irrestrito entre os principais líderes, seguido de uma escolha definitiva de políticas por um decisor supremo. A discussão sozinha não basta para gerar uma decisão coletiva racional. Os assessores políticos precisam compartilhar suas opiniões e comparar seus méritos de forma vigorosa e incondicional. Podem ter convicções fortes, é claro, mas têm de se dispor a ouvir os colegas e avaliar os pontos fortes e fracos das opções em análise. Ao mesmo tempo, não podem ocultar informações relevantes ou mentir a respeito delas, nem encerrar o debate ameaçando ou coagindo os colegas.

Embora o debate vigoroso e irrestrito seja uma característica imprescindível da racionalidade do Estado, ele não é suficiente. O Estado racional também tem de escolher uma política norteadora. Isso significa que existem três caminhos para se chegar a uma estratégia racional. No primeiro, a maioria dos assessores políticos relevantes, ou todos – incluindo o decisor supremo –, entram na sala com a mesma teoria verossímil em mente, e, depois de discutir a situação em questão, não têm muita dificuldade em chegar a um consenso sobre a estratégia adequada.

No segundo, os principais líderes começam com teorias diferentes e se envolvem num debate vigoroso e irrestrito, depois do qual estabelecem uma política norteadora baseada numa teoria verossímil ou em teorias verossímeis. Na prática, a discussão desloca o equilíbrio de poder entre as opções opostas, resultando na vitória de uma teoria específica ou de teorias específicas. O equilíbrio de poder dentro de um grupo decisório pode se deslocar de duas maneiras. A mais óbvia é quando os defensores de uma política conseguem convencer os oponentes a mudar de opinião. Ou então podem surgir novas informações que levem os dois lados a entrar num acordo a respeito da melhor política. Em ambos os casos, o decisor supremo, que participou do debate, ratifica o acordo e ele se transforma numa política.

No terceiro, os assessores políticos presentes na sala se envolvem num debate vigoroso e irrestrito, mas não conseguem concordar com uma estratégia; nesse caso, o decisor supremo determina o rumo a seguir. O impasse não é algo raro, pois os líderes individuais geralmente se apegam firmemente a suas teorias, e não há muito consenso nos círculos acadêmicos e políticos sobre como classificar teorias verossímeis. Além do mais, embora invariavelmente surjam novas informações quando se debatem questões de política, essas informações raramente são determinantes. No entanto, há que se tomar uma decisão. Essa responsabilidade cabe ao decisor supremo, que tem de arbitrar o debate em vez de ratificar um consenso ou acordo.

John J. Mearsheimer • Sebastian Rosato

Poderíamos concluir que o terceiro caminho é não deliberativo e, portanto, não racional, mas isso seria um equívoco. Por um lado, não há falta de debate a respeito dos méritos das teorias verossímeis concorrentes. Além disso, existe um mecanismo claro para se tomar uma decisão, que precisa ser aproveitado para que o processo seja racional. Aliás, a necessidade de decidir é um dos principais motivos pelos quais os Estados são organizados hierarquicamente.

Processo *versus* resultados

A racionalidade geralmente é avaliada em termos de resultados. Segundo essa visão, uma política é racional se for bem-sucedida, e não racional se fracassar. O pensamento racional está associado a bons resultados, como a vitória na guerra, e o pensamento não racional a maus resultados, como a derrota.[92]

Mas a racionalidade tem a ver com processos, não com resultados. Agentes racionais empregam seu espírito crítico para descobrir como atuar num mundo imprevisível. Isso não garante que as políticas que eles elaboram serão coroadas de êxito. Restrições externas ou circunstâncias inesperadas podem impedi-los de alcançar seus objetivos, mesmo que suas políticas se baseiem em teorias verossímeis que resultem de um processo deliberativo.

Primeiramente, é preciso considerar que as teorias são instrumentos imperfeitos. Por simplificarem uma realidade complexa, estão fadadas a se equivocar algumas vezes, porque os elementos importantes de um acontecimento podem acabar sendo aqueles que elas omitiram. Quando isso acontece, as políticas baseadas nessas teorias não funcionam conforme o esperado. Por exemplo: um Estado que pensasse do ponto de vista da teoria da interdependência, como foi caracterizado por Norman Angell no livro clássico *The Great Illusion*, teria esperado que a Crise de Julho de 1914 seria resolvida de forma pacífica. Mas o que aconteceu foi a Primeira Guerra Mundial.[93]

Mesmo que a teoria que serve de base à decisão de um Estado se adapte bem à situação em questão, ainda assim a política pode fracassar, seja

---

92 Para afirmações recentes de que a racionalidade pode ser compreendida em termos de resultados, *ver* Gigerenzer, "Axiomatic Rationality and Ecological Rationality", *Synthese*, v.198, n.1, p.3547-64, 2021; Kozyreva; Hertwig, "The Interpretation of Uncertainty in Ecological Rationality", *Synthese*, v.198, n.1, p.1517-47, 2021; Schurz; Hertwig, "Cognitive Success: A Consequentialist Account of Rationality in Cognition", *Topics in Cognitive Science*, v.11, n.1, p.7-36, 2019. A equiparação da não racionalidade ao fracasso está implícita em muitas teorias da política de grande potência. Para uma síntese dessas visões, *ver* Mearsheimer, *The Tragedy of Great Power Politics*, op. cit., p.209-13.
93 Angell, *The Great Illusion*, op. cit.

Como os Estados pensam

porque os líderes não dispõem de informações suficientes a respeito da situação enfrentada por eles, ou porque dispõem de informações falsas. É difícil avaliar as capacidades relativas antes de elas serem empregadas em combate. Fatores intangíveis como intenções, preferências e determinação são ainda mais difíceis de aferir. Para piorar as coisas, os Estados têm estímulos importantes para ocultar e distorcer tanto suas capacidades como suas ideias, para tirar proveito um do outro. Seja qual for o motivo, a falta de informação pode levar os Estados a concluir que estão seguros quando, na verdade, estão sendo ameaçados, que deveriam apaziguar quando deveriam dissuadir, e que a vitória está próxima quando eles estão à beira da derrota.

Finalmente, políticas derivadas de teorias verossímeis às vezes fracassam porque as circunstâncias mudam de forma significativa e inesperada – o que Nicolau Maquiavel chama de fortuna e Tucídides e Clausewitz chamam de acaso.[94] Um Estado pode aplicar uma teoria adequada e também dispor de excelentes informações, e, ainda assim, não conseguir alcançar seus objetivos porque um rival passa por uma mudança de regime inesperada ou desenvolve uma nova tecnologia que altera o equilíbrio de poder.

Do mesmo modo, restrições externas e circunstâncias inesperadas podem ajudar Estados não racionais a alcançar seus objetivos apesar de seus erros de percepção e de tomada de decisão. Isso tudo significa que Estados racionais podem fracassar e Estados não racionais podem ser bem-sucedidos, impossibilitando, assim, que se defina a racionalidade em função dos resultados.

Isso não quer dizer que não existe relação entre racionalidade e resultados. Políticas racionais têm uma probabilidade maior de dar certo que de fracassar. Elas se apoiam em teorias verossímeis que permitem que os Estados façam previsões lógicas e baseadas em evidências quanto às consequências prováveis de uma determinada política. Por outro lado, políticas não racionais têm uma probabilidade maior de fracassar porque são baseadas no desconhecimento do modo como o mundo funciona, num processo não deliberativo de tomada de decisão ou em ambos.

Teorias verossímeis e deliberação

A racionalidade estratégica em política internacional significa compreender o mundo e escolher o melhor caminho para alcançar um determinado objetivo. É um fenômeno tanto individual como em nível de Estado. Assessores políticos racionais aplicam teorias verossímeis para compreender a

---

94 Machiavel, *The Prince*, p.98-101; Tucídides, *The Landmark Thucydides*, op. cit., p.44; Clausewitz, *On War*, op. cit., p.85.

75

situação que enfrentam e decidir o que fazer. Por outro lado, líderes não racionais se baseiam em teorias inverossímeis, ou não se baseiam em nenhuma teoria, para elaborar suas políticas. Quanto aos Estados racionais, eles não apenas baseiam suas políticas em teorias verossímeis, mas também recorrem à deliberação. Composto de duas partes, esse processo inclui um debate vigoroso e irrestrito entre os assessores políticos presentes na sala, bem como uma escolha de política feita por um decisor supremo que é irreversível. Por outro lado, os Estados não racionais não baseiam suas políticas em teorias verossímeis ou não são deliberativos, seja porque seus debates internos não são vigorosos e irrestritos, seja porque não tomam uma decisão de política irreversível. Agora que apresentamos nossas definições de "racionalidade" e "não racionalidade", chegou a hora de descrever e avaliar as principais definições alternativas existentes na literatura.

4
Definições opostas

Há dois corpos de conhecimento que investigam o pressuposto do agente racional na política internacional. Tanto os especialistas em escolha racional como os psicólogos políticos pensam na racionalidade em termos da maximização da utilidade esperada, que é, basicamente, um processo baseado em dados. Mas eles enfatizam aspectos diferentes: aqueles se concentram na racionalidade, enquanto estes se concentram na não racionalidade.

Os especialistas em escolha racional aparentemente definem "racionalidade" como a maximização da utilidade esperada. Numa verificação mais atenta, porém, eles dizem pouco a respeito do conceito. Para começo de conversa, dão pouca atenção ao modo como os assessores políticos compreendem o mundo ou como os Estados racionais agregam as opiniões desses indivíduos. Embora analisem como os indivíduos fazem escolhas, como seria de se esperar de especialistas que se definem como teóricos da escolha racional, não discutem os processos por meio dos quais os assessores políticos racionais tomam decisões. Em vez disso, pressupõem que esses indivíduos agem "como se" fossem maximizadores da utilidade esperada. Portanto, não apresentam uma definição de escolha racional individual na política internacional, pois para isso teriam de explicar o que se passa realmente na cabeça dos líderes.

Os teóricos da escolha racional podem adotar uma definição alternativa, abandonando o pressuposto "como se" e afirmando que os assessores políticos racionais na verdade utilizam a fórmula da maximização da utilidade esperada quando decidem o que fazer. O problema dessa abordagem é simples: não é racional usar a utilidade esperada em ambientes imprevisíveis como os da política internacional.

Os psicólogos políticos definem não racionalidade como o desvio da maximização da utilidade esperada, que chamam de viés.[1] Concentrando-se quase exclusivamente no modo como os indivíduos fazem escolhas, eles sustentam que os assessores políticos geralmente se baseiam em atalhos mentais – principalmente as analogias e as heurísticas – que levam a vieses. Essa definição de escolha não racional no nível individual é improvável, porque sugere que os governantes são quase sempre não racionais. Além do mais, os psicólogos políticos não dizem praticamente nada a respeito do modo como os dirigentes individuais compreendem o mundo ou como suas opiniões são reunidas para produzir a política externa de um Estado. Em outras palavras, sua definição de "não racionalidade" nas relações internacionais é, ao mesmo tempo, errônea e incompleta.

A maior parte deste capítulo se dedica a detalhar nossa afirmação de que os especialistas da escolha racional e os psicólogos políticos não conseguem apresentar definições convincentes de "racionalidade" e "não racionalidade", respectivamente.[2] Portanto, como os psicólogos políticos sustentam que as analogias e as heurísticas são as principais forças norteadoras por trás da não racionalidade, nós criticamos suas afirmações a respeito desses atalhos mentais.

Maximização da utilidade esperada

A maximização da utilidade esperada, um conceito que está no centro do processo de escolha racional, é amplamente considerada a definição canônica de racionalidade estratégica. Segundo o argumento, agentes racionais maximizam ou otimizam sua utilidade esperada, definida como benefício ou valor. Agentes não racionais, não. Como explica Bruce Bueno de Mesquita – uma figura de destaque nessa literatura: "A forma específica de racionalidade que estou postulando é a da maximização da utilidade esperada [...] Ser racional significa simplesmente que o decisor usa uma estratégia de

---

1 Dizem que a literatura sobre psicologia política é composta de duas ondas: a "primeira onda" concentrada em analogias, imagens, esquemas e roteiros; a "segunda onda" se concentra nas heurísticas. Sobre as duas ondas, *ver* Powell, "Research Beats and Behavioral IR", *International Organization*, v.71, supl.S1, p.S273-4, 2017; Stein, "The Micro-Foundations of International Relations Theory: Psychology and Behavioral Economics", *International Organization*, v.71, supl.S1, p.S249-50, 2017.

2 Que fique claro: não estamos afirmando que os teóricos da escolha racional e os psicólogos políticos não criaram teorias de política internacional verossímeis. Antes, nossa ênfase aqui é na avaliação das suas definições de racionalidade e não racionalidade.

Como os Estados pensam

maximização para calcular a melhor maneira de alcançar seus objetivos".[3] Do mesmo modo, ao avaliarem a teoria da escolha racional em ciência política, Donald Green e Ian Shapiro observam que "o primeiro pressuposto a respeito do qual existe um amplo consenso entre os teóricos da escolha racional é que a ação racional implica *maximização da utilidade*".[4] Arthur Stein defende a mesma posição, observando que, para os teóricos da decisão e os teóricos da escolha racional, racionalidade significa "otimizar e maximizar as preferências do agente".[5] Emilie Hafner-Burton e seus colegas escrevem: "Todas as teorias racionalistas das relações internacionais se baseiam em pressupostos importantes a respeito do ambiente e dos agentes. O pressuposto é que os indivíduos maximizam a utilidade esperada".[6]

A teoria da utilidade esperada, com sua ênfase na maximização, tem origem na economia, principalmente no famoso teorema descrito no livro *Theory of Games and Economic Behavior*, de John von Neumann e Oskar Morgenstern, publicado em 1944.[7] Pelo menos no início, a abordagem descrita por Von Neumann e Morgenstern era basicamente normativa – isto é, fora concebida para ajudar as pessoas a escolher as ações que lhes permitissem alcançar seus objetivos da maneira mais eficaz. Como explica Jon Elster, essa iniciativa é, "antes de mais nada, uma teoria normativa. Ela nos diz o que devemos fazer para alcançar nossos objetivos da melhor maneira possível".[8] Aliás, Charles Glaser chama explicitamente essa teoria da escolha racional em política internacional de "teoria prescritiva e normativa" de como os Estados devem escolher políticas, não de "teoria formal e explicativa" de como eles realmente decidem o que fazer.[9]

Com o passar do tempo, contudo, muitos adeptos da teoria da utilidade esperada passaram a utilizar o método com finalidades descritivas ou explicativas. Constatando que "no nível do senso comum a racionalidade é um conceito *normativo*", John Harsanyi acrescenta: "porém, mesmo no nível do senso comum, esse conceito de racionalidade tem aplicações *concretas*

---

3 Mesquita, *The War Trap*, p.29 e 31.

4 Green; Shapiro, *Pathologies of Rational Choice Theory: A Critique of Applications in Political Science*, p.14, ênfase no original.

5 Stein, "The Limits of Strategic Choice: Constrained Rationality and Incomplete Explanation", em Lake; Powell (orgs.), *Strategic Choice and International Relations*, p.211n41.

6 Hafner-Burton et al., "The Behavioral Revolution and International Relations", *International Organization*, v.71, supl.S1, p.S6, 2017.

7 Neumann; Morgenstern, *Theory of Games and Economic Behavior*, cap.1. Os fundamentos da teoria da utilidade esperada foram enunciados pela primeira vez de forma sistemática no século XVIII, por Daniel Bernoulli. *Ver* Bernstein, *Against the Gods: The Remarkable Story of Risk*, p.99-115 e 187-9; Kay; King, *Radical Uncertainty: Decision-Making beyond the Numbers*, p.114-6.

8 Elster, "Introduction", em Elster (org.), *Rational Choice*, p.1.

9 Glaser, *Rational Theory of International Politics: The Logic of Competition and Cooperation*, p.23, 27 e 30.

(não normativas) importantes: ele é usado para a *explicação*, a *previsão* e até mesmo a mera *descrição* do comportamento humano".[10] Arthur Stein capta essa evolução em sua síntese da estrutura da escolha estratégica, que se baseia na teoria da utilidade esperada: "Ironicamente, a abordagem da escolha estratégica apresentada aqui como uma explicação retrospectiva do comportamento e do resultado começou como parte de uma iniciativa normativa destinada a aperfeiçoar as decisões, não a explicá-las".[11]

Deveria ser óbvio que a expressão "teoria da utilidade esperada" é uma espécie de contrassenso, na medida em que a "maximização da utilidade esperada" não é uma teoria e sim uma abordagem para tomar decisões. Ela descreve uma fórmula específica que as pessoas devem empregar se quiserem maximizar sua utilidade esperada. David Lake e Robert Powell dizem isso de maneira explícita: "A abordagem da escolha estratégica é, para dizer o óbvio, uma abordagem ou orientação, não uma teoria".[12] Isso não quer dizer que os especialistas que tratam os Estados como maximizadores da utilidade não possam criar suas próprias teorias "racionalistas" das relações internacionais. Muitos o fazem. Porém, quando nosso objetivo é definir racionalidade, não devemos concentrar nossa investigação nessas teorias, e sim na própria fórmula de maximização da utilidade esperada.

A unidade de análise na teoria da utilidade esperada é o agente individual. Green e Shapiro observam que "um pressuposto [fundamental] que inspira um amplo consenso entre os teóricos da escolha racional é que os agentes de maximização relevantes são *indivíduos*".[13] Assim sendo, os especialistas de política internacional que equiparam racionalidade e otimização concentram sua atenção em dirigentes particularmente poderosos ou tratam os Estados como agentes únicos. Bueno de Mesquita adota a primeira abordagem, "pressupondo que a tomada de decisão relacionada à guerra é controlada por um único dirigente". Ele considera que a política externa alemã nos anos 1930 é o resultado das ações de Adolf Hitler, que ele descreve como "completamente coerentes com o comportamento de um maximizador racional da utilidade esperada".[14] Na maioria das vezes, contudo, os

---

10 Harsanyi, "Advances in Understanding Rational Behavior", em Elster (org.), *Rational Choice*, p.83, ênfase no original.
11 Stein, "The Limits of Strategic Choice", op. cit., p.210. Para a visão de que a teoria da utilidade esperada estava destinada inicialmente a ser uma teoria descritiva, mas passou a ser tratada como uma teoria normativa depois de ser reprovada nos testes empíricos, *ver* Malecka, "The Normative Decision Theory in Economics: A Philosophy of Science Perspective. The Case of Expected Utility Theory", *Journal of Economic Methodology*, v.27, n.1, p.37-8, 2020.
12 Lake; Powell, "International Relations: A Strategic-Choice Approach", em Lake; Powell (orgs.), *Strategic Choice and International Relations*, p.6.
13 Green; Shapiro, *Pathologies of Rational Choice Theory*, op. cit., p.15, ênfase no original.
14 Mesquita, *The War Trap*, op. cit., p.20 e 173.

Como os Estados pensam

teóricos da utilidade esperada adotam a segunda abordagem e definem os Estados como agentes únicos. Powell observa: "No modelo de negociação, os agentes não são indivíduos [mas] Estados. Aliás, na maioria dos modelos e teorias de RI os agentes não são indivíduos. Eles são agregados que supostamente se comportam como se fossem agentes únicos com preferências bem definidas".[15]

A maximização da utilidade esperada consiste em seguir um conjunto de regras que estipulam como deve ser a tomada de decisões. Como explicam Von Neumann e Morgenstern, "O conceito imediato de solução é, aparentemente, um conjunto de regras para cada participante que lhe diga como se comportar em cada situação que possa aparecer".[16]

Quais são as regras específicas que um indivíduo deve aplicar ao se deparar com a necessidade de tomar uma decisão?[17] Líderes racionais levam em conta primeiro os diferentes estados do mundo – todos os fatores relevantes para o problema que eles enfrentam que estão fora do seu controle – e analisam os dados pertinentes para determinar a probabilidade de que esses estados do mundo sejam reais. Ao mesmo tempo, levam em conta as ações ou políticas disponíveis. Em seguida, esses estados do mundo e essas ações disponíveis são combinadas para identificar um conjunto de resultados possíveis. Numa situação simples em que existem dois estados do mundo e duas ações disponíveis, existem quatro resultados possíveis. Depois de identificar esse conjunto de resultados, o decisor os classifica por ordem de preferência. Essas preferências são transitivas – isto é, se o resultado A é preferível ao resultado B, e B é preferível a C, então A é preferível a C. Depois disso, atribui-se a cada resultado uma utilidade ou valor, com o número maior atribuído ao resultado mais preferível. Com as utilidades ordinais, as diferenças entre os números atribuídos são irrelevantes, mas com as utilidades cardinais essas diferenças são relevantes.

Depois que os líderes estão de posse desses aportes, a etapa seguinte é calcular a utilidade esperada de cada ação ou política disponível. Para fazê-lo, as probabilidades dos diferentes estados do mundo são multiplicadas pelas utilidades dos diferentes resultados. Os números resultantes são a utilidade esperada de cada ação disponível. Maximização significa simplesmente escolher a ação com a maior utilidade esperada. Resumindo, como diz um grupo de especialistas, a abordagem da otimização implica "descobrir os retornos associados a todos os possíveis resultados, avaliar suas

---

15 Powell, "Research Bets and Behavioral IR", op. cit., p.269.

16 Neumann; Morgenstern, *Theory of Games and Economic Behavior*, op. cit., p.31.

17 Morrow, *Game Theory for Political Scientists*, p.22-5; Mesquita, "The Contribution of Expected Utility Theory to the Study of International Conflict", em Rotberg; Rabb (orgs.), *The Origin and Prevention of Major Wars*, p.629-30; Allingham, *Choice Theory: A Very Short Introduction*, p.1-49.

probabilidades, atualizar a informação a respeito dessas probabilidades e escolher a estratégia com o maior retorno esperado".[18]

Para olhar a maximização da utilidade esperada em ação, considerem como os líderes americanos podem ter utilizado esse método para identificar uma política racional para lidar com a União Soviética na Europa no começo da Guerra Fria.[19] A questão fundamental era a natureza dos objetivos da União Soviética. Nesse aspecto, havia dois estados do mundo possíveis: Moscou era uma potência defensora do *status quo* ou era uma potência expansionista. Por sua vez, os Estados Unidos tinham duas ações ou políticas disponíveis: eles poderiam sair da Europa ou permanecer ali. Juntos, esses estados do mundo e essas ações geravam quatro resultados possíveis: se Moscou defendesse o *status quo* e os Estados Unidos se retirassem, o resultado seria um equilíbrio de poder barato na Europa; se Moscou defendesse o *status quo* e os Estados Unidos permanecessem, o resultado seria um equilíbrio de poder dispendioso na Europa; se Moscou fosse expansionista e os Estados Unidos permanecessem, o resultado seria uma guerra entre as superpotências; e se Moscou fosse expansionista e os Estados Unidos se retirassem, o resultado seria a hegemonia soviética na Europa.

Suponhamos o seguinte. Primeiro, os assessores políticos analisaram os dados disponíveis e avaliaram que havia 60% de chance de que a União Soviética fosse expansionista e 40% de chance de que fosse defensora do *status quo*. Segundo, eles classificaram os quatro resultados possíveis, do mais preferível ao menos preferível, como equilíbrio de poder barato, equilíbrio de poder dispendioso, guerras entre as superpotências e hegemonia soviética. Terceiro, atribuíram a esses resultados utilidades cardinais de 1, 0,75, 0,25 e 0 respectivamente, refletindo sua crença de que um equilíbrio de poder – como quer que ele fosse alcançado – atenderia melhor a segurança americana, ao passo que a guerra, e principalmente a hegemonia soviética, a comprometeria.

Considerando essas probabilidades e utilidades, a decisão racional para os Estados Unidos era permanecer na Europa, porque a utilidade esperada de permanecer era maior que a utilidade esperada de se retirar. Essa conclusão se baseou no cálculo seguinte:

Utilidade esperada da permanência = (probabilidade da União Soviética expansionista) (utilidade da guerra entre superpotências) + (probabilidade da União Soviética pró *status quo*) (utilidade do equilíbrio de poder dispendioso) = (0,6) (0,25) + (0,4) (0,75) = 0,45

---

18 Hafner-Burton et al., "The Behavioral Revolution and International Relations", op. cit., p.6.

19 Esta análise é similar ao exemplo da decisão de Nixon de bombardear o Vietnã do Norte em dezembro de 1972, utilizado por Morrow, *Game Theory for Political Scientists*, op. cit., p.25-8.

Utilidade esperada da retirada = (probabilidade da União Soviética expansionista) (utilidade da hegemonia soviética) + (probabilidade da União Soviética pró *status quo*) (utilidade do equilíbrio de poder barato) = (0,6) (0) + (0,4) (1) = 0.40

Uma não definição de racionalidade individual

Por mais difícil que seja de acreditar, à luz da análise anterior, parece que os especialistas em escolha racional não dispõem de uma definição de racionalidade individual nas relações internacionais. Eles nem descrevem como os assessores políticos compreendem o mundo que os rodeia nem como tomam decisões a respeito do que fazer.

Qualquer definição de racionalidade individual na política internacional tem de começar explicando como os assessores políticos racionais compreendem o mundo. Não é possível indicar uma forma racional de seguir em frente sem primeiro compreender o problema em questão. No entanto, os teóricos da escolha racional quase não dão atenção ao modo como os assessores políticos racionais lidam com a compreensão do mundo em que atuam. Quanto às escolhas, qualquer definição de racionalidade individual também tem de descrever o processo mental por meio do qual assessores políticos racionais tomam decisões. Poderíamos pensar que a maximização da utilidade esperada forneceria essa descrição, já que dizem que o método indica a maneira de escolher entre as alternativas de política. Ele diz que indivíduos racionais escolhem a estratégia que maximiza sua utilidade esperada.

Analisando mais de perto, porém, a maximização da utilidade esperada não descreve um processo de escolha mental – ela não descreve como os líderes racionais pensam – e, portanto, não apresenta uma definição de escolha racional individual. Ela ignora o que se passa na mente dos assessores políticos e, em vez disso, pergunta se as ações que eles escolhem são coerentes com o que a fórmula recomenda. A questão não é se os líderes racionais "realmente pensam" de acordo com a fórmula, e sim se eles agem "como se" a estivessem empregando. Bueno de Mesquita escreve: "O pressuposto [de racionalidade] pretende transmitir a ideia de que escolhas entre guerra e paz são feitas *como se* maximizassem o bem-estar do líder poderoso". Ele acrescenta: "Se considerarmos que os assessores políticos agem como se fossem maximizadores racionais da utilidade esperada, então o pressuposto é realista".[20] Christopher Achen e Duncan Snidal também utilizam a afirmação "como se" ao descrever como os agentes racionais atuam, observando: "A

---

20 Mesquita, *The War Trap*, op. cit., p.29 e 32, ênfase no original. *Ver também* Mesquita, "The Contribution of Expected Utility Theory to the Study of International Conflict", op. cit., p.55-6.

dissuasão racional desconfia dos cálculos concretos realizados pelos líderes. Ela sustenta que eles agirão *como se* resolvessem determinados problemas matemáticos, independentemente de os resolverem".[21] Essa concepção de escolha racional se baseia na economia e está associada a Milton Friedman, que afirma que, "sob um amplo leque de circunstâncias, cada empresa se comporta *como se* estivesse procurando racionalmente maximizar suas rentabilidades esperadas".[22]

Esse argumento, de que a maximização da utilidade esperada não descreve como os indivíduos racionais empregam seu espírito crítico para tomar decisões, não é questionável. Numa afirmação que ainda parece verdadeira hoje, Herbert Simon observou em 1978 que "a economia tem se preocupado basicamente com os *resultados* da escolha racional, não com o *processo* de escolha".[23] Aliás, os teóricos da escolha racional são explícitos em relação a esse aspecto. Em sua análise da abordagem da escolha racional, James Morrow declara: "Nós não pressupomos que o processo decisório é uma série de cálculos literais", acrescentando que "a teoria da utilidade não é uma tentativa de explicar o processo cognitivo dos indivíduos".[24] Do mesmo modo, Achen e Snidal asseguram que a "dissuasão racional é implicitamente mal interpretada como uma teoria de como os líderes pensam". Além disso, "Os axiomas e as conclusões da teoria da utilidade só se referem às escolhas. Os cálculos mentais nunca são mencionados: a teoria não faz referência a eles".[25] Milton Friedman é mais enfático: "Bem, é claro que os empresários não resolvem efetiva e literalmente o sistema de equações simultâneas por meio do qual o economista matemático considera prático enunciar essa hipótese".[26]

Uma definição alternativa equivocada de racionalidade individual

A literatura sobre escolha racional oferece uma definição alternativa possível de como os indivíduos racionais tomam decisões (embora não de como eles compreendem o mundo). Os teóricos da escolha racional poderiam abandonar o pressuposto "como se" e definir a tomada de decisão racional como o emprego efetivo do método de maximização da utilidade esperada para escolher as opções estratégicas. Embora essa abordagem tenha

---

21 Achen; Snidal, "Rational Deterrence Theory and Comparative Case Studies", *World Politics*, v.41, n.2, p.164, 1989, ênfase acrescentada.

22 Friedman, "The Methodology of Positive Economics", em *Essays in Positive Economics*, p.21, ênfase no original.

23 Simon, "Rationality as Process and as Product of Thought", *American Economic Review*, v.68, n.2, p.2, 1978.

24 Morrow, *Game Theory for Political Scientists*, op. cit., p.20.

25 Achen; Snidal, "Rational Deterrence Theory and Comparative Case Studies", op. cit., p.164.

26 Friedman, "The Methodology of Positive Economics", op. cit., p.22.

algumas vantagens, ela acaba fracassando, porque a maximização da utilidade esperada simplesmente não é racional num mundo imprevisível como o da política internacional.

Há bons motivos para definir os assessores políticos racionais como verdadeiros maximizadores da utilidade esperada. Ao descrever um processo mental, essa ação aborda o modo como os indivíduos realmente fazem escolhas. Na falta dessa descrição, toda definição de escolha racional é ineficiente, já que não existe um relato de como as decisões são tomadas. Como explicam Brian Rathbun, Joshua Kertzer e Mark Paradis: "A escolha racional não é possível sem o pensamento racional [...] a racionalidade instrumental não é possível sem a racionalidade procedimental. A racionalidade procedimental inclui todos os processos cognitivos que associamos à tomada de decisão racional, como a busca minuciosa dos dados relevantes, a análise imparcial da informação e a deliberação cuidadosa. Isso é pensamento racional ou razão".[27]

Quando se aceita que é imprescindível ter um relato do processo, é plausível que os teóricos da escolha racional afirmem que os assessores políticos racionais são realmente maximizadores da utilidade esperada. Afinal de contas, a aplicação da fórmula de maximização da utilidade esperada é uma coisa relativamente simples, e, embora possa ser muito difícil para uma pessoa comum usar essa abordagem, ela certamente não está além da capacidade da maioria dos assessores políticos de alto nível. Aliás, existem inúmeras provas de que indivíduos de outras esferas sociais – incluindo acadêmicos e empresários – identificam o que acreditam ser a estratégia de maximização empregando algumas versões da fórmula. É claro que os cálculos exigidos podem ser às vezes particularmente complicados, mas os assessores políticos sempre podem contar com especialistas para realizar as análises.

Consequentemente, não surpreende que os próprios teóricos da escolha racional às vezes insinuem que a tomada de decisão racional realmente consiste num processo mental que gira em torno da maximização da utilidade esperada. Considerem a afirmação de Bueno de Mesquita de que "ser racional significa simplesmente que o decisor usa uma estratégia de maximização para calcular a melhor forma de alcançar seus objetivos".[28] Ele também escreve: "Cada decisor e cada indivíduo ou grupo que tenta influenciar decisões olha para a frente, considerando quais são as reações prováveis se ele escolher esta ou aquela ação. Depois escolhe a ação que ele acredita, baseando-se no olhar à frente e no retorno à situação atual, que lhe

---

27 Rathbun; Kertzer; Paradis, *"Homo Diplomaticus*: Mixed-Method Evidence of Variation in Strategic Rationality", *International Organization*, v.71, supl.S1, p.S36, 2017.

28 Mesquita, *The War Trap*, op. cit., p.31.

proporcionará o melhor resultado".[29] Do mesmo modo, Glaser afirma que "agir racionalmente significa que os Estados são agentes dotados de propósito que pelo menos fazem esforços razoáveis para escolher a estratégia mais adequada para alcançar seus objetivos. Consideramos que os Estados são capazes de identificar e comparar opções, avaliando as possibilidades de êxito, bem como seus custos e benefícios".[30] Elster sustenta que a "escolha racional consiste em três operações de otimização. A ação escolhida tem de ser ótima, considerando os desejos e as crenças do agente. As convicções têm de ser ótimas, considerando a informação disponível para o agente. O volume de recursos alocados para a obtenção de informação tem de ser ótimo".[31] Como observa Rathbun, "É muita reflexão para uma abordagem que afirma não ter uma teoria do processo decisório".[32]

Essa posição alternativa tem vários méritos. Ela fornece uma definição clara de escolha racional individual: agentes que escolhem a política que promete maximizar sua utilidade esperada são racionais, ao passo que aqueles que não a escolhem não são racionais. Ademais, ela define rigorosamente um método para determinar quais das diversas opções de política maximizam a utilidade esperada. Como nota Arthur Stein, o método oferece "uma coerência e um rigor analíticos" impressionantes.[33] Em outras palavras, a verdadeira maximização da utilidade esperada fornece aos indivíduos um procedimento bem definido e simples para determinar a estratégia ótima para alcançar seus objetivos. Daí o comentário elogioso de Elster: "Não existe nenhuma alternativa à teoria da escolha racional enquanto um conjunto de prescrições normativas. Ela simplesmente nos diz para fazer o que for mais favorável aos nossos objetivos, quaisquer que sejam eles".[34]

Porém, a maior vantagem da definição alternativa é que a maximização da utilidade esperada é a escolha racional num mundo restrito – isto é, num mundo caracterizado pela previsibilidade ou pelo risco. Nessas circunstâncias, ela é a maneira ideal para os indivíduos decidirem qual é a opção que realiza melhor seus objetivos. Num mundo previsível – em que os resultados decorrentes de cada linha de conduta são perfeitamente conhecidos –, a fórmula de maximização da utilidade esperada permite que os indivíduos escolham a política que realiza melhor seus objetivos. Aliás, Morrow ressalta que, do ponto de vista da teoria da utilidade esperada, "as decisões tomadas ao abrigo da previsibilidade são banais".[35] A fórmula também é perfeita para

---

29 Id., *Principles of International Politics*, p.28.
30 Glaser, *Rational Theory of International Politics*, op. cit., p.30.
31 Elster, *Alchemies of the Mind*, p.285.
32 Rathbun, *Reasoning of State: Realists, Romantics and Rationality in International Relations*, p.15.
33 Stein, "The Limits of Strategic Choice", op. cit., p.207.
34 Elster, "Introduction", op. cit., p.22.
35 Morrow, *Game Theory for Political Scientists*, op. cit., p.28.

Como os Estados pensam

tomar decisões sobre como prosseguir num mundo arriscado, onde os líderes podem apontar probabilidades por meios lógicos ou estatísticos.

Porém, num mundo imprevisível, a maximização da utilidade esperada é uma abordagem imperfeita para tomar decisões. Quando os dados são escassos e não confiáveis, é impossível usar métodos estatísticos para apontar probabilidades. Isso significa que, na política internacional, a maximização da utilidade esperada é uma maneira não racional de tomar decisões. Afinal de contas, o sistema internacional é um mundo imprevisível carente de informações, não um mundo previsível ou arriscado recheado de informações.

A abordagem da maximização da utilidade esperada consiste em identificar os estados do mundo e as ações disponíveis, combiná-los para criar uma lista de opções possíveis, classificar essas opções e conferir-lhes utilidades, calcular a utilidade esperada de cada opção e escolher a estratégia que gera a maior utilidade esperada. As probabilidades estão no centro desse processo; no início, elas são atribuídas aos diferentes estados do mundo, e servem de apoio aos cálculos posteriores da utilidade esperada. É bom deixar claro que nem toda probabilidade serve se o objetivo da fórmula é identificar o melhor caminho a seguir. As probabilidades têm de ser objetivas: precisam captar de maneira precisa os estados do mundo predominantes. Isto é, precisam indicar a probabilidade real de que uma potência rival seja agressiva, pacífica, determinada e assim por diante. Para fazer essa avaliação é preciso dispor de dados abundantes e confiáveis que se prestem à análise estatística.

No entanto, a política internacional é um mundo imprevisível, onde a informação é escassa e duvidosa. O argumento de que o mundo social – incluindo quase toda a política e a economia – é caracterizado pela imprevisibilidade foi apresentado com veemência por dois dos mais influentes economistas do século XX. Frank Knight, que estabeleceu a diferença entre "risco" e "imprevisibilidade", afirmou que "o melhor exemplo de imprevisibilidade está relacionado ao exercício de avaliação ou à formação de opiniões como o curso futuro dos acontecimentos, opiniões essas (e não o conhecimento científico) que realmente guiam a maior parte da nossa conduta [...] A vida é feita principalmente de imprevisibilidades".[36] John Maynard Keynes declarou que "nosso conhecimento do futuro é instável, vago e imprevisível [...] O sentido em que estou utilizando a expressão é aquele em que a possibilidade de uma guerra europeia é imprevisível, como o preço do cobre e a taxa de juros daqui a vinte anos, ou a obsolescência de uma nova invenção, ou a posição dos detentores de riqueza privados no sistema social

---

36 Knight, *Risk, Uncertainty and Profit*, p.233 e 235.

em 1970".[37] Jonathan Kirshner sustenta que o que é válido na economia é ainda mais válido na política internacional. "A guerra, bem como muitas das medidas tomadas em sua abordagem", ele escreve, "é um mergulho na imprevisibilidade radical, e os especialistas racionais podem e irão discordar profundamente em relação a suas expectativas a respeito do custo, da trajetória e das consequências da guerra, mesmo nos ambientes informacionais mais perfeitos e simétricos que se possa imaginar."[38]

Portanto, a verdadeira maximização da utilidade esperada não é um modelo de escolha racional na política internacional. Os formuladores da política externa estão condenados a operar com informações escassas e duvidosas, e são incapazes de estabelecer as probabilidades objetivas. Por outro lado, o problema é que eles não conseguem calcular as utilidades esperadas das ações alternativas, quanto mais apontar aquela que produz a maior utilidade esperada. Em outras palavras, o método de maximização da utilidade esperada não pode ser usado como base da ação deliberada no sistema internacional. Os assessores políticos não seriam racionais se o adotassem como um guia de ação.

Para ilustrar as deficiências da abordagem de maximização da utilidade esperada, retomemos o exemplo da política americana em relação à União Soviética no início da Guerra Fria descrito anteriormente. É impossível associar probabilidades significativas a diferentes estados do mundo e, com base nisso, atribuir utilidades esperadas significativas a diversas opções de política. Considerem a alegação de que havia 60% de probabilidade de que a União Soviética fosse expansionista e 40% de probabilidade de que ela favorecesse o *status quo*, e, portanto, que era melhor para os Estados Unidos permanecer na Europa em vez de se retirar. Na verdade, era impossível tanto calcular a real probabilidade de que Moscou fosse expansionista ou favorável ao *status quo* como conhecer a utilidade esperada relativa de cada estratégia disponível. Num mundo imprevisível, o máximo que os assessores políticos podem fazer é presumir que probabilidades eles podem atribuir aos possíveis estados do mundo e que custos e benefícios eles podem atribuir às diferentes políticas. O problema é tão espinhoso que mesmo hoje, com a vantagem de poder avaliar retrospectivamente, os especialistas não conseguem determinar as reais probabilidades e utilidades esperadas em vigor no início da Guerra Fria.[39]

---

37 Keynes, "The General Theory of Employment", *Quarterly Journal of Economics*, v.51, n.2, p.213-4, 1937.

38 Kirshner, "The Economic Sins of Modern IR Theory and the Classical Realist Alternative", *World Politics*, v.67, n.1, p.174-5, 2015. *Ver também* id., "Rationalist Explanations for War?", *Security Studies*, v.10, n.3, p.143-50, 2000.

39 *Ver*, por exemplo, Jervis, "Was the Cold War a Security Dilemma?", *Journal of Cold War Studies*, v.3, n.1, p.36-60, 2001.

Como os Estados pensam

Considerando que é impossível atribuir probabilidades objetivas e utilidades esperadas num mundo imprevisível, e considerando que a política internacional é um espaço carente de informação, a teoria da utilidade esperada não pode ser empregada para tomar decisões racionais. Porém, os defensores desse método fazem justamente isso, o que suscita a pergunta óbvia: como eles defendem essa postura?

Os especialistas da escolha racional enfrentam esse problema introduzindo o conceito de probabilidade subjetiva.[40] Eles admitem que existe uma diferença fundamental entre um mundo arriscado e um mundo imprevisível, e que, como diz Morrow, "A maioria das políticas é escolhida em condições de imprevisibilidade".[41] Também reconhecem que é impossível determinar probabilidades objetivas em ambientes carentes de informação. No entanto, os defensores da escolha racional podem arranjar probabilidades subjetivas – estimativas pessoais da probabilidade de diferentes estados do mundo –, que eles depois podem conectar à fórmula de maximização da utilidade esperada para determinar o melhor caminho a seguir. Constatando a diferença entre "risco" e "imprevisibilidade", Jeffrey Friedman sustenta que, em ambientes imprevisíveis, os indivíduos empregam probabilidades subjetivas, que ele define como "avaliações probabilísticas em relação às convicções pessoais de um analista".[42] Como explica Elster, essa afirmação reflete a convicção de que "sempre dispomos de alguma informação, por mais vaga e difusa que seja, que podemos utilizar para avaliar as probabilidades dos diversos resultados. Mais especificamente, ele aponta para a existência de procedimentos que irão despertar as probabilidades subjetivas do agente em qualquer situação de escolha que ele enfrentar", acrescentando que, "quando essas probabilidades são apresentadas, o princípio de maximização da utilidade esperada pode ser aplicado como antes".[43] Isso tudo significa que não existe nenhuma diferença relevante no modo como os indivíduos racionais fazem escolhas sob a égide da imprevisibilidade ou do risco.

Como é, então, que se atribuem probabilidades subjetivas? Diversos especialistas explicaram como isso pode ser feito. O fundamental é utilizar uma abordagem baseada em dados, acumulando todas as informações disponíveis e analisando-as com um raciocínio estatístico. Philip Tetlock e Peter

---

40 Para dois exemplos das primeiras obras seminais sobre probabilidade subjetiva, *ver* Ramsey, "Truth and Probability", em Mellor (org.), *Philosophical Papers*, p.52-109; e Savage, *The Foundations of Statistics*.

41 Morrow, *Game Theory for Political Scientists*, op. cit., p.28.

42 Friedman, *War and Chance: Assessing Uncertainty in International Politics*, p.56. Morris escreve de forma similar: "Sob a égide da imprevisibilidade, os agentes produzem estimativas probabilísticas subjetivas que refletem seu grau de confiança no estado subjacente do mundo". *Ver* Morrow, *Game Theory for Political Scientists*, op. cit., p.29.

43 Elster, "Introduction", op. cit., p.6.

Scoblic acham que determinadas pessoas são "naturalmente boas em números e têm a mente aberta", e são capazes de "pensar probabilisticamente". Eles afirmam que esses indivíduos "abordavam questões aparentemente espinhosas decompondo-as em partes, pesquisando a frequência passada de acontecimentos semelhantes (ou mesmo precisamente análogos), ajustando as hipóteses com base na singularidade da situação e atualizando constantemente suas estimativas à medida que surgiam novas informações". Ao agir assim, elas "transformavam a imprevisibilidade em risco quantificável".[44] Rathbun tem uma opinião similar, sustentando que alguns indivíduos "debatem mais e se esforçam mais para desenvolver conhecimentos objetivos. Eles 'tendem a procurar e adquirir informação, a pensar e a refletir de novo sobre ela [...] Caracterizam-se geralmente por terem uma mente ativa e exploradora, e, através dos sentidos e do intelecto, encontram e extraem informações de seu entorno'".[45] David Edelstein, por sua vez, não se concentra nos líderes, mas no ambiente, afirmando que as avaliações probabilísticas subjetivas se tornam possíveis quando mais informações se tornam disponíveis: "A chave do meu argumento é que a imprevisibilidade pode se tornar risco. Os Estados passam da condição de incapazes de avaliar a melhor maneira de reagir a um futuro inescrutável à condição de capazes de atribuir probabilidades de um Estado representar ou não uma ameaça. Em particular, é o conhecimento das intenções de um Estado que permite transformar imprevisibilidade em risco".[46]

Recorrer às probabilidades subjetivas não resolve o problema. Para identificar a escolha racional numa determinada situação, a maximização da utilidade esperada requer informações abundantes e confiáveis que possam ser utilizadas para gerar probabilidades objetivas por meio de instrumentos estatísticos que, depois, podem ser administrados por meio da fórmula. Isso só é possível num mundo restrito repleto de informações. Contudo, as relações internacionais são um mundo vasto carente de informações no qual é impossível utilizar estatísticas para definir probabilidades válidas. O emprego de probabilidades subjetivas não salva a empreitada porque ele significa simplesmente adivinhar as probabilidades pensando de forma estatística a respeito de dados escassos e duvidosos. O resultado é tão duvidoso como os dados. Portanto, como um modo de tomar decisões na política mundial, a verdadeira maximização da utilidade esperada subjetiva não é mais racional que a verdadeira maximização da utilidade esperada objetiva.

---

44 Scoblic; Tetlock, "A Better Crystal Ball: The Right Way to Think about the Future", *Foreign Affairs*, v.99, n.6, p.15, 2020. *Ver também* Horowitz, "Forecasting Political Events", em Mintz; Terris (orgs.), *The Oxford Handbook of Behavioral Political Science*. Disponível em: <https://doi.org/10.1093/oxfordhb/9780190634131.001.0001>. Acesso em: 8 out. 2024.

45 Rathbun, *Reasoning of State*, op. cit., p.22-3. Rathbun cita John T. Cacioppo e seus colegas.

46 Edelstein, *Over the Horizon: Time, Uncertainty, and the Rise of Great Powers*, p.18 e 20.

No entanto, para tomar decisões, os assessores políticos precisam ter uma ideia das probabilidades.[47] Entre outras coisas, precisam avaliar as posições dos outros Estados – seus objetivos, suas intenções e sua determinação – e as consequências prováveis de diversas ações. É impossível decidir sem essas avaliações. A melhor maneira, embora não seja nem de longe perfeita, de calcular probabilidades na política internacional é empregando teorias verossímeis: afirmações probabilísticas logicamente coerentes e empiricamente comprovadas sobre o funcionamento do mundo. Essa abordagem da tomada de decisão baseada na teoria é profundamente diferente da maximização da utilidade esperada, que, no fundo, é baseada em dados. Aliás, os defensores de uma abordagem baseada em dados tendem a encarar a teoria como um obstáculo ao raciocínio estatístico sensato, contrapondo de forma desfavorável a análise "'de cima para baixo' 'baseada na teoria'" "na qual aplicamos crenças preexistentes para compreender o mundo" à "análise 'baseada em dados'", que "permite que o mundo se revele a nós".[48]

Em suma: a maximização da utilidade esperada é uma não definição, ou uma definição incorreta, de racionalidade individual na política mundial. Em suas próprias palavras, ela não descreve um processo mental por meio do qual os assessores políticos compreendem o mundo ou decidem como seguir adiante. A versão alternativa – que realmente descreve um processo mental – não apresenta uma maneira racional de tomar decisões no mundo imprevisível das relações internacionais.

Uma não definição de racionalidade do Estado

Quanto à racionalidade coletiva, os especialistas da escolha racional são basicamente omissos a respeito do modo como os Estados racionais agregam – isto é, discutem e escolhem entre – as opiniões de cada assessor político. Considerando sua ênfase exagerada na escolha individual, essa postura não causa nenhuma surpresa. No entanto, o funcionamento da teoria da utilidade esperada no nível individual torna necessário abordar a racionalidade estratégica no nível do Estado. Quando os teóricos da escolha racional afirmam que os indivíduos empregam probabilidades subjetivas – e mesmo utilidades subjetivas –, eles precisam reconhecer que diferentes assessores políticos podem chegar a diferentes conclusões a respeito do procedimento que melhor realiza seus objetivos e que, consequentemente, é racional. É provável que esses indivíduos discordem sobre os valores que devem ser atribuídos às probabilidades relevantes que entram na fórmula da utilidade

---

47 Sobre essa questão, *ver* Friedman, *War and Chance*, op. cit., p.58-63.
48 Rathbun, *Reasoning of State*, op. cit., p.20. *Ver também* Tetlock, *Expert Political Judgment: How Good Is It? How Can We Know?*

esperada, o que pode provocar uma variação significativa entre os assessores políticos cuja estratégia tem a maior utilidade esperada.

Considerem nosso exemplo simplificado da política americana em relação à União Soviética no início da Guerra Fria. Atribuímos 60% de probabilidade de que a União Soviética fosse expansionista e 40% de probabilidade de que ela favorecesse o *status quo*. O resultado, de acordo com a maximização da utilidade esperada, era que os Estados Unidos deveriam permanecer na Europa. Mas se tivéssemos alterado as probabilidades e presumido que havia 40% de probabilidade de que Moscou fosse expansionista e 60% de probabilidade de que favorecesse o *status quo* – dificilmente uma manobra fantasiosa, considerando a dificuldade de avaliar os objetivos de outro Estado –, a política americana ideal teria sido se retirar da Europa. Pequenas alterações nas utilidades atribuídas aos resultados também podem ter efeitos surpreendentes. Por exemplo: atribuímos uma utilidade 0,25 à guerra entre superpotências e 0 à hegemonia soviética, o que significava que a política americana ideal era permanecer na Europa. Contudo, não é irracional pensar que a guerra teria sido tão devastadora que as utilidades seriam invertidas. Se o fizéssemos, a política americana ideal passaria a ser a retirada da Europa.

Os teóricos da utilidade esperada aceitam esse argumento. Morrow explica que, "sob a égide da imprevisibilidade, os agentes criam estimativas de probabilidade subjetiva que refletem seu grau de crença no estado subjacente do mundo [...] Sob a égide da imprevisibilidade, diferentes líderes podem sustentar diferentes distribuições de probabilidade porque sustentam diferentes crenças sobre o estado subjacente do mundo".[49] Assim sendo, diferentes líderes também podem chegar a diferentes decisões a respeito de qual procedimento maximiza a utilidade. Do mesmo modo, Bueno de Mesquita observa que um "equívoco [comum] a respeito da racionalidade é que em qualquer situação existe uma escolha racional objetivamente melhor que todos os líderes racionais escolheriam. Isso não é verdade. Diferentes indivíduos têm diferentes predileções ou ordenamentos preferenciais, que os induzem a tomar diferentes decisões, muito embora cada uma das decisões seja racional. Isso se aplica tanto à preferência dos indivíduos por resultados de políticas como por estratégia ou riscos".[50] Robert Jervis resume a questão: "Não devemos equiparar argumentos de utilidade esperada à afirmação de que todas as pessoas se comportarão da mesma maneira na mesma situação, ou seja, com argumentos que ignoram o nível de análise individual. Se cada pessoa é racional, mas tem diferentes valores e crenças em meios e fins, então o comportamento será idiossincrático".[51]

---

49 Morrow, *Game Theory for Political Science*, op. cit., p.29.
50 Mesquita, *The War Trap*, op. cit., p.31.
51 Jervis, "Rational Deterrence: Theory and Evidence", *World Politics*, v.41, n.2, p.186, 1989.

Devido a essa variação, os teóricos da utilidade esperada precisam de uma narrativa que explique com o que se parece um processo decisório coletivo racional. É claro que essa narrativa é desnecessária se a política for elaborada por um dirigente que age sozinho; mas ela é fundamental quando, como é muito mais comum, a política externa é um processo coletivo que envolve inúmeros indivíduos, cada um deles munido de opiniões pessoais. Porém, os teóricos da utilidade esperada não apresentam essa narrativa. Em vez disso, ignoram o processo decisório coletivo e pressupõem que a política é elaborada por um único indivíduo poderoso ou que os Estados podem ser tratados como agentes unitários. As duas alternativas são coerentes com a ênfase que esses especialistas dão à tomada de decisão no nível individual.

Psicologia política

A exemplo dos teóricos da escolha racional, os psicólogos políticos se preocupam principalmente com a tomada de decisão individual. Eles sustentam que os assessores políticos geralmente não são racionais porque não pensam em termos de maximização da utilidade esperada quando fazem escolhas relacionadas à melhor estratégia para seguir adiante.

Alegando que a não racionalidade "geralmente se refere ao desvio de um modelo padrão de processamento de informação racional", Janice Gross Stein conclui que "inúmeras pesquisas demonstram que as pessoas raramente se adequam às expectativas do modelo abstrato racional. A psicologia cognitiva demonstrou que existem diferenças importantes entre as expectativas dos modelos de decisão racional e os processos de atribuição e avaliação que as pessoas geralmente usam".[52] Dominic Johnson também reconhece que, "enquanto um modelo que existe no interior de diversas áreas da ciência social, a (teoria da) escolha racional continua fundamental", e julga que "empiricamente, enquanto uma descrição do comportamento humano, ela é irremediavelmente falha". Além do mais, afirma: "Estudos recentes sugerem que na política internacional a escolha racional é, na verdade, empiricamente rara, mesmo no topo da elite decisora, onde, se há um lugar em que se esperaria encontrá-la, seria ali". Aliás, "os dirigentes se envolvem com todo tipo de comportamento não racional".[53]

Outros psicólogos políticos têm a mesma opinião. Rathbun escreve que "a ideia de racionalidade instrumental – na qual os agentes tomam decisões que maximizam sua utilidade esperada em função de restrições

---

52 Stein, "Threat Perception in International Relations", em Huddy; Sears; Levy (orgs.), *The Oxford Handbook of Political Psychology*, p.369 e 371.

53 Johnson, *Strategic Instincts: The Adaptive Advantages of Cognitive Biases in International Politics*, p.13 e 18.

estruturais – é fundamental para o arcabouço da escolha racional". No entanto, "embora a escolha racional tenha influenciado profundamente a ciência política, críticos tanto internos como externos à disciplina afirmam que, na prática, os indivíduos geralmente não correspondem ao padrão de tomadas de decisão estratégicas e deliberadas inerente à abordagem".[54] Keren Yarhi-Milo observa que "existe uma literatura importante e diversificada sobre relações internacionais que demonstrou que os dirigentes raramente agem racionalmente".[55] Finalmente, numa análise de decisões favoráveis à guerra, Richard Ned Lebow tece comentários sobre "a frequente irracionalidade dos dirigentes e o caráter medíocre do processo de formulação de políticas em países que puxam a espada. Os dirigentes e seus assessores não reúnem informações de qualidade, não analisam as informações disponíveis nem avaliam cuidadosamente os custos e benefícios prováveis no curto e no longo prazo das iniciativas propostas por eles". Para ele, "a irracionalidade funcional e instrumental [...] é a regra, não a exceção".[56]

Nesse caso, a intuição principal – que os indivíduos pensam frequentemente de maneira não racional – é fundamental para a economia comportamental. Richard Thaler documenta "as várias formas pelas quais as pessoas se distanciam das criaturas fictícias que povoam os modelos econômicos [...] O problema é o modelo ser usado pelos economistas, um modelo que substitui o *homo sapiens* por uma criatura fictícia chamada *homo economicus*, que eu gosto de chamar de Econ para abreviar. Comparados a esse mundo fictício de Econs, os humanos se comportam muito mal... Vocês sabem, e eu também, que não vivemos num mundo de Econs. Vivemos num mundo de humanos".[57] Daniel Kahneman, possivelmente o fundador da economia comportamental junto com Amos Tversky, observa que esses argumentos ganharam força ao longo dos últimos cinquenta anos: "A grande maioria dos cientistas sociais dos anos 1970 aceitou [que] as pessoas geralmente são racionais, e que suas ideias normalmente são sensatas [...] Contudo, de modo geral, a ideia de que a nossa mente é suscetível de cometer erros sistemáticos é aceita normalmente hoje [...] O modelo do agente racional não descreve corretamente os humanos".[58]

Psicólogos políticos têm apresentado uma explicação habitual para a suposta predominância da não racionalidade na política internacional. Seu ponto de partida é que os assessores políticos têm limites cognitivos

---

54 Rathbun, *Reasoning of State*, op. cit., p.13.
55 Yarhi-Milo, *Knowing the Adversary: Leaders, Intelligence, and Assessment of Intentions in International Relations*, p.9.
56 Lebow, "International Relations Theory and the Ukrainian War", *Analyse and Kritik*, v.44, n.1, p.132, 2022.
57 Thaler, *Misbehaving: The Making of Behavioral Economics*, p.4 e 6.
58 Kahneman, *Thinking, Fast and Slow*, p.8, 10 e 411.

Como os Estados pensam

significativos e não conseguem realizar os cálculos exigidos pela fórmula de maximização da utilidade esperada. Assim sendo, recorrem aos atalhos mentais – analogias e heurísticas – para decidir como seguir adiante. Essas regras básicas, por sua vez, provocam vieses, que é um sinônimo das conclusões que contrariam a maximização da utilidade esperada.[59] Comentando um artigo seminal de Kahneman e Tversky, Thaler escreve: "Os humanos dispõem de um tempo e de uma capacidade intelectual limitados. Por isso, usam regras básicas simples – heurísticas – para ajudá-los a fazer avaliações [...] O uso dessas heurísticas leva as pessoas a cometer erros previsíveis. Daí o título do ensaio: heurísticas e vieses".[60]

Analogias são atalhos mentais que se baseiam na observação de acontecimentos históricos. Raciocinar por analogia consiste em pressupor que existe alguma semelhança entre um acontecimento passado e um acontecimento atual, e que, portanto, o caso anterior é relevante para o caso presente e determina um procedimento. Yuen Khong insinua que esse é um fenômeno comum entre os assessores políticos: "Os políticos sempre se voltaram ao passado ao lidar com o presente [...] Eles invocaram paralelos históricos quando confrontados com um problema de política interna ou externa". O exemplo canônico é a analogia de Munique, que sustenta que o apaziguamento de Hitler conduziu à guerra no final dos anos 1930 e que, portanto, o apaziguamento sempre conduz à guerra. Imagens, esquemas e roteiros são "artifícios intelectuais"[61] semelhantes. Jervis realmente equipara analogias e imagens, alegando que "a história internacional é uma matriz poderosa de crenças relacionadas às relações internacionais e às imagens de outros países".[62] Entretanto, Deborah Larson sustenta que esquemas e roteiros são produtos de "um processo de 'correspondência'" baseado no "raciocínio analógico".[63]

Heurísticas são atalhos mentais que estão embutidos no cérebro humano. Elas permitem que os indivíduos analisem rapidamente os fatos diante deles e escolham um caminho a seguir. Três heurísticas se destacaram mais nos campos da política e da economia desde que Kahneman e Tversky as identificaram pela primeira vez. São elas: heurística da disponibilidade, a tendência a se concentrar em informações disponíveis mais facilmente;

---

59 Keren; Teigen, "Yet Another Look at the Heuristics and Biases Approach", em Koehler; Harvey (orgs.), *Blackwell Handbook of Judgment and Decision Making*, p.89-109.

60 Thaler, *Misbehaving*, op. cit., p.22-3.

61 Khong, *Analogies at War: Korea, Munich, Dien Bien Phu, and the Vietnam Decisions of 1965*, p.3 e 20.

62 Jervis, *Perception and Misperception in International Politics*, p.281. Ver também id., "Hypotheses on Misperception", *World Politics*, v.20, n.3, p.454-79, 1968; Lebow, *Between Peace and War: The Nature of International Crisis*; Stein, "Building Politics into Psychology: The Misperception of Threat", *Political Psychology*, v.9, n.2, p.245-71, 1988.

63 Larson, *Origins of Containment: A Psychological Explanation*, p.52.

heurística da representatividade, a tendência a exagerar a semelhança entre acontecimentos do passado e do presente; e heurística da fixação, a tendência a permitir que avaliações iniciais inibam a atualização quando novas informações se tornam disponíveis. Os especialistas também encontraram muitas outras heurísticas que, segundo eles, influenciam os assessores políticos, entre as quais a atribuição fundamental, a aversão à perda, o pessimismo, o excesso de confiança, a aversão ao risco e a razoabilidade.[64]

Os assessores políticos usam analogias e heurísticas para tratar as informações por causa de seus limites cognitivos. A ideia de que as pessoas têm capacidades cognitivas limitadas está disseminada. Como sustenta Kenneth Arrow, "a pressão extremamente forte sobre a coleta de informações e as habilidades computacionais" inerente à tomada de decisões políticas e econômicas excede "os limites do ser humano, mesmo ampliados por meio de assistência artificial".[65] Do mesmo modo, a caracterização que Simon faz da "racionalidade limitada" ressalta que "o comportamento racional humano [...] é determinado por uma tesoura cujas lâminas são a estrutura dos locais da tarefa e as capacidades computacionais do agente".[66] Todos os seres humanos, diz ele, têm "limitações psicológicas" e "capacidades computacionais" limitadas.[67] Robert Keohane defende um argumento semelhante a respeito da política internacional: "Na prática, os dirigentes estão sujeitos a restrições de suas próprias habilidades cognitivas, independentemente das imprevisibilidades inerentes ao seu ambiente".[68]

Os psicólogos políticos também argumentam que são os limites do conhecimento humano que levam os assessores políticos a recorrer aos atalhos mentais. Janice Gross Stein escreve: "Situados no topo desses complexos jogos estratégicos e multifacetados, os dirigentes políticos, como todo mundo, têm uma capacidade reduzida de tratar as informações. Sua racionalidade é limitada, e, por esse motivo, as pessoas utilizam uma série de atalhos cognitivos [...] para simplificar a complexidade e administrar a imprevisibilidade, tratar as informações, fazer inferências e produzir percepções de perigo".[69] Do mesmo modo, Johnson constata "a ideia disseminada em todas as ciências sociais de que a racionalidade é o ideal normativo [...]

---

64 Johnson, *Strategic Instincts*, op. cit., p.1-47; Kahneman, *Thinking, Fast and Slow*, op. cit., p.3-13; Stein, "Threat Perception in International Relations", op. cit., p.370-6; Simon, "Rational Choice and the Structure of the Environment", *Psychological Review*, v.63, n.2, p.129-38, 1956; Tversky; Kahneman, "Judgment under Uncertainty: Heuristics and Biases", *Science*, v.185, n.4157, p.1124-31, 1974.

65 Arrow, "Rationality of Self and Others in a Economic System", *Journal of Business*, v.59, n.4, parte 2, p.S397, 1986.

66 Simon, "Invariants of Human Behavior", *Annual Review of Psychology*, v.41, p.7, 1990.

67 Id., "A Behavioral Model of Rational Choice", *Quarterly Journal of Economics*, v.69, n.1, p.99 e 101, 1955.

68 Keohane, *After Hegemony: Cooperation and Discord in the World Political Economy*, p.111.

69 Stein, "Threat Perception in International Relations", op. cit., p.371.

Como os Estados pensam

e a mente humana é impedida de atingir esse ideal devido a limitações cognitivas". Ao mesmo tempo, afirma: "Todos os dias, conseguimos atravessar um monte de desafios sociais e físicos complexos sem saber como, graças a uma série de heurísticas avançadas".[70]

É importante ressaltar que os atalhos cognitivos são diferentes das teorias. Rathbun equipara os conceitos, afirmando que "heurísticas são artifícios simplificadores que facilitam o processo de pensamento, agindo como 'teorias' que servem como regras genéricas de tomada de decisão".[71] Isso está errado. É claro que analogias e heurísticas, de um lado, e teorias, de outro, desempenham funções semelhantes: todas são artifícios simplificadores que podem ser empregados para facilitar o processamento de informações e agilizar a escolha. Mas elas o fazem de maneira radicalmente diferente. Teorias são afirmações explicativas que giram em torno de uma lógica causal que nos informa por que o mundo funciona da forma que funciona. Analogias e heurísticas não têm relato causal. Como Jervis observa, quando os indivíduos raciocinam por analogia, eles "dão mais atenção ao *que* aconteceu do que ao *motivo* de aquilo ter acontecido. Portanto, o aprendizado é superficial e extremamente genérico [...] A procura pelas causas geralmente é breve e excessivamente simplificada [...] Não é feita uma análise cuidadosa dos nexos que deveriam estar presentes. Poucas tentativas são feitas para fazer as comparações que são indispensáveis para emitir uma opinião a respeito da eficácia causal das variáveis".[72]

Indivíduos que empregam analogias ou heurísticas não são racionais ou são tendenciosos, ou seja, suas decisões se afastam daquilo que a maximização da utilidade esperada prescreve. "Vieses", escrevem Tversky e Kahneman, "decorrem da confiança em heurísticas preconceituosas", que são "extremamente vantajosas e normalmente eficazes", mas também podem "provocar erros sistemáticos e previsíveis".[73] Janice Gross Stein apresenta um argumento semelhante, observando que os indivíduos que raciocinam por analogia "removem inconscientemente as nuances, o contexto e as sutilezas dos problemas que enfrentam", podendo chegar a "avaliações muito simplistas".[74] De acordo com Tetlock, os dirigentes são tão propensos a esse tipo de pensamento como todo mundo: "Assessores políticos geralmente simplificam demais. Existem inúmeras provas de que o preço da economia cognitiva na política mundial é – como em outras esferas da vida – a suscetibilidade ao erro e ao viés".[75]

---

70 Johnson, *Strategic Instincts*, op. cit., p.3 e 15.
71 Rathbun, *Reasoning of State*, op. cit., p.4.
72 Jervis, *Perception and Misperception in International Politics*, op. cit., p.228-9, ênfase no original.
73 Tversky; Kahneman, "Judgment under Uncertainty", op. cit., p.1130-1.
74 Stein, "Threat Perception in International Relations", op. cit., p.371.
75 Tetlock, "Social Psychology and World Politics", em Gilbert; Fiske; Lindzey (orgs.), *Handbook of Social Psychology*, p.877.

Embora os psicólogos políticos se concentrem sobretudo no modo como os assessores políticos fazem escolhas, também prestam muita atenção nos resultados – sucessos e fracassos – que decorrem dessas escolhas. Em particular, existe uma antiga tradição de associar atalhos mentais a maus resultados. Jervis observa que "existe uma tendência quase inevitável de analisar casos de conflito, surpresa e erro".[76] Johnson ressalta: "Consequentemente, os vieses cognitivos são considerados desvantagens do cérebro humano dos quais devemos nos precaver se quisermos evitar equívocos, falsas percepções, enganos, crises, políticas fracassadas, desastres e guerras dispendiosas. Vieses cognitivos são péssimos, e suas consequências também".[77] Jonathan Mercer apresenta o mesmo argumento, descrevendo "a opinião [...] generalizada na produção acadêmica relacionada às relações internacionais de que vieses cognitivos e emoções só causam mal-entendidos".[78]

Mais recentemente, porém, alguns psicólogos políticos têm chamado a atenção para os casos em que as analogias e as heurísticas estão associadas a bons resultados.[79] Argumentando que "vieses cognitivos" podem ser "uma fonte tanto de sucesso como de fracasso", Johnson aponta exemplos específicos em que eles "provocam ou promovem o êxito no âmbito das relações internacionais".[80] Rathbun também sustenta que pensadores não racionais "realizaram grandes feitos históricos, talvez em razão de – e não apesar de – seu estilo cognitivo menos racional [...] Tanto o pensamento racional como o pensamento não racional têm suas próprias vantagens e desvantagens".[81]

Uma definição incorreta de não racionalidade

Qualquer afirmação a respeito da não racionalidade individual na política internacional depende de haver uma definição desse conceito. Os psicólogos políticos precisam descrever o que significa dizer que os assessores políticos não são racionais ao decifrar o mundo e tomar decisões políticas. Tal como os especialistas da escolha racional, os psicólogos políticos que põem em evidência analogias e heurísticas dão pouca atenção ao modo como os indivíduos compreendem o mundo que os rodeia, e, em vez disso, investigam como eles fazem escolhas.

---

76 Jervis, *How Statesmen Think: The Psychology of International Politics*, p.6.

77 Johnson, *Strategic Instincts*, op. cit., p.3-4.

78 Mercer, "Rationality and Psychology in International Politics", *International Organization*, v.59, n.1, p.77 e 78, 2005.

79 Tem havido uma tendência semelhante na literatura econômica. *Ver* Kahneman, *Thinking, Fast and Slow*, op. cit., p.4-13. Para a afirmação explícita de que as heurísticas levam ao sucesso, *ver* Gigerenzer, "The Bias Bias in Behavioral Economics", *Review of Behavioral Economics*, v.5, n.3-4, p.303-36, 2018. Aliás, Gigerenzer sustenta que o emprego de heurísticas é racional. Os psicólogos políticos não chegam a tanto.

80 Johnson, *Strategic Instincts*, op. cit., p.4 e 6.

81 Rathbun, *Reasoning of State*, op. cit., p.3.

Os psicólogos políticos têm uma definição simples de escolha não racional: uma decisão parcial que resulta do emprego de analogias ou heurísticas. Uma vantagem dessa definição é que ela descreve a tomada de decisão como um processo mental, o que permite determinar se uma determinada escolha é racional ou não racional. Outra vantagem é que as decisões tomadas através de atalhos ou regras gerais são de fato não racionais. Afinal de contas, analogias e heurísticas não são teorias, quanto mais teorias verossímeis. No entanto, existem outras formas de escolha não racional na política internacional, entre as quais as decisões baseadas em teorias inverossímeis, além das decisões em que os indivíduos são tomados pelas emoções.

Ainda assim, o problema fundamental da definição de escolha não racional dos psicólogos políticos é que ela infere que os assessores políticos são geralmente não racionais, uma alegação que desafia o senso comum. Como os psicólogos políticos equiparam a tomada de decisão não racional com a incapacidade de empregar a fórmula de maximização da utilidade esperada, e como não encontram nenhuma prova de que os dirigentes realmente agem assim, na prática acabam dizendo que os dirigentes não são racionais o tempo todo. Essa linha de raciocínio é insustentável. A ideia de que os seres humanos são incontestavelmente não racionais contradiz totalmente a concepção incorporada no próprio nome da nossa espécie, *homo sapiens*, ou homem sábio. Ela também vai de encontro à crença generalizada de que não somos simplesmente animais, e sim, como ressalta Aristóteles, animais racionais.[82] E se os humanos nunca se comportam racionalmente, quem ou o que o faz?

Retornando à não racionalidade do Estado, os psicólogos políticos reconhecem que os Estados são agentes decisivos da política internacional, mas, como eles se concentram no indivíduo, não têm muito a dizer a respeito da formulação de políticas nesse nível mais elevado. Janice Gross Stein define o problema: "Psicólogos – e economistas comportamentais – são individualistas metodológicos; na psicologia cognitiva, e na microeconomia, as explicações geralmente se mantêm no nível do indivíduo e o problema da inferência desaparece. Mas as proposições teóricas extraídas da análise em nível individual não se deslocam facilmente para unidades 'de nível mais elevado' como os Estados". Dito de maneira mais simples, as "teorias psicológicas" enfrentam o "desafio da agregação".[83]

Essa questão é sobejamente conhecida. Como observa Elizabeth Saunders, "Análises das preferências e crenças individuais raramente abordam o modo de agregação dos vieses, mas as decisões de política externa geralmente acontecem em grupo. Muitas teorias de tomada de decisão em grupo que poderiam ajudar a preencher essa lacuna, como o 'pensamento grupal'

---

82 Aristóteles, *The Nicomachean Ethics*, p.11.
83 Stein, "The Micro-Foundations of International Relations Theory", op. cit., p.255.

ou o modelo político burocrático, não abordam corretamente o modo como as opiniões políticas podem afetar os próprios grupos".[84] Powell é ainda mais crítico, afirmando que os psicólogos políticos "nunca superaram o problema da agregação" e provavelmente "acharão muito difícil superar esse problema" no futuro.[85] Resumindo: os psicólogos políticos não dispõem de uma definição de não racionalidade do Estado.

Analogias e heurísticas

Em razão dessa discussão sobre definições, faz sentido examinar o papel que as analogias e heurísticas desempenham nas relações internacionais. Isso é importante não somente para compreender a racionalidade, mas também para determinar se os Estados são agentes racionais. Existem quatro inconvenientes no modo como os psicólogos políticos encaram os atalhos mentais e a política externa.

Primeiramente, não faz muito sentido afirmar que os assessores políticos se baseiam em analogias e heurísticas quando elaboram estratégias ambiciosas ou administram uma crise. Embora os indivíduos certamente utilizem atalhos cognitivos na vida diária, isso não acontece com dirigentes no âmbito da política internacional. Os seres humanos sempre se baseiam em regras gerais para lidar com questões triviais ou rotineiras que enfrentam diariamente. Não podemos atuar de maneira eficaz sem um estoque de atalhos mentais. Mas a política internacional é um espaço radicalmente diferente: os riscos são muito maiores e as decisões não são rotineiras. Decisões importantes de política externa podem ter enormes consequências para a segurança e a prosperidade do país. Consequentemente, os dirigentes sabem que não podem empregar analogias e heurísticas em tais situações, mas têm de refletir cuidadosamente sobre as circunstâncias e a melhor maneira de alcançar seus objetivos.[86]

Em segundo lugar, os argumentos apresentados pelos psicólogos políticos a respeito dos atalhos mentais contêm sérios problemas. Para começar, seu relato é subteorizado. Especialistas na literatura apontam uma grande variedade de analogias e heurísticas para justificar as decisões parciais. Isso não é um problema em si mesmo, mas indica que é preciso dar respostas sensatas às seguintes perguntas: Quais atalhos são os principais impulsionadores do pensamento individual na política internacional? Por que eles são

---

84 Saunders, "No Substitute for Experience: Presidents, Advisers, and Information in Group Decision Making", *International Organization*, v.71, supl.S1, p.S219-20, 2017.

85 Powell, "Research Bets and Behavioral IR", op. cit., p.274.

86 Para um argumento similar, *ver* Press, "The Credibility of Power: Assessing Threats during the 'Appeasement' Crises of the 1930s", *International Security*, v.29, n.3, p.138-9, 2004-2005.

os mais importantes? Quando se aplicam? Qual é o seu efeito? A que vieses dão origem? Os psicólogos políticos não conseguem responder a essas perguntas de forma pertinente, e, em vez disso, recorrem a analogias e heurísticas de forma *ad hoc*.

Mercer ressalta esse problema teórico, observando que os psicólogos políticos "podem atribuir decisões erradas a falta de consistência cognitiva, assimilação inadequada de novos dados a velhas crenças, vontade de evitar compensações valiosas, pensamento grupal, esquemas peculiares, viés estimulado ou emocional, dependência de heurísticas devido a limitações cognitivas, uso incorreto de analogias, composição da informação, sentimentos de vergonha e humilhação ou uma infância miserável".[87] Kenneth Schultz vai além, sustentando que os psicólogos políticos precisam desenvolver uma teoria, não uma simples lista de atalhos mentais e regras gerais que parece um rol de lavanderia. Em vez de declarar que os dirigentes são influenciados por uma "miríade de diferentes" fatores cognitivos, os psicólogos políticos precisam "resolver isso" e definir se esses fatores "funcionam cumulativamente" ou se são "causalmente anteriores a outros". Ele prossegue: "À medida que esse programa de pesquisa avançar, não bastará mais demonstrar que os 'indivíduos importam' quando se trata do controle dos fatores internos e internacionais; também precisamos de algumas orientações sobre quais das inúmeras formas de diferenciação entre as pessoas são mais importantes".[88]

Quanto à metodologia, os argumentos baseados na heurística têm um problema de validade externa. Não está claro que as experiências que se encontram no centro do processo refletem fielmente o modo como os dirigentes tomam decisões no mundo real. Uma coisa é afirmar que indivíduos confrontados com cenários hipotéticos num laboratório recorrem a determinadas heurísticas; outra muito diferente é afirmar que assessores políticos experientes as utilizam quando elaboram uma estratégia ambiciosa ou administram uma crise. Essa questão não é motivo de muita polêmica, como deixa claro Janice Gross Stein: "A validade interna dos resultados de experiências bem concebidas tende a ser alta, mas sua validade externa [...] é muito mais problemática [...] O problema está em tirar conclusões desses tipos de experiências e aplicá-las ao comportamento dos dirigentes. Do mesmo modo que os psicólogos tiveram de ser cuidadosos para não fazer alegações exageradas a partir das experiências com estudantes de graduação, os especialistas em política internacional também precisam ser cuidadosos com relação

---

87 Mercer, "Rationality and Psychology in International Politics", op. cit., p.88.
88 Schultz, "Resenha. Keren Yarhi-Milo, *Who Fights for Reputation: The Psychology of Leaders in International Conflict*", *H-Diplo*, ISSF Mesa-redonda XI-10, p.13, 31 jan. 2019. Disponível em: <https://networks.h-net.org/node/28443/discussions/5761472/h-diploissf-roundtable-11-10-who-fights-reputation-psychology>. Acesso em: 7 out. 2024.

às alegações que fazem a respeito do comportamento dos dirigentes com base em experiências com estudantes ou públicos indiferenciados".[89]

Em terceiro lugar, muitos psicólogos políticos se concentram nos resultados, principalmente nos desastrosos, e depois raciocinam do fim para o começo, afirmando que os atalhos mentais devem ter sido responsáveis pelo que aconteceu.[90] Embora essa ênfase nos resultados possa ser intuitivamente atraente, já que parece ligar a não racionalidade ao fracasso, ela está equivocada. Não é possível determinar se um Estado é racional ou não examinando os resultados. Estados racionais podem não ser capazes de alcançar os resultados desejados devido a restrições exógenas ou a circunstâncias inesperadas. Consequentemente, não faz sentido considerar não racional um Estado que tenta e não consegue alcançar um objetivo. O contrário também é verdade: um Estado que alcança o resultado desejado não é necessariamente racional. Estados não racionais podem ser bem-sucedidos por diversas razões, incluindo a superioridade material e a pura sorte.

Em quarto lugar, os psicólogos políticos fornecem pouco suporte empírico para a afirmação específica de que, por usarem atalhos cognitivos quando concebem estratégias grandiosas ou elaboram políticas durante as crises, os dirigentes não são racionais. É preciso levar em conta que eles não fornecem provas detalhadas de que analogias e heurísticas estavam em ação em seus quatro exemplos notórios da não racionalidade das grandes potências: o processo decisório alemão durante a Crise de Julho de 1914; a decisão britânica de aplacar a Alemanha nazista em Munique em 1938; o processo decisório alemão que levou e que se seguiu à invasão da União Soviética em 1941; e a decisão japonesa de atacar os Estados Unidos em Pearl Harbor em 1941. Na verdade, como ficará claro, nem analogias nem heurísticas importaram muito nessas decisões; pelo contrário, elas foram sustentadas por teorias verossímeis.

Isso não significa que os psicólogos políticos não realizaram nenhuma pesquisa detalhada. Com efeito, eles examinaram cuidadosamente o papel desempenhado pelas analogias e heurísticas em inúmeros casos, entre os quais a decisão americana de pôr em prática a contenção no começo da Guerra Fria, promover uma escalada no Vietnã em 1965 e enfrentar a Grã-Bretanha e a França durante a Crise de Suez de 1956.[91] Mas essas são exce-

---

89 Stein, "The Micro-Foundations of International Relations Theory", op. cit., p.257-8.

90 Jervis, *How Statesmen Think*, op. cit., p.6.

91 Khong, *Analogies at War*, op. cit.; Larson, *Origins of Containment*, op. cit.; McDermott, *Risk-Taking in International Politics: Prospect Theory in American Foreign Policy*, cap.6. Existe também um conjunto de estudos de caso, de pesquisas e de literatura baseada em experiência em que especialistas dão especial atenção ao modo como os políticos pensam, incluindo o modo como constroem suas convicções e como essas convicções afetam seu comportamento. Mas essas obras não se concentram no pressuposto do agente racional.

ções à regra, e os especialistas não as citam como exemplos canônicos de não racionalidade.

Definições imperfeitas

Em suma, as definições de "racionalidade" e "não racionalidade" encontradas nas literaturas sobre escolha racional e psicologia política deixam a desejar. Mas e quanto à alegação comum de que a racionalidade é algo raro na política mundial?

5
RACIONALIDADE E GRANDE ESTRATÉGIA

Os Estados são racionais na condução da política externa e, principalmente, no processo decisório relacionado à grande estratégia e às crises? Esta é, basicamente, uma questão empírica: a análise da história revela que os Estados geralmente basearam suas políticas em teorias verossímeis e que suas decisões políticas resultaram de um processo deliberativo? Constatamos que a maioria dos Estados é racional a maior parte do tempo, um resultado que não deveria nos surpreender. Como a política internacional é um negócio perigoso, os Estados refletem seriamente a respeito das estratégias que adotam, ou seja, são fortemente inclinados a se basear em teorias verossímeis e a debater todas as suas medidas.

Avaliação de racionalidade

Com que se parece a política de um Estado racional? Para começo de conversa, as opiniões dos assessores políticos presentes na sala devem ser agregadas através de um processo deliberativo que inclua um debate vigoroso e irrestrito, seguido de uma escolha feita por um decisor supremo. Como descrevemos anteriormente, esse processo pode assumir uma das três formas seguintes. Na primeira, os principais assessores políticos – incluindo o decisor supremo – chegam à mesa com as mesmas teorias verossímeis em mente e, depois de discutir a situação, alcançam facilmente um consenso sobre a melhor maneira de agir. Na segunda, os líderes relevantes chegam com teorias diferentes, mas, depois de se envolverem numa discussão vigorosa e irrestrita, concordam com uma estratégia norteadora baseada numa teoria verossímil, que, depois, é ratificada pelo decisor supremo. Na terceira, depois de um debate vigoroso e irrestrito, os principais assessores políticos não conseguem chegar a um acordo; nesse caso, o decisor supremo escolhe o caminho a seguir. Além disso, a política que o Estado adota no final do processo deliberativo tem de estar baseada numa teoria verossímil ou num conjunto de teorias verossímeis. Que fique claro: isso não significa que todo formulador de políticas que participa do debate precisa ter uma teoria verossímil em mente. Líderes individuais podem trazer às vezes teorias inverossímeis para a sala. Contudo, para que o Estado seja racional, as deliberações precisam eliminar essas teorias.

Há limites para as provas que podemos juntar para demonstrar que os Estados geralmente atenderam a esses padrões. Como o universo das decisões de política externa é imenso, é impossível fornecer relatos detalhados até mesmo de uma fração significativa deles. Consequentemente, nos contentamos com uma segunda melhor estratégia, que é concentrar em alguns casos difíceis. Examinamos dez casos – cinco grandes decisões estratégicas e cinco decisões em momentos de crise – que foram apontados como exemplos de processo decisório não racional. Em cada caso, demonstramos que o Estado em questão realmente agiu racionalmente. Portanto, há bons motivos para acreditar que esse padrão de comportamento racional também ocorreu em muitos outros casos.[1]

A Tabela 1 enumera os cinco casos de grande estratégia que analisamos neste capítulo e os cinco casos de crises que analisamos no próximo.

Tabela 1. Processo decisório de grandes potências racionais

Grandes decisões estratégicas	Decisões em momentos de crise
Alemanha decide como lidar com a Tríplice Entente antes da Primeira Guerra Mundial	Alemanha decide iniciar a Primeira Guerra Mundial
Japão decide como lidar com a União Soviética antes da Segunda Guerra Mundial	Japão decide atacar os Estados Unidos em Pearl Harbor
França decide como enfrentar a ameaça nazista antes da Segunda Guerra Mundial	Alemanha decide invadir a União Soviética
Estados Unidos decidem expandir a Otan depois da Guerra Fria	Estados Unidos decidem resolver a Crise dos Mísseis Cubanos
Estados Unidos decidem buscar a hegemonia liberal depois da Guerra Fria	União Soviética decide invadir a Tchecoslováquia

---

1 Sobre o uso de casos "com uma probabilidade menor" de testar teorias, ver Eckstein, "Case Study and Theory in Political Science", em Greenstein; Polsby (orgs.), *Handbook of Political Science*, v.7: *Strategies of Inquiry*, p.113-20; George; Bennett, *Case Studies and Theory Development in the Social Sciences*, p.120-3; Gerring, *Case Study Research: Principles and Practices*, p.115-21; Rapport, "Hard Thinking about Hard and Easy Cases in Security Studies", *Security Studies*, v.24, n.3, p.433-57, 2015.

Alemanha decide como lidar com a Tríplice Entente antes da Primeira Guerra Mundial

Cientistas políticos geralmente descrevem a Alemanha imperial como não racional no período que antecede a Primeira Guerra Mundial. Jack Snyder sustenta que o comportamento da Alemanha era "um sinônimo de agressão autodestrutiva". Sua extrema "beligerância" gerou desnecessariamente uma coalizão esmagadora, que depois impôs uma "derrota categórica à nação alemã". Afirmando que o país "se envolveu num desvario quixotesco", Snyder descarta "explicações racionalistas do comportamento alemão", entre as quais o argumento familiar de que "circunstâncias internacionais tornaram o expansionismo uma aposta racional".[2] Stephen van Evera também considera a política externa do *Kaiserreich* não racional, argumentando que ela se baseava em "ilusões – as *fake news* da época". Pior ainda, ela resultou de um processo decisório não deliberativo. "O debate a respeito da política externa alemã antes da Primeira Guerra Mundial viu argumentos levianos serem aprovados sem contestação e se tornarem a base da política", escreve Van Evera. "Argumentos [...] tolos em defesa do império" ficaram "sem resposta", enquanto assessores políticos que se manifestaram contra tais "absurdos" foram "silenciados".[3]

Historiadores também apresentam argumentos semelhantes acerca da não racionalidade da Alemanha antes da Primeira Guerra Mundial. Ludwig Dehio, por exemplo, alega que o *Kaiserreich* estava subjugado pela "natureza demoníaca do poder", que o levou a desenvolver "um desejo exagerado de autoafirmação e [...] um desejo amoral de combater". Ele alega que o lugar de destaque que a Alemanha ocupava no equilíbrio de poder europeu fez que ela enfrentasse "um tipo especial de tentações demoníacas".[4]

Essa visão vai de encontro ao registro histórico. A política da Alemanha para lidar com as grandes potências rivais de julho de 1909 – quando Theobald von Bethmann Hollweg se tornou chanceler – a junho de 1914, às vésperas da Crise de Julho, se baseou em teorias verossímeis, além de resultar de um processo deliberativo caracterizado por um amplo consenso. Portanto, ao contrário do senso comum, no período que antecedeu

---

2 Snyder, *Myths of Empire: Domestic Politics and International Ambition*, p.66, 74 e 75.

3 English, "Stephen van Evera Revisits World War I, One Century after its Bitter End", *MIT Center for International Studies*, 1º nov. 2018. Disponível em: <https//:cis.mit.edu/publications/analysis-opinion/2018/stephen-van-evera-revisits-world-war-i-one-century-after-its>. Acesso em: 8 out. 2024; Van Evera, "Why States Believe Foolish Ideas: Non-Self-Evaluation by States and Societies", Massachusetts Institute of Technology, jan. 2002, p.23-4. [manusc. inédito.] Disponível em: <https://dspace.mit.edu/bitstream/handle/1721.1/5533/why_states_believe_foolish_ideas.pdf>. Acesso em: 8 out. 2024.

4 Dehio, *Germany and World Politics in the Twentieth Century*, p.13.

John J. Mearsheimer • Sebastian Rosato

a Primeira Guerra Mundial a Alemanha imperial se comportou como um agente racional.[5]

A Alemanha estava numa posição estratégica bem favorável em julho de 1909. Mais importante, ela era o Estado mais poderoso da Europa, tanto militar como economicamente. Além disso, sua principal aliada, a Áustria--Hungria, saíra fortalecida da Crise Bósnia de 1908-1909, embora ainda enfrentasse alguns problemas internos e externos. É certo que a Alemanha enfrentou uma coalizão equilibrada – Grã-Bretanha, França e Rússia –, mas a Tríplice Entente não passava de uma frágil aliança. Além do mais, a Rússia era militarmente incapaz, tendo sofrido uma derrota acachapante na Guerra Russo-Japonesa de 1904-1905.

Durante os cinco anos depois que Bethmann assumiu a chancelaria, o ambiente de ameaças para a Alemanha se deteriorou em duas etapas. Na primeira etapa, que foi de julho de 1909 a junho de 1912, tanto o equilíbrio militar como diplomático se deslocaram contra Berlim de maneira importante. O problema começou com a lei de artilharia da França – aprovada em julho de 1909 e implementada plenamente no final de 1910 –, que aumentava significativamente a capacidade militar francesa. Ela foi seguida pela reorganização militar russa de 1910, que afetou profundamente o equilíbrio de poder ao aumentar sensivelmente a eficácia das forças de combate da Rússia. Depois veio a Crise de Agadir de 1911, que aproximou ainda mais a Grã-Bretanha da França, fazendo que os assessores políticos alemães concluíssem que qualquer guerra futura seria provavelmente uma guerra mundial que colocaria a Alemanha contra os três membros da Entente.

Na segunda etapa, de julho de 1912 a junho de 1914, os equilíbrios militar e diplomático se deslocaram ainda mais contra Berlim. Durante o verão de 1912, os membros da Entente continuaram a fortalecer suas forças armadas e estreitar sua aliança. O principal acontecimento, porém, foi a Guerra dos Bálcãs de 1912-1913, que incluiu duas crises: a Crise de Mobilização de novembro-dezembro de 1912, e a Crise de Scutari de abril-maio de 1913.

---

5 Esse argumento é baseado em Berghahn, *Germany and the Approach of War in 1914*; Clark, *The Sleepwalkers: How Europe Went to War in 1914*, cap.4-6; Copeland, *The Origins of Major War*, cap.3; Craig, *Germany, 1866-1945*, cap.8-9; Dukes, "Militarism and Arms Policy Revisited: The Origins of the German Army Law of 1913", em _____; Remak (orgs.), *Another Germany: A Reconsideration of the Imperial Era*, p.19-39; Epstein, "German War Aims in the First World War", *World Politics*, v.15, n.1, p.163-85, 1962; Fischer, *War of Illusions: German Policies from 1911 to 1914*; Herrmann, *The Arming of Europe and the Making of the First World War*, cap.4-7; Joll, *The Origins of the First World War*; Kaiser, "Germany and the Origins of the First World War", *Journal of Modern History*, v.55, n.3, p.442-74, 1983; Levy; Mulligan, "Why 1914 but not Before? A Comparative Study of the July Crisis and its Precursors", *Security Studies*, v.30, n.2, p.213-44, 2021; Stevenson: "Militarization and Diplomacy in Europe before 1914", *International Security*, v.22, n.1, p.125-61, 1997; e id., *Armaments and the Coming of War: Europe, 1904-1914*, cap.3-6.

Durante essa guerra, o Império Otomano sofreu uma grande derrota nas mãos da Sérvia e dos outros membros da Liga Balcânica, com consequências estratégicas importantes. A Rússia passou a poder deslocar tropas de suas fronteiras com o Império Otomano para suas fronteiras com a Áustria-Hungria e Alemanha. A Áustria-Hungria também passou a enfrentar uma ameaça crescente da Sérvia. Para piorar a situação, tanto a França como a Rússia agiram para fortalecer seus exércitos, adotando, respectivamente, a "Lei dos Três Anos" e o "Grande Programa", em março de 1913. Essas medidas penderam ainda mais o equilíbrio militar contra a Alemanha. A Guerra dos Bálcãs também teve importantes consequências diplomáticas. Mais especificamente, a França e a Rússia se aproximaram bastante durante o conflito, fortalecendo ainda mais a Entente e convencendo os assessores políticos alemães de que no futuro eles teriam de travar uma guerra contra grandes potências em duas frentes.

A Alemanha reagiu a cada uma dessas alterações do equilíbrio militar e diplomático com grandes estratégias levemente diferentes. Na primeira etapa, os líderes alemães concordaram rapidamente que deveriam manter o equilíbrio de poder e agir para impedir uma guerra entre grandes potências. O elemento central da sua estratégia de equilíbrio foi a Lei das Forças Armadas de 1912, que aumentou ligeiramente o tamanho do exército alemão, de 612.557 para 646.321 homens. Quanto à guerra, eles concentraram os esforços na dissuasão de um ataque francês ou russo, mas também se prepararam para lutar no caso de a dissuasão falhar. Na segunda etapa, os dirigentes alemães estavam de novo em sintonia, embora nesse momento quisessem mudar, não simplesmente manter, o equilíbrio de poder, e estivessem dispostos a endossar uma guerra preventiva contra a Rússia, que significaria inevitavelmente uma guerra contra a França e, provavelmente, a Grã-Bretanha. Consequentemente, a Lei das Forças Armadas de 1913 estabeleceu um aumento maior do tamanho do exército alemão, que passou de 646.321 para 782.344 homens. Além disso, os estrategistas militares aceleraram os preparativos para uma guerra hegemônica.

As duas grandes decisões estratégicas da Alemanha entre 1909 e 1914 se basearam em teorias realistas verossímeis e resultaram de um processo deliberativo. A decisão de reforçar o exército alemão em 1912 se baseou claramente na lógica do equilíbrio de poder, especialmente na crença de que o *Kaiserreich* precisava incrementar sua capacidade militar para impedir possíveis adversários de obter uma vantagem de poder. Como disse o general Franz von Wandel, diretor do Departamento de Guerra Geral do Ministério da Guerra: "No momento, poucos alemães negariam que estamos rodeados de inimigos [...] e que, consequentemente, a posição da Alemanha no mundo está em jogo. Por reconhecer isso, inúmeras vozes de diversos partidos se manifestaram ruidosamente em defesa do fortalecimento do exército; de modo

John J. Mearsheimer • Sebastian Rosato

geral, as pessoas estão decididas a defender essa proposta".[6] Num discurso ao *Bundesrat* em março de 1912, o ministro da Guerra prussiano Josias von Heeringen argumentou que a hostilidade e o poderio da Entente tornavam os reforços militares "uma absoluta necessidade de Estado".[7]

Quanto à opinião dos alemães sobre a guerra, Wandel temia que a Alemanha não fosse suficientemente forte para impedir que as potências da Entente atacassem na esteira de Agadir. Em novembro de 1911, ele alertou que "em momento algum estamos a salvo da guerra", argumentando que o aumento da capacidade de Berlim era fundamental para potencializar a dissuasão.[8] Heeringen foi ainda mais explícito, argumentando que, como os inimigos da Alemanha estavam procurando uma desculpa para a guerra, "o fortalecimento do exército numa medida calculada para assegurar a paz deve ocorrer". O general Helmuth von Moltke, chefe do Estado-Maior, estava preocupado que a dissuasão falhasse mesmo que a Alemanha reforçasse seu exército. "Todo mundo", ele escreveu, "está se preparando para a grande guerra, que todos esperam mais cedo ou mais tarde". O fortalecimento era fundamental não apenas para a dissuasão, mas também como preparativo para uma guerra que estava se tornando cada vez mais provável: "Todo Estado tem sempre o dever não apenas de encarar calmamente o futuro, mas também de se preparar para o dia da decisão [...] A Alemanha tem de se armar para essa decisão. Penso [...] que um recurso maior ao seu material humano saudável, ou seja, um aumento de seu poderio em tempo de paz, é imprescindível para sua autopreservação".[9]

Não havia praticamente nenhuma discordância entre os líderes alemães a respeito da grande estratégia de Berlim de buscar o equilíbrio e a dissuasão. No entanto, eles discutiram essa política de maneira vigorosa e irrestrita antes de passar a executá-la em 1912. Bethmann deu o pontapé inicial numa série de reuniões com Heeringen e o secretário do Tesouro Adolf Wermuth, em setembro e outubro de 1911. Depois que Heeringen endossou a ideia de uma nova lei das forças armadas em 9 de outubro, Bethmann abordou o *Kaiser* Guilherme II, que ele não teve muita dificuldade de convencer de que a Alemanha precisava aumentar sua capacidade militar. Guilherme, Bethmann e Wermuth concordaram então que o fortalecimento militar exigiria um aumento significativo do orçamento, e logo depois teve início um planejamento minucioso. No dia 19 de novembro, Heeringen fez um memorando – previamente endossado por Moltke – defendendo uma nova lei das

---

6 Citado em Herrmann, *The Arming of Europe and the Making of the First World War*, op. cit., p.168.

7 Citado em Stevenson, *Armaments and the Coming of War*, op. cit., p.210.

8 Citado em ibid., p.203.

9 Citado em Herrmann, *The Arming of Europe and the Making of the First World War*, op. cit., p.166 e 169-70.

forças armadas. Dez dias depois, Wandel, que fora incumbido de redigir a lei, descreveu a forma que ela deveria assumir e, tal como Heeringen, insistiu que era crucial aumentar o tamanho do exército alemão para manter o equilíbrio de poder e impedir a guerra entre as grandes potências. Então, no dia 2 de dezembro, Moltke enviou a Bethmann um longo memorando endossando a lei das forças armadas sugerida e, basicamente, reiterando as justificativas de Heeringen e Wandel para ela. Pouco mais de uma semana depois, Bethmann validou o memorando de Moltke, confirmando que todos os principais assessores políticos estavam de acordo.[10]

A lógica do equilíbrio de poder foi novamente fundamental na segunda etapa, quando os assessores políticos em Berlim decidiram começar a ampliar de forma significativa o exército alemão. Durante a Crise da Mobilização no início de dezembro de 1912, Moltke disse a Heeringen que estava satisfeito com o equilíbrio de poder existente, mas temia que ele se voltasse contra a Alemanha: "Portanto, no momento a situação político-militar nos é favorável. Mas ela pode mudar". Se isso acontecer, "a Alemanha precisa estar suficientemente forte para confiar em sua própria força". "Era urgente que o país levasse a cabo o desenvolvimento de seu poderio militar."[11] Heeringen concordou, acrescentando numa conversa com Bethmann que "o desenvolvimento do potencial militar terrestre alemão poderia não ser suficientemente amplo".[12] Em fevereiro de 1913, o decreto imperial que instaurou a nova lei das forças armadas explicava que ela era necessária porque o equilíbrio de poder estava se movendo contra a Alemanha: "Devido ao que está ocorrendo nos Bálcãs, a relação de poder na Europa foi alterada". Dois meses depois, Heeringen se estendeu nessa lógica numa reunião privada do comitê com líderes parlamentares. Ele disse que o governo estava "surpreso que a Rússia tivesse avançado tão rapidamente" e preocupado que "a situação da Alemanha, em comparação com 1912, tivesse ficado muito mais difícil". Pior, a Rússia ficaria ainda mais poderosa "dentro de alguns anos". Era imprescindível que o Reichstag aprovasse a lei das forças armadas. Os adversários da Alemanha compreenderam perfeitamente a lógica de compensação por trás da nova lei das forças armadas. Como o general Vladimir Sukhomlinov, ministro da Guerra russo, disse ao adido militar francês em São Petersburgo: "A Alemanha está numa posição muito crítica. Ela está rodeada de forças inimigas: a oeste, a França, a leste, a Rússia – e ela as teme. Consequentemente, cabe à Alemanha desempenhar um papel importante por conta própria".[13]

---

10 Ibid., p.162-70; Stevenson, *Armaments and the Coming of War*, op. cit., p.163 e 201-4.
11 Citado em Herrmann, *The Arming of Europe and the Making of the First World War*, op. cit., p.181.
12 Citado em Stevenson, *Armaments and the Coming of War*, op. cit., p.286.
13 Citado em Herrmann, *The Arming of Europe and the Making of the First World War*, op. cit., p.182, 183 e 191-2; Copeland, *The Origins of Major War*, op. cit., p.68.

Enquanto isso, a opinião alemã a respeito da guerra começou a mudar. Num discurso ao Reichstag em março de 1913, Bethmann reiterou a visão predominante. O *Kaiserreich* queria impedir um ataque, e vencer caso a dissuasão falhasse: "Nós lhes propomos esta lei não porque desejamos a guerra, mas porque desejamos a paz, e porque, se houver guerra, queremos sair vencedores".[14] Porém, os assessores políticos alemães estavam se convencendo de que era provável que a dissuasão falhasse, levando à guerra com a Entente. Como disse Moltke ao adido militar austro-húngaro: "O começo de uma guerra mundial provavelmente deveria ser levado em conta". Diante dessa situação, ele preferia lutar agora que mais tarde, quando os adversários da Alemanha desfrutariam de uma vantagem militar. Na reunião do "Conselho de Guerra" em 8 de dezembro de 1912, Moltke declarou: "Penso que a guerra é inevitável, e quanto antes melhor".[15] Uma vez mais os adversários da Alemanha reconheceram a lógica subjacente. Como observou o general de divisão Henry Wilson num memorando que resumia os avanços militares russos: "É fácil compreender agora por que a Alemanha está cautelosa em relação ao futuro e por que ela pode pensar que é o caso de 'agora ou nunca'". O crescimento espetacular da Rússia fez os assessores políticos alemães, especialmente nas forças armadas, começar a admitir uma guerra preventiva contra São Petersburgo. O presidente francês Raymond Poincaré definiu a opinião deles: "Eles sabem que esse enorme organismo fica cada dia mais coeso; eles querem atacá-lo e destruí-lo antes que ele alcance a plenitude da força".[16] E como a França estava fadada a vir em defesa da Rússia, uma guerra preventiva seria, de fato, uma guerra pela hegemonia europeia.

Como tinham feito na primeira etapa, os líderes alemães concordaram desde o começo sobre qual seria a grande estratégia melhor. Na verdade, a primeira vez que o *Kaiser* propôs outra lei das forças armadas, numa reunião com Bethmann, Heeringen, Moltke e o ministro do Exterior Alfred von Kiderlen-Wächter em 13 de outubro de 1912, seus subordinados responderam que era desnecessário ampliar as forças armadas, muito embora compartilhassem sua preocupação de que o equilíbrio estava mudando contra a Alemanha. No entanto, se apressaram a apoiar a posição do *Kaiser* quando a situação se deteriorou nos Bálcãs. Numa reunião no dia 19 de novembro, Bethmann e Heeringen concordaram que uma ampliação significativa das forças armadas era fundamental. Quatro dias depois, Bethmann se reuniu com Guilherme, Moltke e o almirante Alfred von Tirpitz e concordou em apresentar uma nova lei das forças armadas ao Reichstag em 1913. Então, no

---

14 Citado em Stevenson, *Armaments and the Coming of War*, op. cit., p.296.
15 Citado em Herrmann, *The Arming of Europe and the Making of the First World War*, op. cit., p.179-80.
16 Citado em Clark, *The Sleepwalkers*, op. cit., p.332, 333.

Como os Estados pensam

início de dezembro, depois de uma série de reuniões e trocas de memorandos entre os principais agentes, Guilherme se reuniu com Bethmann e Heeringen e autorizou este último a começar a preparar a lei. Nesse momento, teve início um vigoroso debate entre o Ministério da Guerra e o Estado-Maior a respeito do futuro tamanho das forças armadas, com este último defendendo um aumento ainda maior que o primeiro. Por fim, Guilherme e Bethmann interferiram para apoiar a posição do Ministério da Guerra, e a lei foi apresentada ao Reichstag no dia 1º de março de 1913.[17]

Japão decide como lidar com a União Soviética antes da Segunda Guerra Mundial

A principal estratégia japonesa na década anterior à Segunda Guerra Mundial costuma ser descrita como não racional. Snyder, por exemplo, afirma que "a tentativa do Japão de construir um império e alcançar a autonomia não foi uma aposta estratégica racional". A "compulsão imperialista" de Tóquio não era "um impulso racional por autonomia, forçado pela necessidade de sobreviver na anarquia internacional". Pelo contrário, a autonomia era um "objetivo utópico".[18] Charles Kupchan sustenta que, depois de 1937, a "estratégia do Japão deixou de se basear em avaliações estratégicas pragmáticas". Devido à "profundidade de seu envolvimento emocional e cognitivo com a ampliação do império", os líderes em Tóquio "adotaram um conceito de segurança baseado numa imagem que definia a hegemonia japonesa em todo o leste da Ásia como 'um dogma', não apenas um objetivo da política nacional". Pior ainda, eles "não conseguiram responder às informações inequívocas que indicavam que seu comportamento estava gerando uma brecha perigosa entre os recursos e os objetivos estratégicos".[19]

Alguns especialistas também ressaltam que o processo de elaboração de políticas japonês era não deliberativo. Robert Butow escreve: "As tomadas de decisão dos japoneses se reduziam ao padrão estabelecido pela tradição: conformismo, independência não; aceitação, protesto não; obediência, questionamento não. O que a mente pensava era mantido dentro dos limites da mente [...] Como regra geral, ninguém dizia nada, mesmo quando assaltado por dúvidas. E, como ninguém dizia nada, o Japão acabou sendo levado à beira da ruína".[20] Saburo Ienaga constata que "o exército e a marinha

---

17 Copeland, *The Origins of Major War*, op. cit., p.67-9; Herrmann, *The Arming of Europe and the Making of the First World War*, p.179-82; Stevenson, *Armaments and the Coming of War*, op. cit., p.285-93.
18 Snyder, *Myths of Empire*, op. cit., p.113, 114 e 120.
19 Kupchan, *The Vulnerability of Empire*, p.325 e 357.
20 Butow, *Tojo and the Coming of War*, p.315.

imperiais desfrutavam de uma liberdade de ação praticamente ilimitada" para elaborar políticas, "e seus modos de ação refletiam o caráter extremamente irracional e antidemocrático das forças armadas".[21] Van Evera vai mais além, afirmando que, "no Japão, analogias tolas, em vez de análises, dirigiam as políticas [...] A avaliação se tornou tão perigosa que quase nunca acontecia. Políticas tolas – e bancarrota nacional – foram o resultado".[22]

Essas alegações não batem com os fatos. A principal estratégia do Japão no leste da Ásia – principalmente sua política em relação à União Soviética – de setembro de 1931 a junho de 1941 foi racional. Ela não só estava baseada em teorias verossímeis, mas também resultou de um processo decisório deliberativo que se caracterizou desde o começo pelo consenso.[23]

Durante a maior parte da década de 1920, o Japão esteve numa posição estratégica relativamente favorável. A União Soviética – a única outra grande potência da Ásia, e uma rival constante desde o início do século XX – estava particularmente enfraquecida, porque fora derrotada na Primeira Guerra Mundial e depois enfrentara uma violenta guerra civil. Ao mesmo tempo, Tóquio mantinha relações relativamente boas com Washington – os dois países eram membros do Sistema do Tratado de Washington – e tinha pouco a temer da China, que estava dominada por conflitos internos e sem condições de pôr em questão os interesses japoneses no continente.

A situação do Japão começou a se deteriorar no final dos anos 1920. Algo extremamente importante foi o fato de a União Soviética ter lançado seu primeiro plano quinquenal em 1928, uma ação que prometia aumentar significativamente seu poderio econômico e militar ao longo do tempo. No ano seguinte, os soviéticos exibiram sua capacidade militar aprimorada derrotando a China num conflito importante na Manchúria. Enquanto a situação da União Soviética no equilíbrio de poder melhorou, a do Japão piorou. Liderados por Chiang Kai-Shek, os nacionalistas chineses começaram a consolidar seu poder no continente e a resistir à influência de Tóquio no norte da China e na Manchúria, uma região que tinha uma enorme importância

---

21 Ienaga, *The Pacific War, 1931-1945: A Critical Perspective on Japan's Role in World War II*, p.33.

22 Van Evera, "Why States Believe Foolish Ideas", op. cit., p.32 e 34.

23 Este exemplo se baseia em Asada, *From Mahan to Pearl Harbor: The Imperial Japanese Navy and the United States*, cap.5-10; Barnhart, *Japan Prepares for Total War: The Search for Economic Security, 1919-1941*; Butow, *Tojo and the Coming of War*, op. cit., cap.1-8; Copeland, *Economic Interdependence and War*, cap.4-5; Crowley, *Japan's Quest for Autonomy: National Security and Foreign Policy, 1930-1938*; Ienaga, *The Pacific War, 1931-1945*, op. cit., cap.1-8; Iriye, *The Origins of the Second World War in Asia and the Pacific*; Kupchan, *The Vulnerability of Empire*, op. cit., cap.5; Mitter, *Forgotten Ally: China's World War II, 1937-1945*; Morley (org.), *The China Quagmire: Japan's Expansion on the Asian Continent, 1933-1941*; Nish, *Japanese Foreign Policy in the Interwar Period*, cap.2-8; Ogata, *Defiance in Manchuria: The Making of Japanese Policy, 1931-1932*; Peattie, *Ishiwara Kanji and Japan's Confrontation with the West*, cap.3-4; Taliaferro, *Balancing Risks: Great Power Intervention in the Periphery*, cap.4; Young, *Japan's Total Empire: Manchuria and the Culture of Wartime Imperialism*, cap.1-2.

econômica e estratégica para o Japão. O começo da Grande Depressão e as políticas protecionistas que a acompanharam – principalmente a Lei Tarifária Smoot-Hawley de 1930 promulgada pelos Estados Unidos – só pioraram a situação, já que a prosperidade japonesa dependia muito de um sistema internacional de comércio sem restrições.

A situação estratégica do Japão no leste da Ásia piorou mais de 1931 a 1937, embora ele tivesse estabelecido o controle da Manchúria por meio de uma invasão em setembro de 1931 e criado o Estado-fantoche de Manchukuo em 1932. Porém, a União Soviética continuou se fortalecendo, apresentando um segundo plano quinquenal em 1933; além disso, sua influência na região aumentou depois que ela transformou a Mongólia, que fazia fronteira com a Manchúria, num Estado-satélite soviético. Enquanto isso, os nacionalistas chineses ficavam mais fortes e resistiam à tentativa japonesa de controlar o norte da China, tendo, finalmente, iniciado uma guerra com o Japão em setembro de 1937 pelo controle daquela região.

De meados de 1938 a meados de 1941, o cenário de ameaças ao Japão se tornou ainda mais preocupante. Cada vez mais poderosa, a União Soviética também estava cada vez mais beligerante, iniciando ações provocadoras nas fronteiras da Manchúria que conduziram a guerras curtas com o Japão em 1938 e 1939. Ao mesmo tempo, a guerra de Tóquio na China se transformou num atoleiro. Além disso, os Estados Unidos, que não tinham utilizado seu enorme poder para influenciar os acontecimentos no leste da Ásia durante a maior parte da década de 1930, passaram a impor sanções econômicas cada vez mais rigorosas a Tóquio, reforçando sua marinha e transferindo a Frota do Pacífico de San Diego para Pearl Harbor.

Os líderes japoneses tinham se comprometido a estabelecer um equilíbrio de poder favorável no leste da Ásia ao longo do período entreguerras. Antes de 1931, sua estratégia enfatizara a cooperação e o envolvimento com as outras grandes potências e a China. Tóquio reconheceu a União Soviética em 1925, fez um grande esforço para promover um bom relacionamento com a Grã-Bretanha e os Estados Unidos e adotou uma política de não intervenção na China. Essa estratégia, conhecida como "diplomacia Shidehara" por causa do nome do ministro do Exterior Shidehara Kijuro, partia do pressuposto de que o Japão poderia maximizar seu poder econômico e militar favorecendo, e participando de, uma ordem econômica internacional aberta.

Contudo, no outono de 1931, o Japão trocou a cooperação e o envolvimento por uma estratégia grandiosa de criar um vasto império autárquico no continente asiático. Manchukuo, que era rico em recursos naturais, principalmente carvão e ferro, seria o elemento fundamental desse império, embora os dirigentes japoneses soubessem que também teriam de exercer uma influência significativa no norte da China, já que essa região fazia fronteira com o novo Estado-fantoche japonês. Essa estratégia grandiosa foi reafirmada em 1936 e permaneceu em vigor até junho de 1941, quando o Japão se envolveu numa crise com os Estados Unidos.

A estratégia grandiosa do Japão de 1931 a 1941 se baseou em teorias realistas verossímeis e resultou de um processo deliberativo. A decisão inicial de criar um império autárquico se baseou na lógica da autoajuda, especificamente na crença de que o Japão poderia lidar melhor com as mudanças ameaçadoras no equilíbrio de poder fortalecendo seu poderio econômico e militar. Em janeiro de 1931, Hiranuma Kiichiro, conselheiro privado e confidente do imperador Hirohito, alertou que as outras "Grandes Potências [...] incrementam gradualmente seus armamentos militares. Não podemos simplesmente ignorar, como se fossem idiotas que dizem bobagens, aqueles que preveem o início, depois de 1936, de uma segunda guerra mundial". Consequentemente, ele argumentou, "nossa nação precisa estar preparada para servir com bravura em caso de urgência". Se o Japão não fortalecesse seu poderio econômico e militar, estaria "ignorando a vontade do imperador [...] Esconder a realidade e fingir que está tudo tranquilo seria o cúmulo da traição".[24] No mesmo mês, num discurso ao Parlamento, o futuro ministro do Exterior Matsuoka Yosuke ressaltou que a "guerra econômica" em meio à Grande Depressão estava levando à criação de "grandes blocos econômicos", e que, para sobreviver, o Japão precisaria criar sua própria área de controle. Se necessário, Tóquio deveria usar a força para assegurar "seu mero direito de existir".[25]

Ishiwara Kanji, um influente general do exército imperial, captou a opinião geral de que a criação de um império autárquico centrado na Manchúria fortaleceria o Japão e garantiria sua sobrevivência. Com a Manchúria e a Mongólia, ele sustentou, "teremos praticamente todos os recursos necessários para a defesa nacional, e eles são absolutamente necessários para a autonomia do império". Na sua opinião, "os recursos naturais da Manchúria e da Mongólia [...] são suficientes para afastar a crise imediata e criar os alicerces de um grande salto adiante".[26] Em 1933, o conselheiro particular Ishii Kikujiro escreveu em *Foreign Affairs*: "Não vou recorrer a estatísticas e dados federais para provar o quão vital economicamente a Manchúria é para nós [...] Basta dizer que o aumento da nossa população, a falta de espaço em nosso país e a carência de matérias-primas são tamanhos que a Manchúria, com seu solo virgem e seus vastos recursos naturais, passou a ser enxergada como a nossa proteção vital [...] Na Manchúria não se trata apenas de uma questão de prestígio para nós, é uma questão de vida ou morte [...] Hoje, como há trinta anos, a Manchúria é a chave da nossa segurança".[27]

---

24 Citado em Bix, *Hirohito and the Making of Modern Japan*, p.227.
25 Citado em Beasley, *Japanese Imperialism, 1894-1905*, p.189.
26 Citado em Shin'ichi, *Manchuria under Japanese Domination*, p.17 e 20.
27 Ishii, "The Permanent Bases of Japanese Foreign Policy", *Foreign Affairs*, v.11, n.2, p.228-9, 1933.

Embora não o tivessem autorizado, houve um amplo apoio entre os líderes civis e militares em Tóquio ao deslocamento do exército de Kwantung para assumir o controle da Manchúria. O gabinete de Wakatsuki Reijiro, do qual Shidehara fazia parte, respaldou prontamente a operação, o mesmo fazendo oficiais superiores do Estado-Maior e do Ministério da Guerra. Esse apoio refletiu um consenso que resultara de um debate vigoroso e irrestrito acerca da grande estratégia japonesa. Desde meados da década de 1920, "ativistas" e "moderados" tinham debatido como abordar melhor o "problema da Manchúria", concordando, finalmente, que o Japão precisava exercer um "controle maior sobre a Manchúria, se necessário através da força". Como diz Rustin Gates, "em 1931, a linha entre moderados e ativistas, se é que algum dia houve uma forte distinção entre os dois, tinha sido apagada. O que aproximara os dois grupos fora o antigo problema da Manchúria, que tinha piorado. Longe de abandonar a Manchúria, os moderados aderiram ao conflito armado que garantiu com muita rapidez a posição do Japão no continente". Ele acrescenta: "Portanto, o apoio das lideranças civis ao plano do Exército de Kwantung foi [...] uma prova do seu eterno desejo de proteger os interesses imperiais na Manchúria".[28]

Quando retomaram sua grande estratégia em 1936, à medida que o ambiente se tornava mais ameaçador, os líderes japoneses reafirmaram de forma unânime seu compromisso com o império autárquico. Como em 1931, eles recorreram à lógica da autoajuda, decidindo que a melhor maneira de deslocar o equilíbrio de poder a favor do Japão e, assim, aumentar sua segurança era reforçar seu poderio econômico e militar. A crença generalizada de que a sobrevivência do Japão dependia de ele se contrapor às outras grandes potências se refletiu num importante memorando das forças armadas intitulado "Princípios gerais da política de defesa nacional". Seus autores declaravam que a "política nacional do Japão é firmar nossa condição de protetor e líder do leste da Ásia. Para tal, precisamos ter a capacidade de eliminar a pressão das raças brancas no leste da Ásia". Por outro lado, o equilíbrio concreto continuava dependendo da criação de um império viável e autossuficiente. A lógica subjacente foi explicitada em "Fundamentos da política nacional", o principal documento governamental que resumia a grande estratégia do Japão. Dada "a situação do Japão interna e externamente, a política básica que o Japão deveria implantar era proteger sua posição no leste do continente asiático tanto na diplomacia como na defesa nacional". Manchukuo continuava sendo a prioridade máxima: "Esperamos que o desenvolvimento de Manchukuo fortaleça nosso poder nacional". Ao mesmo tempo, planejavam "se desenvolver nacional e economicamente *vis-à-vis* a zona meridional exterior, ou seja, as Índias Orientais

---

28 Gates, "Solving the 'Manchurian Problem': Uchida Yasuya and Japanese Foreign Affairs before the Second World War", *Diplomacy & Statecraft*, v.23, n.1, p.25-6, 2012.

Holandesas. Percebendo claramente que suas ações levariam os rivais a reagir com suas próprias medidas militares, Tóquio planejou avançar de forma cautelosa. Aconselhados pela marinha, que expôs suas posições em 'Princípios gerais da política nacional', os líderes procuraram 'evitar provocar outros países o máximo possível' e expandir o poderio [japonês] por meios pacíficos e graduais".[29]

A decisão do Japão de reafirmar sua grande estratégia autárquica resultou de um processo deliberativo. Os "Princípios gerais da política nacional", da marinha, e os "Princípios gerais da política de defesa nacional", do exército, elaborados em abril e junho de 1936 respectivamente, foram discutidos nas Conferências dos Cinco Ministros, às quais compareceram o primeiro-ministro Hirota Koki, o ministro do Exterior Arita Hachiro, o ministro das Finanças Baba Eiichi, o ministro da Guerra Terauchi Hisaichi e o ministro da Marinha Nagano Osami. Com base nessas discussões, no dia 7 de agosto os cinco ministros apresentaram os "Fundamentos da política nacional". Esse documento consensual foi sancionado por todo o gabinete quatro dias depois, e seu conteúdo foi informado ao imperador no dia 15 de agosto.[30]

Embora muitos especialistas admitam que o Japão foi um agente racional até 1936, alguns sustentam que seu comportamento se tornou não racional depois dessa data. Como diz Snyder, o Japão se envolveu numa "expansão exagerada temerária e contraproducente depois de 1937".[31] Essa afirmação é falsa. O fato de que a grande estratégia de Tóquio não se alterou é demonstrado por um memorando de fevereiro de 1938 endereçado à Grã-Bretanha e aos Estados Unidos. Descrevendo um império continental como "a única possibilidade que restara para a sobrevivência do Japão", seus autores pediam que Londres e Washington abandonassem suas esferas de influência na região. "Os britânicos possuem um grande império autossuficiente, os americanos também têm uma posição autossuficiente nos dois continentes americanos", o memorando argumentava. "Eles deveriam ser suficientemente generosos para conceder ao Japão um lugar no Oriente que atenda a suas necessidades urgentes."[32]

Além do mais, o Japão agiu com cautela de 1937 a 1941. Analisem os principais acontecimentos desse período que, segundo se diz, demonstram sua agressão insensata. A guerra contra a China, que começou em 1937, foi iniciada por Chiang, não pelos japoneses, que queriam evitar um conflito armado. As guerras de 1938 e 1939 também não foram iniciadas pelo Japão,

---

29 Lebra (org.), *Japan's Greater East Asia Co-Prosperity Sphere in World War II: Selected Readings and Documents*, p.58-64.

30 Butow, *Tojo and the Coming War*, op. cit., p.80-6; Crowley, *Japan's Quest for Autonomy*, op. cit., p.279-300; Copeland, *Economic Interdependence and War*, op. cit., p.164-7.

31 Snyder, *Myths of Empire*, op. cit., p.116.

32 Citado em Nish, *Japanese Foreign Policy in the Interwar Period*, op. cit., p.126.

Como os Estados pensam

que reconheceu não ter condições de derrotar o Exército Vermelho, mas pela União Soviética. Quanto aos avanços de Tóquio no norte da Indochina em 1940 e no sul da Indochina em 1941, as duas operações foram realizadas porque a Indochina era o principal canal de envio de armas para as forças de Chiang, e, nas duas ocasiões, o Japão obteve a permissão da França de Vichy antes de avançar.[33]

França decide como enfrentar a ameaça nazista antes da Segunda Guerra Mundial

"A ideia corrente da [...] França" na década de 1930, escreve Robert Young, "se tornou indelével: sem rumo e derrotista, paralisada pela indecisão". Diz-se que a tomada de decisão dos franceses sofria "com a 'ineficácia de homens bem-intencionados', com 'tantos erros acumulados' [...] 'visão medíocre [...] líderes medíocres'".[34]

Randall Schweller reflete essa visão comum, descrevendo a política francesa em relação à Alemanha como um exemplo de "estupidez, em que os países ameaçados não conseguiram perceber um perigo claro e presente ou, mais frequentemente, simplesmente não reagiram a ele ou, mais frequentemente ainda, reagiram de maneira torpe e imprudente". A "resposta da França à provocação alemã foi uma série incoerente de meias medidas e tergiversações covardes. A grande estratégia francesa, se podemos chamá-la assim, se baseou num conjunto de políticas contraditórias que continha elementos de ponderação, de transferência de responsabilidades, de *bandwagoning* e de apaziguamento – uma grande estratégia mais bem definida pela máxima inconsequente de que 'é melhor meia Linha Maginot que nada'".[35]

Ernest May também considera que a política da França nessa época foi não racional. Os assessores políticos franceses "adotaram e respeitaram as suposições a respeito da realidade que se adequavam à sua conveniência individual", sem nunca perguntar "Qual é a teoria por trás do argumento?". Pelo contrário, basearam suas decisões "nos fragmentos de informação mais condizentes com suas ideias preconcebidas. Eles não testaram, nem mesmo identificaram, pressupostos fundamentais. Acreditaram no que precisavam

---

33 Copeland observa que os japoneses não eram apenas cautelosos, mas também partidários da análise e da discussão: "Através de uma série de reuniões e conferências que começaram em 1937, e que dominaram o processo decisório depois de junho de 1940, autoridades japonesas de todas as tendências discutiram acaloradamente os prós e os contras das diversas opções, incluindo as soluções diplomáticas pacíficas. A transição para políticas mais intransigentes foi feita gradualmente e por consenso, e com plena consciência dos enormes riscos para o Estado japonês". Copeland, *Economic Interdependence and War*, op. cit., p.146.

34 Young, *In Command of France: French Foreign Policy and Military Planning, 1933-1940*, p.3 e 6.

35 Schweller, *Unanswered Threats: Political Constraints on the Balance of Power*, p.1 e 77-8.

acreditar para fazer o que pensavam ser desejável ou conveniente". Além disso, "fizeram escolhas e tanto não enxergaram as perguntas como inventaram respostas para a pergunta 'O que está acontecendo?' a fim de reforçar suas respostas preferidas à pergunta 'O que deve ser feito?'". Voltando ao nível do Estado, May insinua que os líderes franceses praticamente não deliberavam a respeito de nada, mas "eram sistematicamente reticentes; eles monopolizavam as informações e as opiniões [...] Os dirigentes não apresentavam suas suposições nem as submetiam a discussão".[36]

Esse estereótipo não bate com os dados. Os assessores políticos franceses não somente se basearam em teorias verossímeis para compreender seu ambiente ameaçador e a maneira de enfrentá-lo, mas também se envolveram num debate vigoroso e irrestrito antes de finalmente concordar com uma política para lidar com a Alemanha nazista. Resumindo: no final da década de 1930, a França era um agente racional.[37]

Os dirigentes franceses viviam com medo da Alemanha desde o momento em que secou a tinta do Tratado de Versalhes, assinado em junho de 1919. Embora seu nível de temor aumentasse significativamente em meados da década de 1930, à medida que o Terceiro Reich começava a se rearmar, saía da Liga das Nações e reocupava a Renânia, foi a anexação da Áustria pela Alemanha – o *Anschluss* – em março de 1938 que soou o alarme em Paris. Muita gente acreditava que, depois de se expandir para além de suas fronteiras pela primeira vez desde a Grande Guerra, a Alemanha atacaria a Tchecoslováquia a qualquer momento.

A principal tarefa que o governo de Édouard Daladier, que tomara posse em 10 de abril de 1938, enfrentou foi planejar uma grande estratégia para lidar com o novo ambiente ameaçador. Não havia muita controvérsia entre os principais assessores políticos a respeito do que a França deveria

---

36 May, *Strange Victory: Hitler's Conquest of France*, p.454, 458-9 e 464.

37 Este exemplo se baseia em Adamthwaite, *France and the Coming of the Second World War, 1936-1939*; id., "Bonnet, Daladier and French Appeasement, April-September 1938", *International Relations*, v.3, n.3, p.226-41, 1968; Alexander, *The Republic in Danger: General Maurice Gamelin and the Politics of French Defense, 1933-1940*, cap.9-10; Buffotot, "The French High Command and the Franco-Soviet Alliance, 1933-1939", *Journal of Strategic Studies*, v.5, n.4, p.546-59, 1982; Butterworth, "Daladier and the Munich Crisis: A Reappraisal", *Journal of Contemporary History*, v.9, n.3, p.191-216, 1974; Carley, *1939: The Alliance that Never Was and the Coming of World War II*; id., "Prelude to Defeat: Franco-Soviet Relations, 1919-1939", *Historical Reflections*, v.22, n.1, p.159-88, 1996; Haas, *The Ideological Origins of Great Power Politics, 1789-1989*, cap.2; Jackson, *France and the Nazi Menace: Intelligence and Policy Making, 1933-1939*, cap.7-10; Kier, *French and British Military Doctrine between the Wars*, cap.3-4; Ripsman; Levy, "The Preventive War that Never Happened: Britain, France, and the Rise of Germany in the 1930s", *Security Studies*, v.16, n.1, p.32-67, 2007; Wolfers, *Britain and France between Two Wars: Conflicting Strategies of Peace since Versailles*, cap.1-10; Young, *In Command of France*, op. cit., cap.8-9; id., *France and the Origins of the Second World War*, cap.1-3; id., "A. J. P. Taylor and the Problem with France", em Martel (org.), *The Origins of the Second World War Reconsidered: The A. J. P. Taylor Debate after Twenty-Five Years*, p.97-118.

Como os Estados pensam

fazer. Eles decidiram intensificar imediatamente os esforços impressionantes do país de criar forças armadas poderosas que pudessem enfrentar a Wehrmacht. Também não havia muita controvérsia a respeito das relações com a Europa oriental, a Itália e principalmente a Grã-Bretanha. Praticamente todo assessor político francês considerava que a Grã-Bretanha era um aliado indispensável para enfrentar a Alemanha, uma posição que deu à Grã-Bretanha uma grande influência sobre Paris até o início da guerra na Europa.

Contudo, os dirigentes franceses discordavam a respeito da maneira de administrar as relações com a Alemanha e a União Soviética após o *Anschluss*. Durante a maior parte de 1938, a discussão girou em torno de duas questões: aplacar ou conter a Alemanha e fazer ou não uma aliança com a União Soviética. Porém, depois da assinatura do Acordo de Munique, em 30 de setembro de 1938, e principalmente depois que a Alemanha decidiu conquistar o restante da Tchecoslováquia em 15 de março de 1939, os campos opostos resolveram suas diferenças, concordando tanto em conter a Alemanha como em buscar uma aliança com Moscou.

A opinião dos franceses a respeito do modo de lidar com a Alemanha e a União Soviética se baseava principalmente em diversas teorias realistas. Praticamente todo mundo acreditava que a Alemanha estava decidida a aumentar seu poder através da expansão. Porém, os assessores políticos discordavam quanto ao grau de poder que Adolf Hitler desejava – isto é, se ele queria que a Alemanha fosse a principal ou a única grande potência da Europa. A opinião de que ele desejava a hegemonia está refletida nos comentários que Daladier fez aos britânicos em abril de 1938, nos quais ele alertou que Hitler queria "nada menos que o domínio total do continente europeu". Émile Charvériat, diretor político do Ministério do Exterior, concordava: "Hitler parece mais preocupado com a hegemonia na Europa do que em melhorar [...] as relações com a França". A maioria dos funcionários do Quai d'Orsay considerava que "a ideia de que a Alemanha ficará definitivamente satisfeita se tiver carta branca no leste é uma ilusão [...] O leste é apenas um meio de obter os recursos que lhe permitirão se voltar contra a França". O *Führer* tinha "ambições hegemônicas".[38] A visão alternativa – de que a Alemanha ficaria satisfeita em dominar a Europa oriental e, consequentemente, não era uma ameaça direta à França – também era generalizada. Robert Coulondre, o embaixador francês na União Soviética, resumiu essa linha de raciocínio em dezembro de 1938, telegrafando a Paris que a "decisão da Alemanha de expandir para o leste me parece tão clara como sua renúncia, ao menos por enquanto, a qualquer conquista a oeste". Ele informou que havia um "desejo generalizado de estabelecer um bom relacionamento com a França".[39]

---

38 Citado em Jackson, *France and the Nazi Menace*, op. cit., p.249, 317 e 322.
39 Citado em Adamthwaite, *France and the Coming of the Second World War*, op. cit., p.294.

Havia também uma grande discordância sobre as opções de conter ou aplacar a Alemanha nazista. O ministro das Colônias Georges Mandel acreditava que a França deveria optar pela contenção, argumentando que "compromissos suspeitos" jamais satisfariam a Alemanha, e que "a cada nova crise vai ser cada vez mais difícil evitar a guerra, e que, finalmente, a guerra será imposta à França nas piores condições possíveis".[40] Todavia, o ministro do Exterior Georges Bonnet pensava que a França deveria "reestruturar" e "renegociar" seus compromissos com os aliados da Europa oriental, já que a "segurança da França não está diretamente ameaçada".[41] Essas propostas de política contrastantes estavam em jogo já em abril de 1938, quando Daladier escolheu seu ministro do Exterior. Percebendo que Joseph Paul-Boncour estava decidido a ficar ao lado dos pequenos Estados da Europa oriental e conter Hitler, o novo primeiro-ministro lhe disse: "A política que você definiu é uma política excelente, perfeitamente digna da França: não creio que estamos em condições de executá-la". Ele disse que tinha decidido "contar com Bonnet", um importante defensor da conciliação.[42]

Quanto às relações da França com a União Soviética, os assessores políticos discordavam se Paris deveria se aliar a Moscou ou se eximir e deixar os soviéticos enfrentarem a Alemanha basicamente por conta própria. Daladier era favorável à primeira opção, sustentando que, com uma aliança franco-soviética, "não precisaríamos temer a sombra da guerra na Europa".[43] Bonnet, porém, queria afastar a França da União Soviética: "Fiz uma análise minuciosa do pacto franco-russo e descobri que não estamos presos a ele. Não precisamos repudiá-lo porque ele não obriga a nos unirmos automaticamente à Rússia".[44] Outros protagonistas importantes achavam que nem a postura de equilíbrio nem a de isenção era uma estratégia viável, porque o Exército Vermelho era fraco demais para enfrentar a Wehrmacht. No outono de 1938, oficiais de inteligência concluíram que, "militarmente", a União Soviética era "totalmente impotente".[45] O general Maurice Gamelin, chefe do Estado-Maior, considerava que a União Soviética era "incapaz de intervir de forma eficaz na Europa", igual "aos países pequenos [...] que já não têm mais muita importância militar".[46]

Embora os dirigentes franceses encarassem seu ambiente ameaçador predominantemente através de lentes realistas, eles também enxergavam o mundo em termos ideológicos. Muitos dirigentes resistiam a ter relações estreitas, que dirá uma aliança, com a União Soviética porque temiam que

---

40 Citado em Carley, *1939*, op. cit., p.94.
41 Citado em Jackson, *France and the Nazi Menace*, op. cit., p.316.
42 Citado em Butterworth, "Daladier and the Munich Crisis", op. cit., p.199.
43 Citado em Jackson, *France and the Nazi Menace*, op. cit., p.328.
44 Citado em Carley, *1939*, op. cit., p.85.
45 Citado em Adamthwaite, *France and the Coming of the Second World War*, op. cit., p.273.
46 Citado em Young, *In Command of France*, op. cit., p.228.

Como os Estados pensam

os soviéticos estivessem comprometidos com a revolução mundial, e que aproveitassem qualquer oportunidade para difundir o comunismo em todo o continente. Por ocasião da Conferência de Munique, Daladier estava preocupado que a "Rússia Soviética não perdesse a oportunidade de trazer a revolução mundial até nossas terras".[47] Bonnet nutria preocupações semelhantes mesmo depois que a Alemanha começou a Segunda Guerra Mundial. Como observou o embaixador britânico na França, *sir* Eric Phipps, o ministro do Exterior francês estava "absolutamente convencido de que o objetivo de [Josef] Stálin ainda é promover a revolução mundial [...] Por ser a vizinha mais próxima da Rússia, a Alemanha será a primeira vítima [...] Ele se pergunta se será possível impedir a propagação da doença".[48] Resumindo: o pensamento estratégico francês foi influenciado tanto por teorias realistas como ideológicas.

Os principais líderes pensavam claramente de acordo com essas teorias conflitantes, assumindo uma das três diferentes posições sobre como enfrentar o Terceiro Reich e, por tabela, a União Soviética. Uma facção acreditava que era possível aplacar a Alemanha e evitar uma grande guerra europeia. Entre os defensores dessa visão estavam Bonnet e seus partidários no ministério, o vice-presidente do Conselho de Ministros Camille Chautemps, o ministro de Obras Públicas Anatole de Monzie, o ministro do Trabalho Charles Pomaret e o ministro das Finanças Paul Marchandeau. Seu desejo de aplacar a Alemanha geralmente era acompanhado do compromisso de resistir às tentativas de Moscou de criar uma aliança estreita com Paris. Bonnet, em particular, sempre rechaçou as tentativas do ministro do Exterior soviético Maxim Litvinov de iniciar discussões em nível de Estado-Maior e criar um acordo militar concreto.

Uma facção oposta concluiu que a Alemanha não queria nada menos que a hegemonia na Europa e tinha de ser contida. Entre os membros do ministério que tinham essa convicção estavam Mandel, o ministro da Justiça Paul Reynaud e o ministro dos Veteranos e Aposentados Auguste Champetier de Ribes. Eles eram apoiados por Coulondre, Paul-Boncour e pelo presidente da Câmara dos Deputados, Édouard Herriot, todos também favoráveis a uma aliança com a União Soviética.

Finalmente, um terceiro grupo, que incluía Daladier (que não era apenas primeiro-ministro, mas também ministro da Defesa), o ministro da Marinha Militar César Campinchi, o ministro da Aeronáutica Guy La Chambre e o ministro do Interior Albert-Pierre Sarraut, pairava entre as duas posições. O mesmo fazia o general Gamelin, embora ele desempenhasse apenas um papel secundário na formulação da grande estratégia francesa.

---

47 Citado em Haas, *The Ideological Origins of Great Power Politics*, op. cit., p.124.
48 Citado em Adamthwaite, *France and the Coming of the Second World War*, op. cit., p.109.

123

Os assessores políticos franceses concordaram com a decisão de conter a Alemanha e buscar uma aliança formal com a União Soviética por meio de um processo deliberativo. Como observa Young, a derrota da França em 1940 não deve esconder o fato de que os dirigentes franceses demonstraram "uma seriedade de propósito em relação aos perigos em apreço, uma determinação de resistir às tentativas alemãs de alcançar a hegemonia, uma disposição de dedicar uma atenção e um esforço enormes em prol da causa da defesa nacional". A França, ele prossegue, "estava sob o comando de dirigentes civis e militares competentes, até mesmo excepcionais, homens que foram mais longe do que alguns acreditavam ser necessário para evitar a guerra, homens que fizeram mais do que depois se admitiu para se preparar para ela".[49]

No período que vai do *Anschluss* ao Acordo de Munique não houve muito consenso entre os líderes franceses sobre a política a ser adotada tanto em relação à Alemanha como à União Soviética. É claro que todos acreditavam que, depois de ter anexado a Áustria, Hitler provavelmente atacaria a Tchecoslováquia. É por isso que Daladier e Gamelin se reuniram com frequência com o coronel Louis Rivet, o chefe da inteligência francesa. Contudo, havia grandes discordâncias a respeito das ambições territoriais alemãs, se elas iriam além da Tchecoslováquia, e, portanto, a respeito da postura da França, se ela deveria aplacar ou conter o Terceiro Reich. Como foi observado, essa clivagem estava presente quando Daladier formou seu ministério, e permaneceu em vigor durante a Crise de Munique.

Como a França não tomou uma decisão definitiva sobre como lidar com a Alemanha até outubro de 1938, não surpreende que também houvesse tão pouco consenso sobre como lidar com a União Soviética. Enquanto Coulondre, entre outros, pressionava bastante para que houvesse discussões de Estado-Maior com os soviéticos, Bonnet e a liderança militar se opunham a essas discussões, tanto por motivos práticos como ideológicos. Eles acreditavam que um relacionamento íntimo com o Exército Vermelho disseminaria o comunismo nas fileiras do exército francês, ao mesmo tempo que ligaria o destino da França a uma força de combate que fora muito fragilizada pelos expurgos de Stálin.

Depois da Crise de Munique, os assessores políticos franceses em geral passaram a acreditar que a Alemanha estava determinada a dominar toda a Europa e, portanto, começaram a convergir lentamente para uma política de duas frentes, de contenção da Alemanha e de aliança com a União Soviética. Talvez a prova mais importante dessa convergência seja a decisão de Daladier de sair de cima do muro e defender uma política de linha dura em relação ao Terceiro Reich. Quando se acumularam os indícios de que

---

49 Young, *In Command of France*, op. cit., p.2.

Como os Estados pensam

a Alemanha mirava o restante da Tchecoslováquia e poderia até estar pensando em invadir os Países Baixos ou a própria França, o primeiro-ministro pressionou os britânicos a participar de discussões de Estado-Maior e se comprometer a lutar do lado da França se a Alemanha atacasse na Europa ocidental. O general Gamelin e outros líderes militares também passaram por uma transformação semelhante. A mudança para uma estratégia de contenção teve consequências importantes no modo como Daladier e seus generais encaravam as relações com Moscou. Começaram a pensar seriamente numa aliança franco-soviética, ainda que estivessem preocupados que Stálin pudesse firmar uma aliança com a Alemanha nazista, deixando a França perigosamente vulnerável a um ataque alemão.

A conquista de toda a Tchecoslováquia pela Alemanha em março de 1939 acabou levando as facções rivais da comunidade de segurança nacional francesa – defensores da contenção, conciliadores e indecisos – a adotar uma posição comum no trato tanto com a Alemanha como com a União Soviética. Daladier e Gamelin se comprometeram mais do que nunca a conter o Terceiro Reich e se aliar com a União Soviética. A mudança mais importante ocorreu entre os conciliadores, que trocaram de posição e apoiaram firmemente a contenção. Bonnet foi o mais importante e impactante convertido à nova estratégia, que já fora adotada por seus assistentes no Quai d'Orsay. Segundo ele, "a política de paz e apaziguamento dos 'homens de Munique' tinha naufragado de forma lamentável [...] Em todos os países, belicistas que conduziriam a Europa à catástrofe estavam fadados a levar vantagem".[50]

Quando a visão francesa do ambiente ameaçador se cristalizou em torno de uma posição realista, as considerações ideológicas, que tinham desempenhado algum papel antes de Munique, ficaram em segundo plano. O general Maxime Weygand, que, a exemplo de muitos líderes militares, temera a subversão comunista antes da queda da Tchecoslováquia, passou a deixar de lado essas preocupações: "O comunismo deve ser combatido no plano interno [...] No plano externo, a ideologia não pode interferir com as necessidades estratégicas".[51]

Depois de chegar a um consenso no início da primavera de 1939, os assessores políticos franceses fizeram esforços consideráveis ao longo dos cinco meses seguintes para estabelecer uma rigorosa política de dissuasão contra a Alemanha nazista, incluindo garantias de segurança para a Polônia, a Romênia e a Grécia, bem como uma aliança antialemã tripartite com a Grã-Bretanha e a União Soviética. Contudo, apesar de todos os esforços da França, ambas as iniciativas fracassaram, em grande parte porque a

---

50 Citado em Adamthwaite, *France and the Coming of the Second World War*, op. cit., p.301.
51 Citado em Carley, *1939*, op. cit., p.122. Para o argumento de que teorias ideológicas influenciaram a política francesa, mas, em última análise, ficaram subordinadas à lógica realista, *ver* Haas, *The Ideological Origins of Great Power Politics*, op. cit., p.120-35.

125

Grã-Bretanha se recusou a considerar a possibilidade de que o Exército Vermelho pudesse atravessar a Polônia e a Romênia em caso de guerra com a Alemanha, e porque os soviéticos não confiavam nas potências ocidentais. No dia 23 de agosto, Berlim e Moscou fizeram uma aliança, indicando que não haveria uma coalizão de grandes potências contrária à Alemanha nazista, como existira contra a Alemanha imperial antes da Primeira Guerra Mundial. Então, no dia 1º de setembro, Hitler invadiu a Polônia, obrigando a Grã-Bretanha e a França a declarar guerra ao Terceiro Reich.

Os Estados Unidos decidem expandir a Otan depois da Guerra Fria

A expansão da Otan que se seguiu ao colapso da União Soviética tem sido criticada há muito tempo como uma política não racional. Em junho de 1997, cinquenta antigos senadores, ministros, embaixadores e especialistas em política externa enviaram uma carta aberta ao presidente Bill Clinton declarando que "o atual esforço liderado pelos Estados Unidos de expandir a Otan [...] é um erro estratégico de importância histórica".[52] Essa visão era ainda mais predominante nos círculos acadêmicos. Posteriormente, no mesmo ano, Michael Mandelbaum escreveu: "O plano de Clinton é totalmente absurdo. A expansão da Otan não é apenas desnecessária; ela também é perigosa". Definindo a ampliação como "o desvario do governo", ele pediu que o Senado rejeitasse "um projeto que, na melhor das hipóteses, é desnecessário, e, na pior, é extremamente perigoso".[53]

Do mesmo modo, Michael MccGwire definiu o plano do governo Clinton de deslocar a Otan para leste como "uma contradição lógica e política de grandes proporções", uma decisão "ilógica" que não lhe causava "nenhuma surpresa". Ela "não era o resultado de uma análise objetiva das exigências de segurança de longo prazo na Europa"; pelo contrário, "a estratégia americana tem se caracterizado por uma mistura de arrogância e pensamento mágico".[54] Kenneth Waltz resumiu o argumento, chamando a ampliação de uma política "que somente um país extremamente poderoso poderia se dar ao luxo de seguir, e só um país insensato poderia ser tentado a fazê-lo".[55]

---

52 Citado em MccGwire, "Nato Expansion: 'A Policy Error of Historic Importance'", *Review of International Studies*, v.24, n.1, p.23, 1998. Do mesmo modo, George Kennan, um artífice fundamental da contenção, afirmou: "A expansão da Otan seria o erro mais assustador da política americana em todo o período do pós-guerra". Ver Kennan, "A Fateful Error", *New York Times*, 5 fev. 1997.

53 Mandelbaum, "The New Nato: Bigger Isn't Better", *Wall Street Journal*, 9 jul. 1997.

54 MccGwire, "Nato Expansion", op. cit., p.25, 26 e 40.

55 Waltz, "Nato Expansion: A Realist's View", *Contemporary Security Policy*, v.21, n.2, p.31, 2000.

Como os Estados pensam

O que quer que se pense dos méritos da expansão da Otan, a decisão de aumentar a aliança foi racional. Tanto defensores como oponentes da estratégia se basearam em teorias verossímeis e se envolveram num debate vigoroso e irrestrito antes que o presidente Clinton optasse finalmente pela expansão.

Depois que a Guerra Fria terminou, quase todos os membros da comunidade de segurança nacional americana acreditavam que a Otan deveria permanecer intacta e conservar sua importância no cenário mundial. A única questão que interessava aos líderes americanos era o formato que a aliança deveria assumir e, particularmente, se ela deveria manter seu quadro de membros – incluindo a Alemanha reunificada – ou se deveria se expandir para leste. O debate começou em 1991, durante a presidência de George H. W. Bush, mas ganhou força no primeiro ano do governo Clinton. Ele finalmente foi resolvido em dezembro de 1994, quando a Otan anunciou que começaria a negociar a ampliação com a Polônia, a Hungria e a República Checa.

O governo Bush não deu muita atenção à questão da ampliação da Otan antes de 1991, exceto ao assegurar que uma Alemanha unificada seria membro da aliança. Contudo, depois que a União Soviética começou a desmoronar, Bush e seus assessores pensaram seriamente em expandir a Otan para leste por motivos basicamente realistas. Que fique claro, eles não consideravam que a aliança fosse principalmente um instrumento para conter Moscou, embora no começo estivessem um pouco preocupados que a União Soviética pudesse dar a volta por cima. Em vez disso, eles a consideravam um veículo para manter e reforçar a posição dominante dos Estados Unidos na Europa. Quando as tropas soviéticas saíram da Europa oriental, o assessor de segurança nacional Brent Scowcroft argumentou que a expansão da aliança no "vácuo de poder" da região facilitaria um papel americano "muito mais sólido e construtivo no centro da Europa".[56] No entanto, apesar desse entusiasmo pela expansão, não foi tomada nenhuma decisão antes de Bush perder para Clinton em novembro de 1992.[57]

Os principais assessores políticos do governo Clinton se dividiam em duas facções em relação à expansão da Otan. Embora ambas estivessem comprometidas com a hegemonia liberal, elas tinham opiniões diferentes a respeito do modo que a Rússia reagiria a um deslocamento da aliança para leste, e, portanto, a respeito da estratégia adequada para lidar com a Europa

---

56 Citado em Shifrinson, "Deal or No Deal? The End of the Cold War and the U. S. Offer to Limit Nato Expansion", *International Security*, v.40, n.4, p.36, 2016.

57 Sayle, *Enduring Alliance: A History of Nato and the Postwar Global Order*, cap.10; Shifrinson, "Eastbound and Down: The United States, Nato Enlargement, and Suppressing the Soviet and Western European Alternatives, 1990-1992", *Journal of Strategic Studies*, v.43, n.6-7, p.816-46, 2020.

oriental. A discordância girava em torno das teorias realistas e liberais do comportamento do Estado.[58]

Uma facção argumentava que a Rússia consideraria que a ampliação da Otan era uma séria ameaça e reagiria de maneira agressiva, como prevê o realismo. As consequências prováveis seriam graves. Não somente a experiência democrática da Rússia poderia fracassar, mas também havia a possibilidade de que a Europa se dividisse novamente, dessa vez entre uma Otan ampliada e uma Rússia hostil. Como advertiu um ensaio do Departamento de Estado em julho de 1993, pôr "em pauta imediatamente a ampliação do número de membros da Otan" teria "consequências divisionistas e possivelmente desestabilizadoras no leste".[59] Essa visão era popular sobretudo no Pentágono, onde havia um grande temor de contrariar a Rússia. O general John Shalikashvili, chefe do Estado-Maior Conjunto, estava preocupado que a ampliação da Otan fosse "desestabilizadora", porque ela traçaria "uma nova linha divisória" na Europa. Ele queria "evitar a todo custo a criação de uma nova linha, uma nova divisão que, por sua vez, criaria novas tensões e alimentaria novos conflitos".[60]

A outra facção reconhecia esses riscos, mas acreditava que, se o Ocidente tranquilizasse a Rússia assegurando-lhe suas boas intenções, Moscou enxergaria o mundo em termos liberais, não em termos realistas, adotaria a democracia e, por fim, se tornaria um membro responsável da ordem internacional liberal. De acordo com o subsecretário de Estado Strobe Talbott, "precisamos assegurar que a nossa eventual proposta seja vista pelos principais países da ex-União Soviética como algo que promova sua segurança e sua sensação de pertencimento à Europa [...] O fundamental neste caso é apresentar nosso plano de expansão de uma forma que enfatize a inclusão final, não a exclusão no curto prazo da Rússia – e que ele seja visto como algo que fortaleça a estabilidade e a segurança regional de todos os Estados da região". Clinton acreditava que os Estados Unidos deveriam avançar com cautela, mas que ele conseguiria tranquilizar os russos. A Otan deveria se expandir, ele disse, "de forma cuidadosa, de modo a deixar aberta a possibilidade de que o futuro será diferente, em vez de reproduzir a certeza do passado". Como assinalou o secretário de Defesa William Perry – um ferrenho opositor da expansão –, tanto Clinton como o vice-presidente Al Gore confiavam que "seria possível convencer os russos de que a expansão não era direcionada contra eles".[61]

---

58 Este exemplo se baseia em Asmus, *Opening Nato's door: How the Alliance Remade Itself for a New Era*; Goldgeier, *Not Whether but When: The U. S. Decision to Enlarge Nato*; sobre a dimensão russa da questão, tal como vista de Washington, *ver* Goldgeier; McFaul, *Power and Purpose: U. S. Policy toward Russia after the Cold War*.

59 Citado em Asmus, *Opening Nato's Door*, op. cit., p.34. Asmus observa que o Conselho de Segurança Nacional nutria temores semelhantes à época.

60 Citado em ibid., p.62; Goldgeier, *Not Whether but When*, op. cit., p.50.

61 Citado em Asmus, *Opening Nato's Door*, op. cit., p.45, 89 e 97.

Essas duas perspectivas teóricas levaram a duas opções estratégicas opostas. Os adversários da expansão privilegiavam a Parceria para a Paz (PpP), um programa que promoveria as relações de cooperação entre a Otan e todos os Estados europeus, incluindo a Europa oriental e até a Rússia. A iniciativa, que visava retardar, e até mesmo impedir, a ampliação, permitiria que os parceiros "construíssem um relacionamento individual com a Otan, escolhendo suas próprias prioridades de cooperação".[62] Os defensores da expansão, por outro lado, queriam admitir rapidamente na Otan um punhado de ex-membros do Pacto de Varsóvia, ao mesmo tempo que não mediam esforços para assegurar aos russos que a expansão da aliança não visava seu país. Alguns defensores dessa política dupla até acreditavam que a Rússia poderia eventualmente ingressar na Otan. Como disse Talbott: "Nosso objetivo estratégico [...] era incorporar tanto a Europa central como a ex-União Soviética às principais instituições da comunidade euro-atlântica".[63]

O governo Clinton começou a debater seriamente a ampliação da Otan depois do discurso do secretário de Estado Warren Christopher em Atenas em junho de 1993 a respeito do fortalecimento do Conselho de Cooperação do Atlântico Norte. Durante dezoito meses, os assessores políticos americanos analisaram exaustivamente os méritos relativos da PpP e da expansão, mas não chegaram a um consenso. Consequentemente, ficou a cargo do presidente tomar a decisão final sobre como proceder, e o resultado foi o anúncio feito pela Otan em dezembro de 1994 de que a ampliação começaria em breve.

Embora os defensores e os adversários da expansão tenham começado a debater o futuro da Otan logo depois do discurso de Atenas – Christopher, o secretário de Defesa Les Aspin e o assessor de Segurança Nacional Anthony Lake analisaram a questão durante o final do verão e o início do outono –, a primeira reunião formal sobre o assunto que incluiu os principais assessores de Clinton ocorreu no dia 19 de outubro, durante os preparativos para a futura cúpula da Otan em Bruxelas. Apesar de idas e vindas criteriosas, ambos os lados continuaram comprometidos com suas visões diferentes, tornando impossível chegar a um consenso sobre o melhor caminho a seguir. Lake defendia veementemente a expansão, Aspin e Shalikashvili se opunham firmemente e privilegiavam a PpP, e Christopher se inclinava para a posição do Pentágono. O resultado foi "um acordo ambíguo, uma decisão de não decidir que empurrou o assunto com a barriga".[64] Segundo o

---

62 North Atlantic Treaty Organization, "The Partnership for Peace Programme". Disponível em: <https://www.sto.nato.int/Pages/partnership-for-peace.aspx>. Acesso em: 8 out. 2024.

63 Citado em Slocombe, "A Crisis of Opportunity: The Clinton Administration and Russia", em Leffler; Legro (orgs.), *In Uncertain Times: American Foreign Policy after the Berlin Wall and 9/11*, p.87.

64 Asmus, *Opening Nato's Door*, op. cit., p.48-52; citação na p.51. Para os detalhes da reunião, *ver* também Goldgeier, *Not Whether but When*, op. cit., p.38-42; Sarotte, "How to Enlarge Nato:

memorando do Conselho de Segurança Nacional que resumiu a reunião, os comentários do presidente na cúpula de Bruxelas deveriam enfatizar a PpP, mas deixar a porta aberta para a expansão.

Enquanto seus subordinados debatiam o futuro da Otan, Clinton se aproximou de uma postura pró-expansão, embora evitasse tomar uma decisão definitiva. Falando em Bruxelas nos dias 9 e 10 de janeiro, ele endossou enfaticamente a PpP, mas também desrespeitou um pouco o conselho que lhe haviam dado, argumentando que a PpP "põe em marcha um processo que leva à ampliação da Otan". Dois dias depois, em Praga, ele disse numa declaração preparada com antecedência: "Embora a Parceria não signifique filiação à Otan, ela também não é uma sala de espera perpétua. Ela muda completamente as discussões na Otan, de modo que agora não se trata mais de saber se a Otan vai admitir novos membros, mas quando e como irá fazê-lo". Em seguida, o presidente viajou a Moscou, onde apresentou uma mensagem diferente. Ele disse ao presidente russo Bóris Yeltsin que sua atenção estava voltada para a PpP, e que a expansão da Otan era algo que só aconteceria num futuro distante.[65]

Como Clinton não conseguiu decidir o caminho que a Otan tomaria, ambos os lados do debate continuaram promovendo suas pautas. Lake tomou a dianteira em defesa da expansão da Otan, orientando sua equipe a elaborar um memorando de política detalhado que ele pudesse distribuir ao presidente e aos altos funcionários dos departamentos de Defesa e de Estado. Ao mesmo tempo, ele teve discussões sérias com os principais assessores políticos, dos quais o mais importante era Talbott. Durante essas conversas, Talbott, que inicialmente encarara a ampliação com ceticismo, se tornou um defensor fervoroso da ideia, chegando até a ajudar Lake a convencer Christopher a apoiar a expansão da Otan e a trazer Richard Holbrooke para o Departamento de Estado para ajudar a promover o plano através da burocracia.[66]

Enquanto isso, os adversários da ampliação no Pentágono continuavam defendo a PpP. O general Shalikashvili e um de seus assistentes, o general Wesley Clark, se esforçaram bastante para incluir sua visão num discurso importante sobre o futuro da Otan que o vice-presidente Gore estava programado para fazer em Berlim. Embora Gore apoiasse em termos gerais a expansão, seu discurso não insinuou que o governo Clinton tinha tomado uma decisão definitiva sobre a questão.[67]

The Debate Inside the Clinton Administration, 1993-1995", *International Security*, v.44, n.1, p.18-21, 2019.

65 Goldgeier, *Not Whether but When*, op. cit., p.54-8; citações de Clinton nas p.55 e 57. *Ver também* Asmus, *Opening Nato's Door*, op. cit., p.64-8; Sarotte, "How to Enlarge Nato", op. cit., p.22-4.

66 Asmus, *Opening Nato's Door*, op. cit., p.72-9; Goldgeier, *Not Whether but When*, op. cit., p.62-71.

67 Goldgeier, *Not Whether but When*, op. cit., p.71-2.

Clinton finalmente decidiu em favor da expansão da Otan no final de junho de 1994, depois de receber o memorando de Lake.[68] Mas seu comprometimento não ficou claro num primeiro momento. Numa coletiva de imprensa com o presidente polonês Lech Walesa em julho, Clinton observou que, embora ele sempre tivesse considerado a PpP a primeira etapa na direção da ampliação, "o que temos de fazer agora é reunir os membros da Otan e discutir quais devem ser as próximas etapas". Andrzej Olechowski, ministro do Exterior polonês, observou: "Preferiria que nosso diálogo sobre a Otan tivesse avançado muito mais do que avançou. Hoje, sinto que estamos uma polegada, ou talvez meia polegada, mais próximos da admissão".[69]

Mais importante, o presidente não conseguiu comunicar sua decisão a todos os setores do seu governo, principalmente o Pentágono, que continuava o centro de oposição a sua política. Essa incapacidade se refletiu em duas reuniões posteriores que ocorreram no outono de 1994, nas quais alguns dos principais assessores políticos continuaram a contestar veementemente a ampliação. Na primeira dessas reuniões, que teve lugar no Departamento de Estado no dia 22 de setembro, Holbrooke bateu de frente com o general Clark e o subsecretário adjunto da Defesa Joseph Kruzel. Contestando sua resistência à expansão, ele disse de forma bem clara: "A política é essa". Finalmente, no dia 21 de dezembro, três semanas depois de a Otan anunciar que iria se expandir, Perry se reuniu com outros líderes importantes na Casa Branca e deixou clara sua oposição à ampliação. Embora Perry tivesse o apoio de Shalikashvili, Clinton confirmou que aprovava o plano de Lake de expandir a Otan e, ao mesmo tempo, tornar essa política palatável aos russos.[70]

Estados Unidos decidem buscar a hegemonia liberal depois da Guerra Fria

Tanto assessores políticos como acadêmicos qualificam a grande estratégia americana de hegemonia liberal pós-Guerra Fria de não racional. Donald Trump apresentou várias vezes esse argumento durante a campanha presidencial de 2016. "Infelizmente, depois da Guerra Fria, nossa política externa se desviou seriamente do rumo", ele disse durante um importante discurso sobre política externa. "Não conseguimos elaborar uma nova visão para um novo tempo. Na verdade, com o passar do tempo, nossa política externa começou a fazer cada vez menos sentido. A lógica foi substituída pela

---

68 Asmus, *Opening Nato's Door*, op. cit., p.77-8.
69 Citado em Jehl, "Clinton Offers Poland Hope, but Little Aid", *New York Times*, 8 jul. 1994.
70 Goldgeier, *Not Wheter but When*, op. cit., p.74-5; citação de Holbrooke na p.74; Asmus, *Opening Nato's Door*, op. cit., p.88 e 97; Sarotte, "How to Enlarge Nato", op. cit., p.29-31 e 35-6.

insensatez e pela arrogância, o que levou a um desastre de política externa depois do outro." Depois, para enfatizar, ele acrescentou: "Nossa política externa é um desastre completo e total. Sem visão. Sem objetivo. Sem direção. Sem estratégia".[71]

Diversos acadêmicos de destaque defenderam o mesmo argumento com um linguajar mais comedido. De acordo com Stephen Walt, a grande estratégia dos Estados Unidos "fracassou porque seus líderes perseguiram uma série de objetivos insensatos e irrealistas e se recusaram a aprender com os erros. Mais especificamente, a causa mais profunda dos fracassos recorrentes da política externa americana foi a mistura da supremacia esmagadora dos Estados Unidos, uma grande estratégia equivocada e uma comunidade de política externa cada vez mais disfuncional".[72] Andrew Bacevich dá menos ênfase à não deliberação e mais às ideias que sustentam a hegemonia liberal, argumentando que "os Estados Unidos não demoraram muito para desperdiçar as vantagens obtidas com a vitória na Guerra Fria. Acontecimentos internos e externos puseram à prova esse consenso pós-Guerra Fria, revelando suas contradições e deixando claro que suas premissas eram delirantes".[73] David Hendrickson afirma que "as ideias do *establishment* de segurança [...] refletem uma espécie de 'loucura destilada' [...] que continua exercendo uma influência profunda".[74] Por sua vez, Patrick Porter argumenta que a ordem internacional liderada pelos Estados Unidos é "inviável, a-histórica e arrogante", e se baseia numa "teologia da restauração que formula a política externa como uma peça moralista" cheia de "pressupostos".[75]

Contudo, embora haja bons motivos para concluir que a hegemonia liberal foi um fracasso, ela era uma grande estratégia racional. A política se baseava num conjunto de teorias liberais verossímeis e resultava de um processo decisório deliberativo.[76]

Com o fim da Guerra Fria e o colapso posterior da União Soviética, o mundo se tornou unipolar – uma transformação profunda da estrutura do sistema internacional que teve enormes consequências. Em primeiro lugar,

---

71 "Transcript: Donald Trump's Foreign Policy Speech", *New York Times*, 27 abr. 2016.

72 Walt, *The Hell of Good Intentions: America's Foreign Policy Elite and the Decline of U. S. Primacy*, p.13.

73 Bacevich, *The Age of Illusions: How America Squandered its Cold War Victory*, p.5.

74 Hendrickson, *Republic in Peril: American Empire and the Liberal Tradition*, p.4.

75 Porter, "A Dangerous Myth", *Lowy Institute*, [s./d.]. Disponível em: <https://interactives. lowyinstitute.org/features/usa-rules-based-order/articles/a-dangerous-myth/>. Acesso em: 8 out. 2024.

76 Para sermos claros, embora acreditemos que as teorias liberais de política internacional sejam verossímeis – isto é, elas são explicações logicamente coerentes derivadas de pressupostos aceitáveis e apoiadas por evidências empíricas importantes –, também pensamos que elas são imperfeitas. *Ver* Mearsheimer, *The Great Delusion: Liberal Dreams and International Realities*, cap.7; Rosato, "The Flawed Logic of Democratic Peace Theory", *American Political Science Review*, v.97, n.4, p.585-602, 2003.

Como os Estados pensam

agora que os Estados Unidos eram a única grande potência do planeta, a política das grandes potências não tinha mais lugar. Além disso, sua grande estratégia de contenção usada durante a Guerra Fria era irrelevante, porque não havia outra grande potência a ser contida. A questão agora era: Qual política deveria substituí-la? O governo Bush, que desempenhou um papel fundamental no fim da Guerra Fria, começou a tratar seriamente do assunto em 1992, logo depois que a União Soviética se desfez, mas não tinha tomado nenhuma decisão definitiva quando chegou ao fim, em janeiro de 1993. Coube ao presidente Clinton e seus assessores elaborar uma grande estratégia para um mundo unipolar, e eles não tardaram a adotar a hegemonia liberal como substituta da contenção.

Até o final de 1991, Bush e seus altos funcionários olhavam a política internacional sobretudo através de lentes realistas. Esse ideário influenciou o modo como lidaram com o fim da Guerra Fria e a dissolução da União Soviética. Sobretudo, fizeram um grande esforço para consolidar a posição dos Estados Unidos como a única superpotência mundial, ao mesmo tempo que davam poucos motivos a Moscou para reverter o curso e reativar a Guerra Fria.[77]

Porém, em 1992 ficou claro que os Estados Unidos precisavam de uma nova grande estratégia. Havia duas posições sobre esse assunto dentro do governo Bush. A primeira, defendida pelo secretário de Defesa Dick Cheney e seus subordinados no Pentágono, enfatizava a importância de manter a unipolaridade evitando o surgimento de um concorrente. Segundo a célebre versão vazada das Diretrizes do Planejamento da Defesa (DPD), "Nosso primeiro objetivo é evitar o reaparecimento de um novo rival [...] Precisamos manter os mecanismos para dissuadir possíveis concorrentes até mesmo de aspirar a um papel regional ou global mais amplo".[78] Mas essa vertente realista também estava impregnada pelo pensamento liberal. Os autores das DPD ressaltavam a importância do direito internacional e da "difusão de formas democráticas de governo e sistemas econômicos abertos".[79]

A segunda visão, defendida pelo secretário de Estado Lawrence Eagleburger, exigia que os Estados Unidos utilizassem sua posição predominante para instaurar uma ordem mundial liberal. Ele argumentava que Washington deveria ser "uma fonte de tranquilidade e o arquiteto de novos mecanismos de segurança; um defensor agressivo da abertura econômica; um exemplo e um defensor dos valores democráticos; [e] um criador e líder de

---

77 Sarotte, *1989: The Struggle to Create Post-War Europe.*
78 Citado em Brands, *Making the Unipolar Moment: U. S. Foreign Policy and the Rise of the Post-Cold War Order*, p.327 e 329.
79 Edelman, "The Strange Career of the 1992 Defense Planning Guidance", em Leffler; Legro (orgs.), *In Uncertain Times*, op. cit., p.63-77; citação na p.66. Ver *também* Brands, *Making the Unipolar Moment*, op. cit., p.323-9.

133

coalizões para lidar com problemas no mundo caótico pós-Guerra Fria".[80] Contudo, ao mesmo tempo que abordagens opostas estavam sendo elaboradas, a política eleitoral interveio, e o rumo futuro da grande estratégia americana foi deixada para o novo governo Clinton.

Em princípio, a equipe de Clinton tinha três grandes opções estratégicas: se retirar do mundo, manter o *status quo* ou transformar o sistema internacional.[81] Os principais assessores políticos do governo concordaram, de maneira rápida e unânime, que os Estados Unidos tinham de assumir o papel de protagonista na transformação do sistema internacional para remodelá-lo à sua imagem. Essa nova estratégia – normalmente chamada de hegemonia liberal – se baseava explicitamente numa associação da liderança americana com as teorias liberais fundamentais de política internacional: teoria da paz democrática, teoria da interdependência econômica e institucionalismo liberal.

A importância das três grandes teorias liberais no ideário da equipe de Clinton a respeito da grande estratégia está refletida em quase todos os pronunciamentos oficiais sobre política externa que esses decisores fizeram. Analisem os comunicados fundamentais feitos pelo presidente e por dois de seus principais assessores no outono de 1993, quando, pela primeira vez, eles transferiram sua atenção dos assuntos internos para os assuntos externos.[82] No primeiro discurso importante que apresentou a grande estratégia do governo, Lake declarou que "a sucessora de uma doutrina de contenção tem de ser uma estratégia de ampliação – ampliação da comunidade livre de democracias de mercado do mundo". Os Estados Unidos, ele disse, têm de se comprometer com o "envolvimento externo em prol da democracia e da expansão comercial" e promover "práticas de multilateralismo", que permitiriam "um dia que o estado de direito desempenhasse um papel muito mais civilizador no comportamento das nações".[83]

Discursando nas Nações Unidas na semana seguinte, Clinton declarou: "Numa nova era de riscos e oportunidades, nosso objetivo prioritário tem de ser a expansão e o fortalecimento da comunidade mundial de democracias baseadas no mercado [...] No momento procuramos ampliar o círculo

---

80 Citado em Chollet; Goldgeier, *America between the Wars, from 11/9 to 9/11: The Misunderstood Years between the Fall of the Berlin Wall and the Start of the War on Terror*, p.48-9. Ver também Zoellick, "An Architecture of U. S. Strategy after the Cold War", em Leffler; Legro (orgs.), *In Uncertain Times*, op. cit., p.26-9.

81 Sobre essas opções estratégicas, *ver* Monteiro, "Unrest Assured: Why Unipolarity Is Not Peaceful", *International Security*, v.36, n.3, p.9-40, 2011-2012.

82 Boys, *Clinton's Grand Strategy*, p.85-96; Chollet; Goldgeier, *America between the Wars*, op. cit., p.68-70.

83 Comentários de Lake, "From Containment to Enlargement", Escola de Estudos Internacionais Avançados da Universidade Johns Hopkins, Washington, DC, 21 set. 1993. Disponível em: <https://clinton.presidentiallibraries.us/items/show/9013>. Acesso em: 4 out. 2024.

de nações que vivem sob a égide dessas instituições livres, pois sonhamos com o dia em que as opiniões e as energias de cada pessoa do mundo poderão se expressar plenamente, num mundo de democracias pujantes que cooperem entre si e vivam em paz".[84] Madeleine Albright, a embaixadora americana nas Nações Unidas, transmitiu a mesma mensagem num discurso na Escola Nacional de Guerra, enfatizando que "nossa estratégia busca a ampliação da democracia e dos mercados no exterior", e observando que "ninguém compreende melhor as vantagens potenciais do multilateralismo que os Estados Unidos".[85]

Tendo anunciado desde o princípio que os Estados Unidos buscariam a hegemonia liberal, o governo Clinton se manteve firmemente comprometido com esse objetivo durante todo o seu mandato, embora houvesse discordâncias ocasionais da parte dos dirigentes sobre questões de política e sobre a melhor maneira de instaurar uma ordem liberal internacional. Por exemplo, havia opiniões diferentes e discussões frequentes sobre como lidar com a Rússia e controlar a expansão da Otan. No entanto, o presidente e seus assessores nunca deixaram de acreditar que os Estados Unidos eram a "nação imprescindível" e que deveriam difundir a democracia, incentivar a interdependência econômica e fortalecer as instituições multilaterais do mundo inteiro.[86]

Como havia um forte consenso entre os líderes do governo Clinton em favor da hegemonia liberal, eles não sentiam muita necessidade de se reunir e debater os elementos fundamentais da grande estratégia emergente.[87] Clinton, Lake e Albright não realizaram uma reunião importante para coordenar seus discursos de setembro de 1993, que apresentaram a política do governo. Sabiam que estavam seguindo a mesma cartilha. Contudo, discutiram qual seria a melhor maneira de promover a hegemonia liberal em meio à população americana, algo que consideravam uma tarefa difícil mas fundamental. Numa reunião importante em outubro de 1994, antes de ser agendado o discurso de Clinton nas Nações Unidas, o presidente e sua equipe de política externa tiveram uma ampla discussão destinada a encontrar um

---

84 Discurso do presidente Clinton na Assembleia Geral das Nações Unidas, Nova York, 27 set. 1993.

85 Albright, "Use of Force in a Post-Cold War World", *U. S. Department of State Dispatch*, v.4, n.39, 27 set. 1993.

86 Choller; Goldgeier, *America between the Wars*, op. cit., cap.6.

87 Para ilustrar a amplitude e a profundidade desse consenso, peguem o caso de Peter Tarnoff, o subsecretário de Estado para questões políticas. Numa reunião com repórteres em maio de 1993, vários meses antes de o governo Clinton lançar sua grande estratégia, Tarnoff pôs em dúvida a ideia de que os Estados Unidos dispunham de meios para implementar a hegemonia liberal. A reação de seus colegas no governo foi imediata e violenta, levando-o a se retratar e se enquadrar. *Ver* Harries; Switzer, "Leading from Behind: Third Time a Charm?", *The American Interest*, 12 abr. 2013.

conceito simples que captasse a essência da sua política, do modo como a contenção tinha sintetizado a grande estratégia americana durante a Guerra Fria.[88] Porém, apesar de todos os esforços, nunca concordaram com uma expressão que considerassem convincente.

Grandes estratégias racionais

Todos os Estados analisados neste capítulo foram racionais, no sentido de que os assessores políticos foram pautados por teorias verossímeis e que suas políticas resultaram de um processo decisório deliberativo. Os líderes alemães anteriores à Primeira Guerra Mundial, bem como os líderes japoneses e franceses anteriores à Segunda Guerra Mundial, raciocinavam com base na lógica realista, ao passo que os líderes americanos posteriores à Guerra Fria raciocinavam com base na lógica liberal. Existe uma explicação estrutural simples para esses diferentes padrões de raciocínio. A Alemanha, o Japão e a França viviam num mundo multipolar competitivo que era mais bem explicado pelas teorias realistas. Os Estados Unidos, por outro lado, por não enfrentarem concorrentes do nível das grandes potências – eles atuavam num mundo unipolar na década de 1990 –, podiam raciocinar em termos liberais sem pôr em risco sua segurança.

Os dados também comprovam que, embora a forma pela qual a decisão final foi alcançada variasse de um Estado para o outro, ela sempre foi marcada pela deliberação. Quando havia desde o princípio um consenso a respeito da estratégia adequada, o acordo não era irrefletido, mas baseado na aplicação fundamentada de uma teoria verossímil que coincidiu de desfrutar de uma influência generalizada. O processo decisório alemão antes da Primeira Guerra Mundial, o processo decisório japonês antes da Segunda Guerra Mundial e o processo decisório americano relacionado à hegemonia liberal são exemplos disso.

Quando os assessores políticos primeiro discordavam, mas depois chegavam a um acordo sobre a melhor estratégia para seguir adiante, como as autoridades francesas fizeram antes da Segunda Guerra Mundial, eles chegavam a esse entendimento comum através de um debate vigoroso e irrestrito. Finalmente, quando os assessores políticos chegavam a um impasse e o decisor supremo escolhia a estratégia – como o presidente Clinton teve de fazer em relação à expansão da Otan –, ele não impunha suas opiniões de maneira arbitrária, mas, em vez disso, só agia depois de promover o debate entre seus assessores e analisar suas diferentes opiniões.

---

88 Chollet; Goldgeier, *America between the Wars*, op. cit., p.79 e 99-102.

No entanto, as decisões relacionadas à grande estratégia podem ser tomadas de maneira relativamente tranquila. As crises, por outro lado, são acontecimentos carregados de tensão em que o tempo é escasso, um fato que pode impedir que os assessores políticos avaliem a situação de maneira cuidadosa e desapaixonada e participem de um debate vigoroso e irrestrito. Pode-se argumentar que é provável que os Estados sejam racionais ao formular uma grande estratégia, mas que abandonam essa racionalidade durante as crises. Acontece, porém, que isso também não é verdade.

6
RACIONALIDADE E GESTÃO DE CRISE

Este capítulo analisa cinco célebres decisões tomadas em momentos de crise que foram apontadas como exemplos de comportamento não racional: a decisão da Alemanha de iniciar a Primeira Guerra Mundial em 1914; a decisão do Japão de atacar os Estados Unidos em Pearl Harbor em 1941; a decisão de Adolf Hitler de invadir a União Soviética em 1941; a decisão dos Estados Unidos de resolver a Crise dos Mísseis Cubanos em 1962; e a decisão de Moscou de invadir a Tchecoslováquia em 1968. Em cada caso, descobrimos que o Estado em questão foi um agente racional: sua política se baseou numa teoria verossímil e resultou de um processo deliberativo. Por fim, embora este livro se concentre na grande estratégia e nas decisões em momentos de crise, analisamos brevemente duas decisões de intensificar guerras em andamento que foram citadas como exemplos famosos de não racionalidade: a decisão dos Estados Unidos de transpor o paralelo 38 durante a Guerra da Coreia e de aumentar significativamente o envolvimento americano na Guerra do Vietnã.

A Alemanha decide iniciar a Primeira Guerra Mundial

Inúmeros especialistas defendem que o processo decisório alemão antes da Primeira Guerra Mundial é um exemplo clássico de não racionalidade. Segundo Richard Ned Lebow, o comportamento da Alemanha durante a Crise de Julho, que deu origem ao conflito, foi "um exemplo particularmente eloquente da relação causal entre déficit cognitivo, erro de cálculo e guerra". Os dirigentes alemães se basearam em falsas analogias que os

John J. Mearsheimer • Sebastian Rosato

levaram a acreditar – equivocadamente e com consequências catastróficas – que a crise de 1914 seria uma repetição da Crise da Bósnia de 1909, na qual a Alemanha e a Áustria-Hungria forçaram a Rússia e a Sérvia a aceitar a anexação da Bósnia-Herzegovina por Viena sem lutar.[1] Lebow e Janice Gross Stein defendem um argumento diferente, afirmando que, na Crise de Julho, os líderes alemães foram dominados pelas emoções. Lebow e Stein argumentam que o chanceler alemão Theobald von Bethmann Hollweg e seus assessores perceberam que estavam comprometidos com uma política militar arriscada sob a forma do Plano Schlieffen, e a "pressão resultante" gerou "ansiedade e medo" que os cegaram para os "reiterados alertas de desastre iminente".[2]

Os realistas defensivos Jack Snyder e Stephen Van Evera apresentam um argumento diferente a respeito da não racionalidade alemã concentrado na estratégia militar. Eles sustentam que, embora fosse absolutamente claro que a defesa tinha uma vantagem acentuada sobre o ataque, os dirigentes alemães acreditavam que o ataque era superior à defesa e que a Alemanha poderia utilizar o Plano Schlieffen para obter uma vitória rápida e decisiva sobre seus rivais. Essa "estratégia ofensiva excessivamente ambiciosa" se baseava em "falsas ideias" e "mitos políticos e militares que ocultavam as vantagens do defensor".[3] Embora a maioria dos países europeus à época estivessem "fascinados" por esse "culto da ofensiva", ele era mais forte na Alemanha, a "potência europeia mais dominada pelos mitos".[4]

Não apenas se diz que os assessores políticos em Berlim pensaram a estratégia de maneira não racional, mas eles também foram acusados de não conseguir deliberar durante a crise. O principal obstáculo da deliberação eram as forças armadas alemãs, que mantiveram os líderes civis na ignorância a respeito dos detalhes do Plano Schlieffen e, finalmente, os empurraram para a guerra. Nas palavras de Snyder, a guerra aconteceu basicamente porque "as autoridades civis tinham, na melhor das hipóteses, um controle parcial sobre a estratégia militar e um conhecimento parcial dela".[5] Lebow vai além, afirmando que os líderes civis "saíram em debandada para a guerra".[6] Em

---

1 Lebow, *Between Peace and War: The Nature of International Crisis*, p.119-24, citação na p.119.

2 Lebow; Stein, "Beyond Deterrence", *Journal of Social Issues*, v.43, n.4, p.17-8, 1987.

3 Snyder, "Civil-Military Relations and the Cult of the Offensive, 1914 and 1984", *International Security*, v.9, n.1, p.110, 1984; Van Evera, "Why Cooperation Failed in 1914", *World Politics*, v.38, n.1, p.116, 1985; id., *Causes of War: Power and the Roots of Conflict*, p.194. Com relação às origens do plano, Snyder escreve que "o preconceito de Schlieffen contra a defesa é a principal indicação de que seu planejamento de guerra para a frente ocidental era dominado por métodos não racionais". *Ver* Snyder, *The Ideology of the Offensive: Military Decision Making and the Disasters of 1914*, p.145.

4 Van Evera, "Why Cooperation Failed in 1914", op. cit., p.81 e 117.

5 Snyder, "Better Now than Later: The Paradox of 1914 as Everyone's Favored Year for War", *International Security*, v.39, n.1, p.88, 2014.

6 Lebow, *Nuclear Crisis Management: A Dangerous Illusion*, p.34.

sua análise do papel do *Kaiser* Guilherme II na Crise de Julho, John Röhl argumenta que a não deliberação implicava mais que o controle militar do processo decisório. Em 1914, Guilherme "presidia um aparelho governamental frequentemente disfuncional que foi caracterizado de maneira adequada como estando à beira do 'caos policrático'".[7]

Essas alegações não resistem a uma análise rigorosa. Tanto a decisão da Alemanha de entrar em guerra em 1914 como a sua estratégia para travar essa guerra se basearam, desde o começo, em teorias verossímeis. Além disso, os assessores políticos civis e militares alemães, que concordaram de modo geral a respeito de todas as questões importantes com que se depararam, participaram de processos decisórios deliberativos. Resumindo: a Alemanha foi um agente racional durante a Crise de Julho.[8]

Como vimos, quando a Crise de Julho estourou, a Alemanha se viu diante de um ambiente ameaçador agravado. A Lei Militar Alemã de 1913, que fora concebida para mudar o equilíbrio de poder em favor do *Kaiserreich*, levara os membros da Tríplice Entente – Grã-Bretanha, França e Rússia – a estreitar suas relações e reforçar sua capacidade de combate, deixando Berlim numa posição ainda mais frágil. A Rússia, devido à grande população e à economia em processo de industrialização, era particularmente preocupante. Ao mesmo tempo, a principal aliada da Alemanha, a Áustria-Hungria, estava cada vez mais fraca, e os assessores políticos alemães temiam que em breve ela deixaria de ser uma grande potência. Para resolver esse problema estratégico, o *Kaiserreich* iniciou uma guerra contra a Tríplice Entente na crença de que a Alemanha venceria, surgiria como a potência dominante na Europa e eliminaria a ameaça russa iminente de uma vez por todas.

A decisão da Alemanha de provocar uma guerra entre as grandes potências em julho de 1914 se baseou numa teoria realista verossímil. Os principais dirigentes alemães adotaram a lógica da guerra preventiva, visando instaurar a hegemonia na Europa enquanto ainda podiam. Tinham algumas discordâncias secundárias, porém, como observa Röhl, "É importante destacar [...]

---

7 Röhl, "The Curious Case of Kaiser's Disappearing War Guilt: Wilhelm II in July 1914", em Afflerbach; Stevenson (orgs.), *An Improbable War? The Outbreak of World War I and European Political Culture before 1914*, p.77.

8 Este exemplo se baseia em Clark, *The Sleepwalkers: How Europe Went to War in 1914*, cap.7-12; Copeland, *The Origins of Major War*, cap.3-4; Levy; Mulligan, "Why 1914 but not Before? A Comparative Study of the July Crisis and its Precursors", *Security Studies*, v.30, n.2, p.213-44, 2021; McMeekin, *July 1914: Countdown to War*; Mombauer, *Helmuth von Moltke and the Origins of the First World War* (2001), cap.3-4; Otte, *July Crisis: The World's Descent into War, Summer 1914*; Röhl, *Wilhelm II: Into the Abyss of War and Exile, 1900-1941*, cap.36-41; Trachtenberg, "The Meaning of Mobilization in 1914", *International Security*, v.15, n.3, p.120-50, 1990-1991; id., "The Coming of the First World War: A Reassessment", em *History and Strategy*, p.47-99; id., "A New Light on 1914?", *H-Diplo*, ISSF Forum, n.16, 5 set. 2017; Watson, *Ring of Steel: Germany and Austria-Hungary in World War I*, cap.1.

que as diferenças entre esses líderes eram mínimas. Todos eles [...] acreditavam estar diante de uma oportunidade de ouro, boa demais para deixar passar".[9]

Logo antes do início da crise, Guilherme declarou: "Qualquer um na Alemanha que ainda não acredite que os russos-gauleses estão agindo com urgência tendo em vista uma guerra contra nós, e que, consequentemente, devemos tomar medidas preventivas, merece ser mandado imediatamente para o manicômio".[10] Bethmann também temia a ameaça russa que estava "pairando sobre nós como um pesadelo cada vez mais aterrorizante" e concluiu que a Alemanha faria bem em iniciar uma guerra o quanto antes. Como ele comentou depois da guerra: "Sim, senhor, em certo sentido foi uma guerra preventiva [motivada pela] constante ameaça de ataque, pela probabilidade maior de que ela fosse inevitável no futuro, e pela alegação dos militares: hoje a guerra é possível sem derrota, mas daqui a dois anos não!".[11]

O ministro do Exterior Gottlieb von Jagow era da mesma opinião, argumentando, nas vésperas da Crise de Julho, que "a Rússia estará preparada para lutar dentro de alguns anos. Então ela irá nos esmagar com o número de seus soldados; então ela terá construído sua frota no Báltico e suas ferrovias estratégicas. Enquanto isso, nosso grupo terá se tornado mais fraco [...] Não desejo uma guerra preventiva, mas se o conflito se oferecer, não devemos nos esquivar".[12] Ao mesmo tempo, Jagow anunciou que, de acordo com o general Helmuth von Moltke, chefe do Estado-Maior alemão, "não havia alternativa senão travar uma guerra preventiva, de modo a bater o inimigo enquanto ainda podíamos sair razoavelmente bem da luta". Consequentemente, "nossa política deve ser ajustada de modo a provocar uma guerra antecipada".[13] Moltke foi mais enfático nesse aspecto, à medida que a crise se aproximava do desfecho: "Nunca golpearemos tão bem novamente como agora, que a ampliação das forças armadas da França e da Rússia está incompleta".[14]

Os líderes alemães também tinham criado uma teoria da vitória verossímil se a oportunidade de iniciar uma guerra preventiva se apresentasse. No centro dessa teoria estava o reconhecimento de que a Alemanha teria de lutar em duas frentes: uma campanha no oeste contra a França e, provavelmente,

---

9 Röhl, "The Curious Case of the Kaiser's Disappearing War Guilt", op. cit., p.78.

10 Citado em ibid., p.79.

11 Bethmann é citado em Watson, *Ring of Steel*, op. cit., p.36; e Jarausch, "The Illusion of Limited War: Chancellor Bethmann Hollweg's Calculated Risk, July 1914 [1969]", *Historical Social Research*, suplem., v.24, p.54, 2012.

12 Citado em Van Evera, "The Cult of the Offensive and the Origins of the First World War", *International Security*, v.9, n.1, p.80, 1984.

13 Citado em Copeland, *The Origins of Major War*, op. cit., p.71.

14 Citado em Snyder, "Better Now than Later", op. cit., p.76.

Como os Estados pensam

a Grã-Bretanha, e outra no leste contra a Rússia. Os estrategistas alemães acreditavam havia muito tempo que a melhor oportunidade de vencer esse conflito seria alcançar uma vitória rápida e decisiva numa frente enquanto defendia a outra, e, depois, passar à ofensiva na segunda frente. Em 1905, eles tinham concluído que o vasto território russo dificultava uma vitória rápida e decisiva no leste. Além disso, a França mobilizaria rapidamente seu exército direcionado para a ofensiva e atacaria a Alemanha na retaguarda, enquanto a maior parte das forças alemãs estivesse envolvida na frente oriental. Consequentemente, a lógica exigia que a França fosse o alvo inicial e que a Alemanha deveria começar o conflito contra a Rússia na defensiva.[15]

Consequentemente, estes eram os principais elementos do Plano Schlieffen: as forças alemãs dariam um golpe fatal na França e depois se voltariam para o leste para derrotar o exército russo, cuja mobilização era lenta. Os detalhes do plano foram discutidos exaustivamente por Moltke e seus subordinados entre 1905 e 1914, e, ao longo do tempo, eles o modificaram em aspectos importantes de modo a aumentar a probabilidade de êxito na campanha ocidental.[16]

Os líderes alemães estavam confiantes de que o Plano Schlieffen seria um sucesso. Em agosto de 1914, Guilherme traduziu a opinião predominante num discurso às tropas alemãs de partida: "Vocês estarão de volta antes que as folhas caiam das árvores". Os militares pensavam de maneira semelhante. O general Arthur von Loebell afirmou: "Em duas semanas derrotaremos a França, depois daremos meia-volta, derrotaremos a Rússia e, em seguida, marcharemos até os Bálcãs e imporemos a ordem na região". O adido militar britânico em Berlim constatou que essa "confiança suprema" era generalizada nos círculos militares alemães. Ao mesmo tempo, um observador alemão afirmou que o Estado-Maior "antevê a guerra com a França com grande confiança e espera derrotar a França no prazo de quatro semanas".[17]

No entanto, em Berlim, os dirigentes sabiam muito bem que o sucesso não estava, de modo algum, garantido. Compreendiam que a letalidade crescente do armamento contemporâneo indicava que uma força de assalto enfrentaria enorme resistência e que era mais fácil defender que atacar. As batalhas acarretariam um grande número de baixas, tanto das forças ofensivas como das defensivas. "Ninguém tinha qualquer ilusão", escreve Michael Howard, "de que um ataque frontal não seria dificílimo, e que a

---

15 Sagan, "1914 Revisited: Allies, Offense, and Instability", *International Security*, v.11, n.2, p.151-75, 1986.

16 Sobre o Plano Schlieffen, *ver* Ehlert; Epkenhans; Gross (orgs.), *The Schlieffen Plan: International Perspectives on the German Strategy for World War I*; e Ritter, *The Schlieffen Plan: Critique of a Myth*.

17 Citado em Van Evera, *Causes of War*, op. cit., p.204.

vitória só seria alcançada com perdas pesadas."[18] Ainda assim, os estrategistas alemães acreditavam que as possibilidades de sucesso eram boas, mas que só diminuiriam à medida que o equilíbrio de poder mudasse ainda mais contra a Alemanha. Dentro de alguns anos, eles pensavam, "o poder ofensivo da Rússia seria suficiente para invalidar as estimativas incorporadas no Plano Schlieffen".[19]

O processo decisório alemão não foi somente baseado em teorias verossímeis, ele também foi marcado pela deliberação. A política foi elaborada por um grupo de indivíduos "minúsculo" e coeso que se manteve sempre em contato durante toda a crise, discutindo os desdobramentos da situação de forma ponderada.[20] Os principais participantes eram Guilherme, Bethmann, Jagow e Moltke, embora também conversassem com o subsecretário de Estado Arthur Zimmermann, o general Georg von Waldersee, o ministro da Guerra prussiano Erich von Falkenhayn e o almirante Alfred von Tirpitz, secretário de Estado do Ministério da Marinha Imperial. Suas longas discussões se caracterizaram pelo consenso, tanto em relação aos objetivos alemães quanto à melhor maneira de alcançá-los. Como observa Annika Mombauer, "a célebre pergunta de Berchtold 'Quem governa em Berlim – Moltke ou Bethmann?' talvez seja mais bem respondida à luz dessas semelhanças, pois, no fim, era quase irrelevante quem estava no comando. Os dois homens no topo do processo decisório militar e político nesses meses cruciais partilhavam basicamente os mesmos objetivos e estavam motivados pelos mesmos desejos, não apenas em julho de 1914, mas também nos meses que precederam o início da guerra e nos meses que se seguiram a ele. As tentativas que os líderes militares fizeram no pós-guerra para pôr a culpa nos civis, e vice-versa, confundiram a questão ao insinuar que havia diferenças de opinião quando, na verdade, o que havia era uma grande semelhança".[21]

Argumentos conhecidos que afirmam que o processo decisório alemão era não deliberativo estão equivocados. Marc Trachtenberg os enumera, perguntando se os assessores políticos foram "mantidos na ignorância" a respeito do planejamento militar, "dominados por forças que não podiam controlar [...] conduzidos para a guerra pela rigidez dos [...] planos militares e pela recompensa que eles puseram na prevenção", e "impelidos à guerra pelos generais e pelo sistema criado pelos militares". Sua "resposta em todos

---

18 Howard, "Men Against Fire: Expectations of War in 1914", *International Security*, v.9, n.1, p.43, 1984. *Ver também* Herwig, "Germany and the 'Short-War' Illusion": Toward a New Interpretation?", *Journal of Military History*, v.66, n.3, p.681-93, 2002; Lieber, "The New History of World War I and what it Means for International Relations Theory", *International Security*, v.32, n.2, p.177-83, 2007.

19 Clark, *The Sleepwalkers*, op. cit., p.332.

20 Röhl, "The Curious Case of the Kaiser's Disappearing War Guilt", op. cit., p.78.

21 Mombauer, *Helmuth von Moltke and the Origins of the First World War*, op. cit., p.285-6.

os casos é basicamente não". Tanto os dirigentes civis como os dirigentes militares compreendiam a dinâmica política e estratégica da situação, e os civis permaneceram firmemente no controle do processo político durante toda a Crise de Julho.[22]

O Japão decide atacar os Estados Unidos em Pearl Harbor

A decisão japonesa de atacar os Estados Unidos em Pearl Harbor é descrita muitas vezes como resultado do pensamento não racional e da não deliberação. Lebow e Stein argumentam que os líderes japoneses se envolveram em "pensamentos ilusórios", entrando em guerra porque "se iludiram, pensando que seu inimigo aceitaria [...] a derrota em vez de lutar para retomar a iniciativa".[23] Snyder também conclui que os líderes em Tóquio foram não racionais e que o motivo pelo qual "não conseguiram recuar do precipício é que anos de criação de mitos estratégicos tinham distorcido tanto a percepção dos japoneses que uma avaliação lúcida das alternativas tinha se tornado impossível".[24] Charles Kupchan afirma que "a imagem que equiparava a segurança japonesa à implantação da Esfera da Coprosperidade impregnara tanto a mente e os valores das elites que se sobrepôs à lógica que indicava que as tentativas de concretizar essa ideia de segurança provavelmente trariam a ruína para a metrópole". No momento em que atacou os Estados Unidos, o Japão "não estava simplesmente em busca de recursos; ele estava desempenhando uma missão espiritual". Os líderes japoneses foram movidos por "seu compromisso cognitivo e emocional de realizar suas aspirações imperiais".[25] Ao mesmo tempo, Jeffrey Record afirma que a opção do Japão pela guerra "devia muito ao racismo, ao fatalismo, à arrogância imperial e à ignorância cultural dos japoneses". Os líderes em Tóquio deixaram que "suas ambições imperiais ultrapassassem irremediavelmente em muito sua capacidade militar [...] mostraram uma incapacidade incrível de elaborar um pensamento estratégico confiável [e], simultaneamente, ficaram fascinados com as oportunidades operacionais de curto prazo e cegos às suas consequências estratégicas de longo prazo, provavelmente desastrosas".[26]

Dale Copeland resumiu o lugar-comum referente ao porquê de o Japão ter decidido atacar os Estados Unidos: "Para a maioria dos especialistas em relações internacionais que investigaram essa questão, a resposta é simples:

---

22 Trachtenberg, "The Coming of the First World War", op. cit., p.96. Para uma avaliação semelhante, *ver* Schuker, "Dust in the Eyes of Historians: A Comment on Marc Trachtenberg's 'New Light'", *H-Diplo*, ISSF Forum, n.16, p.70-99, 2017.
23 Lebow; Stein, "Beyond Deterrence", op. cit., p.13 e 15.
24 Snyder, *Myths of Empire: Domestic Politics and International Ambition* (1991), p.148.
25 Kupchan, *The Vulnerability of Empire*, p.345-6.
26 Record, *A War it Was always Going to Lose: Why Japan Attacked America in 1941*, p.6.

em 1941, os dirigentes e as autoridades japonesas já não estavam agindo de forma racional. Eles estavam imbuídos de inúmeras crenças irracionais, entre as quais o argumento de que para sustentar sua visão do império não tinham outra escolha senão enfrentar os Estados Unidos".[27]

Quanto à não deliberação, Robert Jervis ressalta a péssima qualidade do processo decisório japonês, citando Robert Scalapino para demonstrar seu argumento: "Em vez de examinar cuidadosamente a probabilidade de que a guerra fosse, na verdade, curta e decisiva, e travada em condições ideais para o Japão, os planos de emergência assumiram cada vez mais uma característica estranhamente irracional e desesperada, na qual a questão principal 'Podemos vencer?' foi posta de lado".[28] Snyder também conclui que o processo de formulação de políticas japonês era não deliberativo, insinuando que "uma forma pela qual essa miopia pode ter surgido era o fato de as elites se confundirem umas às outras a respeito dos custos e dos riscos das diversas alternativas por meio da falsificação sistemática ou da sonegação de informação".[29] Van Evera assegura que o governo japonês "nunca analisou seriamente as possibilidades de vencer uma guerra contra os Estados Unidos. Ele não fez nenhuma estimativa global do poder do Japão e não tinha nenhum plano-piloto para conduzir a guerra. Ele não conseguiu analisar os efeitos prováveis do ataque a Pearl Harbor sobre o desejo americano de derrotar o Japão. A marinha japonesa nunca examinou seriamente as consequências de seu avanço previsto no Sudeste Asiático [...] O exército japonês não fez nenhum esforço concreto para avaliar o poderio militar dos Estados Unidos, e abafou todas as avaliações que foram feitas".[30]

Esses argumentos são equivocados. A decisão do Japão de atacar os Estados Unidos em 1941 e a sua estratégia de travar a guerra que se seguiu foram baseadas em teorias verossímeis. Além do mais, tanto os dirigentes civis como os militares se envolveram, desde o início, num processo decisório deliberativo que se caracterizou por um grande consenso. Isso tudo significa que o Japão foi racional no período que antecedeu Pearl Harbor.[31]

---

27 Copeland, *Economic Interdependence and War*, p.144.

28 Jervis, "Deterrence and Perception", *International Security*, v.7, n.3, p.30, 1982.

29 Snyder, *Myths of Empire*, op. cit., p.148.

30 Van Evera, "Why States Believe Foolish Ideas: Non-Self-Evaluation by States and Societies", p.33. Massachusetts Institute of Technology, jan. 2002. [manusc. inédito.] Disponível em: <https://dspace.mit.edu/bitstream/handle/1721.1/5533/why_states_believe_foolish_ideas. pdf>. Acesso em: 8 out. 2024.

31 Este exemplo se baseia em Asada, *From Mahan to Pearl Harbor: The Imperial Japanese Navy and the United States*, cap.10-11; Barnhart, *Japan Prepares for Total War: The Search for Economic Security, 1919-1941*, cap.12-13; Bix, *Hirohito and the Making of Modern Japan*, cap.11; Butow, *Tojo and the Coming of War*, cap.9-12; Copeland, *Economic Interdependence and War*, op. cit., cap.4-5; Ike, *Japan's Decision for War: Records of the 1941 Policy Conferences*; Iriye, *The Origins of the Second World War in Asia and the Pacific*, cap.5-6; Kupchan, *The Vulnerability of Empire*, op. cit., cap.5; Russett, *No Clear and Present Danger: A Skeptical View of the United States Entry into*

No início de julho de 1941, o Japão se encontrava numa situação estratégica sombria e em processo de deterioração. Ele não estava apenas preso num atoleiro na China, mas também estava sendo asfixiado pelos Estados Unidos. A Lei do Controle de Exportações de 2 de julho de 1940 tinha suspendido o fornecimento de inúmeros produtos e matérias-primas, principalmente ferro e sucata de aço, que eram essenciais para manter o funcionamento da economia civil e militar japonesa. Então, no dia 25 de julho de 1941, Washington congelou todos os ativos japoneses nos Estados Unidos e impôs, na prática, um embargo de petróleo a Tóquio, uma ação que prometia destruir a economia do Japão. Em resposta, o Japão buscou uma solução diplomática – as discussões com os Estados Unidos ocorreram de 17 de agosto a 4 de setembro e de 17 a 26 de novembro –, oferecendo importantes concessões em troca da suspensão do embargo comercial americano, só que Washington interrompeu as duas séries de negociações. Diante dessa situação crítica, os dirigentes japoneses decidiram a contragosto atacar os Estados Unidos, sabendo que suas possibilidades de vitória eram pequenas, mas raciocinando que uma guerra arriscada era preferível a uma economia paralisada e à exclusão das fileiras das grandes potências.

Essa decisão se baseou numa teoria realista verossímil. Os dirigentes japoneses pretendiam manter a posição do Japão no equilíbrio de poder de modo a maximizar suas perspectivas de sobrevivência. Numa reunião de alto nível no dia 3 de setembro, o chefe do Estado-Maior da Marinha Nagano Osami explicou: "Em vários aspectos o Império está perdendo relevância: ou seja, estamos ficando mais fracos. Por outro lado, o inimigo está ficando mais forte. Com o passar do tempo, ficaremos cada vez mais fracos e não conseguiremos sobreviver. Além disso, suportaremos o que puder ser suportado ao continuar com a diplomacia, porém, no momento oportuno teremos de fazer algumas estimativas. No final das contas, quando não existir esperança para a diplomacia, e quando a guerra não puder ser evitada, é fundamental que decidamos rapidamente". Três dias depois o primeiro-ministro Konoe Fumimaro defendeu um argumento quase idêntico, observando que, "se permitirmos que essa situação continue, é inevitável que o nosso Império perderá a capacidade de manter seu poder nacional, e que o nosso poder nacional ficará para trás do poder nacional dos Estados Unidos". Para resolver o problema, o Japão deveria "tentar evitar a catástrofe da guerra recorrendo a todas as medidas diplomáticas possíveis. Se as medidas diplomáticas não conseguirem produzir resultados favoráveis dentro de um certo prazo, acredito que não podemos evitar de dar o último passo para nos defendermos".[32]

World War II, cap.3; Sagan, "The Origins of the Pacific War", em Rotberg; Rabb (orgs.), *The Origin and Prevention of Major Wars*, p.323-52; Taliaferro, *Balancing Risks: Great Power Intervention in the Periphery*, cap.4.

32 Citado em Ike, *Japan's Decision for War*, op. cit., p.130-1 e 138.

Esses argumentos adquiriram uma força cada vez maior à medida que a situação piorava. Numa reunião importante com o imperador Hirohito no dia 5 de novembro, Tojo Hideki, que recentemente se tornara primeiro-ministro, advertiu que o Japão não podia "permitir que os Estados Unidos continuassem fazendo o que lhes aprouvesse, muito embora haja um certo mal-estar [...] Daqui a dois anos não teremos petróleo para uso militar. Os navios vão ficar parados. Quando penso no fortalecimento das defesas americanas no sudoeste do Pacífico, na ampliação da frota americana, no Incidente Chinês inconcluso e assim por diante, não vejo um fim para as dificuldades. Podemos falar em austeridade e sofrimento, mas será que a nossa população conseguirá suportar uma vida assim por muito tempo? [...] Temo que em dois ou três anos nos transformaremos numa nação de terceira classe se simplesmente ficarmos inertes". Na mesma reunião, Hara Yoshimichi, que falava em nome do imperador, concordou que era "impossível, do ponto de vista da nossa situação política interna e da nossa autopreservação, aceitar todas as exigências americanas. Precisamos continuar defendendo nossa posição [...] Não podemos permitir que a presente situação continue. Se perdermos a presente oportunidade de ir à guerra, teremos de nos submeter aos ditames americanos".[33]

Tendo decidido declarar guerra, os dirigentes japoneses elaboraram o que lhes parecia ser uma teoria de vitória extremamente arriscada, porém verossímil. Ninguém acreditava que o Japão conseguiria vencer uma guerra longa contra os poderosos Estados Unidos. Nagano, que foi encarregado de fazer o planejamento de guerra, era pessimista a respeito das possibilidades do Japão. "Penso que será provavelmente uma guerra longa", ele observou em setembro, acrescentando que, muito provavelmente, "não será possível sustentar uma guerra longa". Ele advertiu que "mesmo que o nosso Império consiga alcançar uma vitória naval decisiva, isso não nos permitirá pôr fim à guerra. Podemos prever que os Estados Unidos tentarão prolongar a guerra, utilizando sua posição inexpugnável, seu poderio industrial superior e seus recursos abundantes". Essa opinião era amplamente compartilhada. Resumindo as discussões de uma importante reunião em 1º de novembro, a nota oficial constatava: "De modo geral, no caso de entrarmos em guerra, as perspectivas não são promissoras. Todos nos perguntamos se não haveria uma forma de agir pacificamente. Ninguém se dispõe a dizer: 'Não se preocupem, se a guerra se prolongar, assumirei a responsabilidade'. Por outro lado, não é possível manter o *status quo*". Por isso, se a diplomacia falhasse, "a conclusão inevitável seria que deveríamos entrar em guerra".[34]

---

33 Citado em ibid., p.236 e 238. Ver Butow, *Tojo and the Coming of War*, op. cit., p.280, para o argumento semelhante defendido por Tojo.

34 Citado em Ike, *Japan's Decision for War*, op. cit., p.131, 139 e 207.

Entretanto, os líderes em Tóquio pensavam que, se eles impusessem às forças armadas americanas uma série de derrotas arrasadoras no início da guerra e criassem um perímetro defensivo sólido no Pacífico, os americanos poderiam perder a vontade de lutar – principalmente se estivessem envolvidos simultaneamente numa guerra europeia – e aceitar uma paz negociada que deixaria o Japão como um dos Estados mais poderosos do leste da Ásia. No início de setembro, Nagano resumiu a opinião geral: o Japão precisava "capturar rapidamente as zonas militares e fontes de suprimentos importantes do inimigo no início da guerra, tornando nossa posição operacional defensável e, ao mesmo tempo, obtendo suprimentos vitais das regiões que no momento estavam sob influência hostil". Na sua opinião, "se esta primeira etapa da nossa operação for levada a cabo com êxito, nosso império terá assegurado áreas estratégicas no sudoeste do Pacífico [e] estabelecido uma posição inexpugnável". A partir daí, o resultado "dependeria, em grande medida, do poder nacional geral – incluindo diversos elementos, tangíveis e intangíveis – e dos desdobramentos da situação mundial".[35]

Os assessores políticos japoneses não somente escolheram estratégias com base em teorias verossímeis, mas também se envolveram num processo deliberativo do início da crise ao início da guerra. Fizeram diversas reuniões, discutiram acaloradamente todas as questões pertinentes ao seu problema e como lidar com ele, e chegaram rapidamente a um consenso. De 1º de julho a 1º de dezembro de 1941, houve 38 reuniões de articulação, que contaram com a participação do primeiro-ministro, do ministro do Exterior, do ministro da Guerra, do ministro da Marinha, dos chefes e subchefes do Estado-Maior do Exército e da Marinha, e às vezes de outros ministros, como o ministro das Finanças e o diretor do conselho de planejamento. Além disso, os principais líderes se reuniram com o imperador em quatro assembleias imperiais, em 2 de julho, 6 de setembro, 5 de novembro e 1º de dezembro, quando foi tomada a decisão final de declarar guerra.

Houve um extraordinário consenso nessas reuniões a respeito da situação enfrentada pelo Japão e do modo de pensar em como lidar com ela. Os dirigentes japoneses concordaram que seu país estava sendo asfixiado pelos Estados Unidos e corria o risco iminente de sair do rol das grandes potências. Baseado na análise das minutas das assembleias imperiais de articulação, Nobutaka Ike conclui que "todos os líderes tinham os mesmos valores fundamentais [...] Todos consideravam que a posição americana ameaçava os interesses mais profundos do Japão. Sua discordância era exclusivamente quanto aos métodos e ao momento adequado". Ao mesmo tempo, devido à recusa de Washington de negociar de boa-fé, todos concordaram que o Japão não tinha muita opção senão iniciar uma guerra

---

35 Citado em ibid., p.139-40.

extremamente arriscada. "No outono de 1941", escreve Ike, "os dirigentes japoneses, justa ou injustamente, tinham passado a acreditar que estavam sendo encurralados pelos Estados Unidos e seus aliados. Para piorar as coisas, o tempo estava se esgotando para eles. Como demonstram as notas dessas assembleias, o *status quo* lhes parecia insuportável. As consequências dessa sensação de crise talvez fossem inevitáveis – para os japoneses, a guerra parecia o único caminho possível."[36]

Apesar desse consenso, os líderes japoneses se envolveram num debate vigoroso e irrestrito a respeito das questões em jogo, incluindo os méritos relativos do prosseguimento das negociações *versus* a guerra e qual a melhor maneira de travar uma guerra contra os Estados Unidos. De acordo com Copeland, "a discussão [nas assembleias] foi aberta e abrangente, girando em torno do que seria melhor para o Estado japonês, não o que seria melhor para um grupo administrativo ou para um indivíduo".[37] Scott Sagan conclui que, "se examinarmos mais atentamente as decisões tomadas em Tóquio em 1941, não descobriremos uma corrida inconsequente para o suicídio, e sim um debate prolongado e agonizante entre duas alternativas odiosas".[38] Finalmente, Bruce Russett considera que, "independentemente da natureza da decisão de declarar guerra, chegou-se a ela e ela se consolidou durante um longo período, e não resultou do impulso possivelmente 'irracional' de ninguém".[39]

A Alemanha decide invadir a União Soviética

A decisão da Alemanha nazista de lançar a Operação Barbarossa em 22 de junho de 1941 geralmente é citada como um exemplo paradigmático de não racionalidade. O processo de formulação política alemão normalmente é descrito como um processo caótico no qual Hitler passou por cima de seus generais – que discordavam dele a respeito do ataque à União Soviética e do modo de conduzir a guerra – e tomou todas as principais decisões sozinho. Como observa Rolf-Dieter Müller, "A teoria de que Hitler foi o único responsável pelo ataque à União Soviética [...] se tornou um importante pilar do edifício histórico".[40]

Dizem que a não deliberação foi acompanhada pela avaliação inverossímil. Hitler é descrito frequentemente como um agente não racional, uma linha de raciocínio que remonta ao período inicial do pós-guerra, quando

---

36 Ibid., p.xxiii-xxiv.
37 Copeland, *Economic Interdependence and War*, op. cit., p.228.
38 Sagan, "The Origins of the Pacific War", op. cit., p.324.
39 Russett, *No Clear and Present Danger*, op. cit., p.56.
40 Müller, *Enemy in the East: Hitler's Secret Plans to Invade the Soviet Union*, p.x.

os generais alemães procuraram se eximir da responsabilidade pela guerra e pela derrota alemã difundindo uma "narrativa do *Führer* estrategicamente incompetente, totalmente distante da realidade". Eles argumentavam que Hitler "tinha ignorado reiteradamente os limites daquilo que era militarmente possível e provocado a catástrofe alemã".[41]

A alegação de que Hitler não era um agente racional e que ele arrastou a Alemanha para uma guerra desastrosa também é um lugar-comum entre os cientistas políticos. De acordo com Norrin Ripsman, Jeffrey Taliaferro e Steven Lobell, Hitler "tinha tendências megalomaníacas" que o levavam a "controlar as decisões de política externa, ignorar os especialistas políticos e militares e rejeitar as opiniões e as informações em desacordo com [suas posições]". Isso fez que ele "tomasse decisões irracionais".[42] Alex Schulman, numa análise do planejamento para Barbarossa, argumenta que Hitler "conduziu tanto sua nação como ele próprio para a desgraça total para satisfazer uma visão de mundo flagrantemente irracional".[43] Daniel Byman e Kenneth Pollack concluem que "as patologias singulares de Hitler foram o fator mais importante que causou tanto a Segunda Guerra Mundial na Europa (pelo menos no sentido da guerra total continental que se seguiu) como a derrota final da Alemanha".[44]

Os historiadores apresentam argumentos semelhantes. Klaus Hildebrand sustenta que "o mais tardar em 1941", muito antes de Barbarossa, "as medidas irracionais [...] passaram a se sobrepor aos métodos racionais e calculados do poder político dentro do sistema. Em última instância, os elementos irracionais [...] provocaram a derrocada deles próprios e do sistema".[45] Michael Geyer escreve que "a trajetória da estratégia alemã durante o Terceiro Reich não foi determinada por um conjunto de grandes objetivos formulados racionalmente. Pelo contrário, foi determinada por uma série de apostas". Consequentemente, "a estratégia deixou de ser um elemento racional para alcançar determinados objetivos, e, nesse processo, também deixou de ser guiada por concepções racionais do uso da força". A invasão da União Soviética foi um "surto de capricho militar".[46] Finalmente, Alan Bullock afirma que "os poderes extraordinários de Hitler se misturavam a um egocentrismo desagradável e estridente e a um cretinismo moral e intelectual. As paixões que controlavam a mente de Hitler eram

---

41 Ullrich, *Hitler: Downfall, 1939-1945*, p.2.
42 Ripsman; Taliaferro; Lobell, *Neoclassical Realist Theory of International Politics*, p.23.
43 Schulman, "Testing Ideology Against Neorealism in Hitler's Drive to the East", *Comparative Strategy*, v.25, n.1, p.34, 2006.
44 Byman; Pollack, "Let Us Now Praise Great Men: Bringing the Statesman Back In", *International Security*, v.25, n.4, p.115, 2001.
45 Hildebrand, *The Foreign Policy of the Third Reich*, p.111.
46 Geyer, "German Strategy in the Age of Machine Warfare, 1914-1945", em Paret (org.), *Makers of Modern Strategy from Machiavelli to the Nuclear Age*, p.575 e 584.

abjetas: ódio, ressentimento, o desejo de dominar e, quando não conseguia dominar, destruir".[47]

Essa visão está equivocada. A decisão nazista de conquistar a União Soviética e seu plano para fazê-lo se basearam em teorias amplamente aceitas. Além disso, o processo alemão de formulação de políticas foi deliberativo do começo ao fim, e houve pouca discordância entre Hitler e seus generais tanto com referência aos objetivos como às estratégias. Resumindo: a decisão da Alemanha de lançar a Operação Barbarossa foi racional.[48]

Em meados de julho de 1940, a Alemanha nazista estava numa posição estratégica precária. Embora a Wehrmacht tivesse acabado de alcançar uma vitória impressionante contra a França, Berlim não tinha um caminho óbvio para derrotar a Grã-Bretanha e tirá-la da guerra. Ao mesmo tempo, os líderes alemães temiam que a União Soviética, que estava ficando cada vez mais poderosa e ameaçadora, acabasse atacando a Alemanha. Para piorar a situação, uma eventual guerra com os Estados Unidos pairava em segundo plano. Para resolver essa crise, a Alemanha invadiu a União Soviética no verão de 1941, confiante que obteria uma rápida e decisiva vitória que não apenas eliminaria a ameaça soviética, mas também provocaria a capitulação da Grã-Bretanha, dando ao Terceiro Reich uma vantagem significativa numa guerra com os Estados Unidos.

A decisão da Alemanha de atacar a União Soviética se baseou numa teoria realista objetiva. Desde o momento em que assumiram o poder em 1933, os dirigentes nazistas se dispuseram a garantir a sobrevivência da Alemanha estabelecendo a hegemonia na Europa. Para fazer isso, era fundamental que o Terceiro Reich derrotasse a União Soviética, seu adversário mais perigoso no continente. A urgência dessa tarefa era agravada pelo fato de que, embora o Exército Vermelho fosse mais fraco que a Wehrmacht, ele tinha um enorme potencial. Assim, os alemães foram motivados pelo desejo de, pelo menos, preservar o equilíbrio de poder, e, na melhor das hipóteses, alterá-lo. Basicamente, tanto a lógica da guerra preventiva como a da guerra hegemônica estavam em jogo havia algum tempo quando a crise sobre o modo de lidar com o cenário de ameaças para a Alemanha eclodiu no verão de 1940.

---

47 Bullock, *Hitler: A Study in Tyranny*, p.806.
48 Este exemplo se baseia em Cooper, *The German Army, 1933-1945: Its Political and Military Failure*, cap.1-18; Copeland, *The Origins of Major War*, op. cit., cap.5; Ellman, *Hitler's Great Gamble: A New Look at German Strategy, Operation Barbarossa, and the Axis Defeat in World War II*, cap.1-7; Gompert; Binnendijk; Lin, *Blinders, Blunders, and War: What America and China Can Learn*, cap.7; Kershaw, *Fateful Choices: Ten Decisions that Changed the World, 1940-1941*, cap.2; Leach, *German Strategy against Russia, 1939-1941*; Murray; Millett, *A War to Be Won: Fighting the Second World War*, cap.6; Stahel, *Operation Barbarossa and Germany's Defeat in the East*, parte I; Tooze, *The Wages of Destruction: The Making and Breaking of the Nazi Economy*, parte II; Whaley, *Codeword Barbarossa*.

Como os Estados pensam

É óbvio que a liderança alemã se baseou em teorias realistas. No auge da crise, em dezembro de 1940, Hitler informou seus generais que "a disputa com a Rússia decidirá a hegemonia europeia".[49] No mês seguinte, ele descreveu seu motivo para entrar em guerra, observando que, se a Alemanha derrotasse a União Soviética, "então nunca mais ninguém será capaz de derrotá-la".[50] Seus generais, previsivelmente, também estavam empenhados em tornar a Alemanha soberana na Europa. No dia 2 de julho de 1940, antes mesmo que Hitler anunciasse sua decisão de atacar a leste, o general Walther von Brauchitsch, comandante em chefe do Alto-Comando do exército alemão, orientou o chefe do Estado-Maior do exército, o general de divisão Franz Halder, a averiguar "como se deve executar um golpe militar contra a Rússia para induzi-la a aceitar o papel preponderante da Alemanha na Europa".[51] Por sua vez, Halder informou os chefes de Estado-Maior dos grupos do exército e dos exércitos que o Terceiro Reich estava determinado a buscar a hegemonia, que só poderia ser alcançada através da "guerra contra a Rússia".[52] Ao longo de todo o processo de planejamento de Barbarossa, no qual os generais desempenharam o papel principal, estava claro que o objetivo era excluir a União Soviética do equilíbrio de poder e tornar a Alemanha a potência hegemônica da Europa.

A relevância da lógica da guerra preventiva na avaliação alemã também é notória. Num memorando de agosto de 1936, que descrevia o "rápido crescimento" da capacidade militar de Moscou, Hitler argumentava que a Alemanha não podia se dar ao luxo de esperar muito tempo para atacar a União Soviética porque "senão perderemos tempo e a hora do perigo nos pegará a todos de surpresa".[53] Em agosto de 1940, com a situação se tornando mais urgente, ele disse ao tenente-coronel Bernhard von Lossberg que "os soviéticos estão ficando cada dia mais fortes, mas pensava que eles seriam destruídos em seis semanas, tanto militar como politicamente, se os golpeasse logo e com força".[54] Do mesmo modo, o antecessor de Halder, general Ludwig Beck, advertiu que a União Soviética poderia se tornar "um sério perigo ou, em determinadas circunstâncias, um perigo mortal". Como observa um historiador do exército alemão, a opinião de Beck de que a União Soviética "representava uma ameaça para a supremacia do Reich na Europa" era amplamente compartilhada pelos líderes militares alemães.[55] Em julho

---

49 Halder, *Kriegstagebuch*, v.2: *Von der geplanten Landung in England bis zum Beginn des Ostfeldzuges*, p.212.

50 Citado em Copeland, *The Origins of Major War*, op. cit., p.141.

51 Citado em Whaley, *Codeword Barbarossa*, op. cit., p.14.

52 Citado em Stahel, *Operation Barbarossa and Germany's Defeat in the East*, op. cit., p.65.

53 Citado em Copeland, *The Origins of Major War*, op. cit., p.128-9.

54 Citado em Read; Fisher, *The Deadly Embrace: Hitler, Stalin and the Nazi-Soviet Pact, 1939-1941*, p.498-9.

55 Cooper, *The German Army, 1933-1945*, op. cit., p.252.

de 1940, o chefe do Departamento de Operações da Wehrmacht, general Alfred Jodl, declarou que "era melhor [...] enfrentar essa campanha agora, quando estávamos no auge do nosso poderio militar".[56] Depois da guerra, Halder descreveu o ataque alemão à União Soviética como uma forma de eliminar uma "ameaça política distante, mas cada vez maior".[57]

Quando o planejamento da invasão foi posto em movimento, os dirigentes alemães deliberaram criteriosamente e concordaram prontamente com uma teoria da vitória verossímil. A reunião de Hitler com seus generais em 31 de julho de 1940, na qual ele anunciou sua intenção de atacar a União Soviética, foi a primeira de muitas reuniões de planejamento de alto nível ao longo dos onze meses seguintes.[58] As discussões nessas reuniões cobriram todas as principais questões relacionadas à operação prevista no leste. Os planejadores alemães deram uma atenção especial à capacidade militar soviética.[59] Concluíram que o Exército Vermelho, que estava equipado com armamentos ultrapassados e fora seriamente prejudicado pelos expurgos de Josef Stálin, dificilmente seria um adversário temível, como demonstrara com seu fraco desempenho na guerra de 1939-1940 com a Finlândia. Mesmo assim, os alemães admitiram que podiam estar subestimando a resistência soviética. Numa reunião com o ministro do Exterior Joachim von Ribbentrop e seus comandantes militares em 9 de janeiro de 1941, Hitler descreveu o Exército Vermelho como um "gigante de barro sem cabeça", mas advertiu que a Alemanha não deveria ser complacente e que a União Soviética não devia ser subestimada. No mês seguinte, Halder reconheceu a superioridade numérica do Exército Vermelho, mas ressaltou que essa vantagem era mais que anulada pela vantagem qualitativa da Wehrmacht. Apesar disso, ele advertiu, "surpresas não [são] impossíveis". A preocupação com a inferioridade numérica levou Hitler a revogar sua decisão anterior de encolher o exército alemão e, em vez disso, ordenar um aumento do seu efetivo, passando de 120 para 180 divisões.[60]

Ao mesmo tempo, os líderes alemães se esforçaram para criar um plano militar para derrotar o Exército Vermelho. Logo depois de tomar a decisão de invadir a União Soviética, começaram a trabalhar seriamente no Plano Marcks – que estava sendo elaborado antes mesmo do anúncio de Hitler – e no Plano Lossberg. Esses esboços foram então reunidos sob a supervisão do general Friedrich Paulus, que no final de 1940 dirigiu uma série de jogos de

---

56 Citado em Copeland, *The Origins of Major War*, op. cit., p.140.
57 Citado em Leach, *German Strategy against Russia, 1939-1941*, op. cit., p.132.
58 Para um balanço abrangente dessas reuniões, *ver* Stahel, *Operation Barbarossa and Germany's Defeat in the East*, op. cit., p.33-104.
59 Leach, *German Strategy against Russia, 1939-1941*, apêndice IV.
60 Stahel, *Operation Barbarossa and Germany's Defeat in the East*, op. cit., p.38-9, 72 e 79-81, citações nas p.72 e 80.

Como os Estados pensam

guerra criados para testar os diversos aspectos do plano operacional em evolução. A versão final foi apresentada a Halder no dia 31 de janeiro de 1941, que a discutiu com Hitler alguns dias depois. Após essa reunião, Hitler ordenou novos estudos a respeito dos problemas potenciais do plano, embora suas características básicas estivessem agora bem definidas. A Wehrmacht utilizaria a estratégia da *blitzkrieg*, que funcionara tão bem contra a França em 1940, para derrotar rapidamente o Exército Vermelho – que ocupava posições avançadas e estava vulnerável à investida inicial alemã – a oeste da linha do Dvina-Dnieper. Com seu exército destruído, seria relativamente fácil conquistar a União Soviética.[61]

Hitler e seus generais chegaram ao consenso de que a estratégia que tinham criado estava correta e funcionaria como previsto. Essa confiança já estava visível em 31 de julho de 1940, quando discutiram pela primeira vez os detalhes operacionais do plano. David Stahel observa que a declaração de Hitler de que ele pretendia conquistar a União Soviética foi recebido por seus "comandantes mais graduados [...] sem protesto nem discussão, contrastando nitidamente com as disputas apaixonadas decorrentes do *timing* e dos planos operacionais da campanha do oeste". Stahel observa que esse otimismo generalizado se manteve muito presente durante todo o processo de planejamento. À medida que os detalhes da invasão eram finalizados no início de janeiro de 1941, ele escreve, "os objetivos operacionais, a justificativa de uma segunda frente e o pressuposto da vitória foram todos aceitos sem expressões de desagrado".[62] Essa avaliação do que aconteceria quando o Exército Vermelho e a Wehrmacht se chocassem era amplamente compartilhada pelos assessores políticos em Washington, Londres e até mesmo Moscou.[63]

Apesar desse formidável consenso, alguns dirigentes alemães discordaram sobre como a operação deveria prosseguir caso o Exército Vermelho não fosse derrotado a oeste dos rios Dvina e Dnieper. Em particular, Hitler e seus generais não chegaram a um acordo sobre qual deveria ser o principal eixo de ataque quando as tropas alemãs se deslocassem mais para leste, nas profundezas da União Soviética, sobretudo por confiarem que a Wehrmacht esmagaria o Exército Vermelho na etapa inicial da operação. Se isso não acontecesse, eles se contentariam em resolver a questão quando chegasse a hora.[64]

O desejo alemão de conquistar a União Soviética e o planejamento operacional subsequente às vezes são retratados como sendo impulsionados

---

61 Ibid., p.33-95.
62 Ibid., p.39 e 73. *Ver também* Copeland, *The Origins of Major War*, op. cit., p.142.
63 Cecil, *Hitler's Decision to Invade Russia, 1941*, p.121; Copeland, *The Origins of Major War*, op. cit., p.142; Ellman, *Hitler's Great Gamble*, op. cit., p.90-1.
64 Essa não foi a primeira vez que Hitler discordou de seus generais a respeito de planos estratégicos. Na verdade, eles entraram em conflito durante o processo de planejamento da invasão da França em maio de 1940. *Ver* May, *Strange Victory: Hitler's Conquest of France*.

155

principalmente por fatores ideológicos e raciais e não por uma lógica realista e avaliações do campo de batalha. Não resta dúvida de que os líderes nazistas eram motivados pela ideologia e consideravam o conflito iminente como uma luta apocalíptica entre o fascismo e o bolchevismo. Também encaravam seu adversário comunista em termos racistas, descrevendo os eslavos, e principalmente os judeus, como povos de raças inferiores que deveriam ser assassinados em escala maciça para dar aos alemães um "espaço vital" no leste. No entanto, os fatores ideológicos, que se baseavam numa teoria verossímil, e os fatores raciais, que eram inverossímeis e abomináveis, tiveram importância secundária na decisão de declarar guerra e praticamente não afetaram o planejamento militar.[65] Os dirigentes alemães queriam conquistar a União Soviética acima de tudo por motivos geopolíticos. A dimensão ideológica da relação germano-soviética simplesmente reforçou os cálculos do equilíbrio de poder. E, no planejamento de Barbarossa, as análises ideológicas e raciais só entraram em cena quando o projeto militar já estava bem adiantado. Mesmo então, elas não privaram a operação prevista de recursos essenciais, nem interferiram de forma significativa na estratégia da Wehrmacht para derrotar o Exército Vermelho.

Duas outras decisões relacionadas à invasão alemã da União Soviética – uma envolvendo Hitler, a outra envolvendo Stálin – também seriam não racionais. A primeira é a declaração de guerra de Hitler contra os Estados Unidos em 11 de dezembro de 1941, logo depois que a ofensiva da Wehrmacht empacou perto de Moscou, uma decisão que, como observam os historiadores Brendam Simms e Charlie Laderman, normalmente é retratada como "um erro estratégico inexplicável", e que Ripsman, Taliaferro e Lobell descrevem como "irracional".[66]

Contudo, examinada de perto, a decisão de Hitler de declarar guerra aos Estados Unidos resultou de uma teoria verossímil para derrotar as grandes potências rivais da Alemanha. Com a França derrotada, a Grã-Bretanha nas cordas e a União Soviética gravemente atingida, Hitler temia que os Estados Unidos trouxessem seu enorme poder contra a Alemanha, como fizeram na Primeira Guerra Mundial. Assim sendo, o ataque japonês a Pearl Harbor presenteou-o com a oportunidade de desferir o primeiro golpe contra os Estados Unidos antes que eles mobilizassem todos os seus recursos para a guerra e enquanto estavam envolvidos num conflito com o Japão que certamente seria longo. Além disso, uma declaração de guerra formal contra os Estados Unidos estava longe de ser uma medida radical, já que estava

---

65 Copeland, *The Origins of Major War*, op. cit., p.119-23. Fazemos uma distinção entre teorias ideológicas e raciais. Embora tenham coexistido no caso da Alemanha nazista, isso não precisa ocorrer. A Guerra Fria, por exemplo, foi em parte uma luta ideológica entre liberalismo e comunismo e não tinha uma dimensão racial.

66 Simms; Laderman, *Hitler's American Gamble: Pearl Harbor and Germany's March to Global War*, p.x; Ripsman; Taliaferro; Lobell, *Neoclassical Realist Theory of International Politics*, op. cit., p.23.

claro antes mesmo de dezembro de 1941 que o governo Roosevelt tinha decidido entrar na guerra europeia contra a Alemanha.[67]

O segundo suposto exemplo de não racionalidade é a incapacidade de Stálin de prever a invasão alemã da União Soviética em junho de 1941. Stein argumenta que vieses cognitivos levaram o dirigente soviético a ignorar "indícios que eram incompatíveis com sua convicção de que Adolf Hitler não se afastaria da frente ocidental e atacaria a União Soviética".[68] Ripsman, Taliaferro e Lobell retratam Stálin como "particularmente suscetível a falhas de racionalidade" devido a seu "temperamento único [...] falhas cognitivas, excentricidades ou experiência histórica". Essas falhas, eles argumentam, o tornaram pouco disposto a "se preparar para um ataque alemão iminente em junho de 1941, apesar da enorme quantidade de informações militares a respeito desse ataque".[69]

Essa interpretação do comportamento de Stálin às vésperas da Operação Barbarossa é incorreta. Ele estava consciente de que Hitler pretendia atacar a União Soviética em algum momento, e estava preparando ativamente suas forças armadas para enfrentar essa eventualidade. A respeito do que aconteceu em junho de 1941, os soviéticos não tinham informações claras de que um ataque alemão era iminente, em grande parte devido a uma sofisticada campanha de desinformação alemã. Além disso, a teoria da dissuasão dizia a Stálin que era improvável que a Alemanha atacasse a leste antes de derrotar a Grã-Bretanha a oeste. Um dos motivos principais da derrota da Alemanha imperial na Primeira Guerra Mundial foi ela ter sido obrigada a lutar em duas frentes, e Stálin sabia que Hitler sabia disso. Ele também sabia que a Alemanha dependia dos recursos soviéticos, que obviamente desapareceriam se os dois países entrassem em guerra. Finalmente, a teoria da dissuasão também o levou a rejeitar apelos para deslocar os exércitos soviéticos para as posições de combate na linha de frente devido ao temor de que essa medida provocasse o próprio ataque que ela queria impedir.[70]

---

67 Johnson, "Review of Brendan Simms and Charlie Laderman, *Hitler's American Gamble. Pearl Harbor and Germany's March to Global War*", H-Diplo Review Essay, n.409, 17 fev. 2022; Kershaw, *Hitler, 1936-1945: Nemesis*, p.442-6; id., *Fateful Choices*, op. cit., cap.9; Schweller, *Deadly Imbalances: Tripolarity and Hitler's Strategy of World Conquest*, cap.4-6; Simms; Laderman, *Hitler's American Gamble*, op. cit.; Tooze, *The Wages of Destruction*, op. cit., p.501-6; Trachtenberg, *The Craft of International History: A Guide to Method*, p.80-8; Weinberg, "Why Hitler Declared War on the United States", *Historynet*, 12 ago. 2007. Disponível em: <https://www.historynet.com/hitler-declared-war-united-states/>. Acesso em: 6 out. 2024.

68 Stein, "Threat Perception in International Relations", em Huddy; Sears; Levy (orgs.), *The Oxford Handbook of Political Psychology*, p.375.

69 Ripsman; Taliaferro; Lobell, *Neoclassical Realist Theory of International Politics*, op. cit., p.23.

70 Kershaw, *Fateful Choices*, op. cit., cap.6; Kotkin, *Stalin: Waiting for Hitler, 1929-1941*, cap.14 e epílogo; id., "When Stalin Faced Hitler: Who Fooled Whom?", *Foreign Affairs*, v.96, n.6, p.55-64, 2017; Moorhouse, *The Devil's Alliance: Hitler's Pact with Stalin, 1939-1941*, cap.8; Murphy, *What Stalin Knew: The Enigma of Barbarossa*.

Estados Unidos decidem resolver a Crise dos Mísseis Cubanos

Embora alguns especialistas citem a condução da Crise dos Mísseis Cubanos em outubro de 1962 pelo governo de John F. Kennedy como um exemplo paradigmático de racionalidade, outros argumentam que ela não foi, e encontram até mesmo fortes indícios de não racionalidade.[71] Dizem que Kennedy, em particular, não agiu racionalmente. De acordo com Mark Haas, "Teorias baseadas na maximização do valor esperado têm dificuldade de explicar as ações de Kennedy do momento em que o bloqueio foi efetivado até o momento em que Kruschev anunciou a retirada dos mísseis da ilha e seu retorno para solo soviético". O caso "põe em questão o principal pressuposto que fundamenta a maioria das teorias de dissuasão – que as pessoas vão se comportar 'racionalmente', baseando suas decisões em avaliações do valor esperado". Na verdade, ele escreve, os indícios sugerem que "os indivíduos podem estar inclinados a se envolver num comportamento 'irracional' que aceita o risco".[72] James Nathan é mais direto, observando que a "ansiedade pessoal de Kennedy está bem documentada, e pode-se argumentar que a análise desapaixonada ou a solução do problema foi praticamente impossibilitada pelo aspecto psicológico da situação".[73] Noam Chomsky afirma que o presidente "assumiu riscos impressionantes" e rejeitou "propostas russas que pareceriam razoáveis a uma pessoa racional" como "impensáveis".[74]

Críticos da racionalidade do governo americano durante a crise cubana também descreveram o processo decisório como não deliberativo. Lebow argumenta que "analistas ignoraram cuidadosamente o 'pensamento de grupo' e outros afastamentos do 'processo decisório aberto' que, na verdade, caracterizaram o gerenciamento daquele confronto por Kennedy, e que uma revisão adequada revela um forte componente de irracionalidade" atravessando o processo.[75] David Welch argumenta que "um observador absolutamente racional" apontaria diversas "'falhas' na condução da Crise dos Mísseis Cubanos pelo governo Kennedy". Ele descobriria que as "discussões propriamente ditas [...] eram desorganizadas, incoerentes, às vezes

---

71 Para pesquisas que tratam o processo decisório do governo Kennedy como racional, *ver* Janis, *Groupthink: Psychological Studies of Policy Decisions and Fiascoes*, cap.6; Kay; King, *Radical Uncertainty: Decision-Making beyond the Numbers*, p.278-82.

72 Haas, "Prospect Theory and the Cuban Missile Crisis", *International Studies Quarterly*, v.45, n.2, p.260 e 267, 2001.

73 Nathan, "The Missile Crisis: His Finest Hour Now", *World Politics*, v.27, n.2, p.260, 1975.

74 Chomsky, "Cuban Missile Crisis: How the US Played Russian Roulette with Nuclear War", *Guardian*, 15 out. 2012.

75 Lebow, "The Cuban Missile Crisis: Reading the Lessons Correctly", *Political Science Quarterly*, v.98, n.3, p.458, 1983. *Ver também* id., *Between Peace and War*, op. cit., p.302-3.

Como os Estados pensam

erráticas, muitas vezes infundadas, em grande medida desarticuladas e aparentemente sem sentido".[76] Essa linha de raciocínio também está implícita em *Essence of Decision*, de Graham Allison, que utiliza três modelos – um modelo do agente racional e duas alternativas – para analisar o processo decisório americano durante a Crise dos Mísseis Cubanos e sugere que existem inúmeros indícios de alternativas não racionais.[77]

Ronald Steel apresenta um breve resumo da afirmação de que a condução da Crise dos Mísseis Cubanos pelo governo Kennedy foi marcada tanto por opiniões individuais equivocadas como pela não deliberação coletiva: "Assistimos ao espetáculo de mentes racionais influenciadas pelas paixões e pela euforia do poder, da máquina governamental se dividindo na luta das vontades individuais e de decisões que afetam o futuro da humanidade sendo tomadas por um punhado de homens – dos quais os melhores nem sempre tinham certeza de que estavam certos".[78]

Essa visão é equivocada. Kennedy e seus subordinados se basearam em teorias verossímeis para chegar a diferentes opções estratégicas. Também participaram de debates vigorosos e irrestritos antes que o presidente escolhesse qual era o melhor caminho a seguir.

Em maio de 1962, o premiê soviético Nikita Kruschev decidiu instalar mísseis com armas nucleares em Cuba. Durante os cinco meses seguintes, os militares soviéticos levaram a cabo sub-repticiamente seu plano sob o disfarce de uma missão de ajuda econômica; porém, antes do término da instalação, aviões de reconhecimento americanos identificaram alguns dos mísseis e suas bases de lançamento. O presidente Kennedy recebeu a notícia na manhã de 16 de outubro, o primeiro dia do que passou a ser conhecido como a Crise dos Mísseis Cubanos.[79]

Desde o início houve um consenso entre os assessores políticos americanos de que a União Soviética teria de remover todos os mísseis e ogivas nucleares de Cuba. Contudo, discordavam sobre a maneira de alcançar esse objetivo prioritário. Como essas divergências nunca foram superadas, coube ao presidente tomar a decisão final sobre o modo de resolver a crise, o que ele fez no sábado, 27 de outubro, prometendo que, em troca

---

76 Welch, "Crisis Decision Making Reconsidered", *Journal of Conflict Resolution*, v.33, n.3, p.443, 1989.

77 Allison, *Essence of Decision: Explaining the Cuban Missile Crisis*; Allison; Zelikow, *Essence of Decision: Explaining the Cuban Missile Crisis*. Ver também Bernstein, "Understanding Decision-making, U. S. Foreign Policy, and the Cuban Missile Crisis: A Review Essay", *International Security*, v.25, n.1, p.134-64, 2000.

78 Steel, "Endgame", *New York Review of Books*, 13 mar. 1969.

79 Este exemplo se baseia em Allison; Zelikow, *Essence of Decision*, op. cit.; Dobbs, *One Minute to Midnight: Kennedy, Khrushchev, and Castro on the Brink of Nuclear War*; Fursenko; Naftali, *One Hell of a Gamble: Khrushchev, Castro, and Kennedy, 1958-1964*; Frankel, *High Noon in the Cold War: Kennedy, Khrushchev, and the Cuban Missile Crisis*; George, *The Cuban Missile Crisis: Threshold of Nuclear War*; Janis, *Groupthink*, op. cit., cap.6.

da remoção das armas nucleares da ilha por Moscou, os Estados Unidos retirariam seus mísseis Júpiter da Turquia e não invadiriam Cuba. Como a remoção dos Júpiter certamente seria politicamente impopular nos Estados Unidos e na Europa, só alguns assessores políticos americanos e soviéticos foram informados desse elemento do acordo.

A visão americana acerca da crise foi influenciada por duas teorias nitidamente diferentes. Uma teoria exigia o uso da força militar para destruir as armas nucleares e seus mecanismos de lançamento, enquanto a outra apontava a coerção discreta como a melhor estratégia para restaurar o *status quo ante*. Os defensores da guerra confiavam que os Estados Unidos tinham superioridade nuclear estratégica e superioridade convencional local, e, portanto, poderiam destruir as armas soviéticas ao mesmo tempo que dissuadiam Moscou de partir para uma escalada no Caribe ou na Europa.

Os defensores da coerção temiam que o uso da força poderia levar a União Soviética a reagir militarmente em Cuba, em Berlim, onde os soviéticos tinham uma grande vantagem local, e talvez até contra o continente americano. Em cada um desses casos, o espectro da guerra nuclear pairava ao fundo. Ao mesmo tempo, os defensores da coerção acreditavam que a ameaça implícita e onipresente do uso da força aliada a uma ação diplomática criteriosa poderia produzir um acordo aceitável para ambos os lados.

Existe uma crença generalizada de que o processo decisório foi guiado por uma terceira teoria: a da manipulação da força nuclear, que consistia em ameaças militares explícitas e diplomacia do grande porrete. Contudo, existem poucos indícios de que a coerção agressiva tenha sido aventada. O debate entre os dirigentes americanos girou em torno do uso da força *versus* coerção discreta.[80]

A teoria da vitória militar produziu duas opções estratégicas. A primeira pedia a realização de ataques aéreos, que iam desde ataques cirúrgicos às instalações dos mísseis soviéticos a uma campanha de bombardeio de grande escala contra uma série de alvos militares. A segunda pedia a invasão de Cuba para resolver o problema. Embora fossem opções distintas, os falcões do governo Kennedy favoreceram opções militares diferentes em momentos diferentes. O diretor da CIA John McCone e o general Maxwell Taylor, chefe do Estado-Maior Conjunto, fizeram pressão tanto pelos ataques aéreos como pela invasão em diversos pontos durante a crise. O Estado-Maior se mostrou unido no apoio aos ataques aéreos, mas dividido quanto à sensatez da invasão. Por outro lado, o secretário do Tesouro Douglas Dillon e o assessor de Segurança Nacional McGeorge Bundy foram grandes defensores da opção dos ataques aéreos durante toda a crise.

---

80 Para uma reflexão sobre o pensamento estratégico americano durante a crise, *ver* Trachtenberg, "The Influence of Nuclear Weapons in the Cuban Missile Crisis", *International Security*, v.10, n.1, p.137-63, 1985.

Como os Estados pensam

A teoria coercitiva pedia um bloqueio naval de Cuba juntamente com a exigência de que a União Soviética retirasse seus mísseis nucleares da ilha. Num mundo ideal, Moscou simplesmente capitularia, mas os defensores dessa abordagem sabiam que isso era improvável. Seria preciso elaborar um acordo no qual os soviéticos acatassem a exigência de Washington em troca de concessões americanas em algum outro assunto. Tanto o secretário de Estado Dean Rusk como o secretário de Defesa Robert McNamara adotaram essa posição mais pacifista, no que foram acompanhados pelo subsecretário de Estado George Ball, pelo embaixador itinerante Llewellyn Thompson e pelo conselheiro especial do presidente, Theodore Sorensen.

O presidente e seu irmão, o procurador-geral Robert Kennedy, adotaram uma teoria da vitória militar no início da crise, mas acabaram apoiando a coerção, com o propósito de elaborar um acordo aceitável com Moscou. Inicialmente, ambos foram favoráveis aos ataques aéreos cirúrgicos contra os mísseis soviéticos, mas logo constataram que somente um ataque em larga escala poderia neutralizar a ameaça. Posteriormente, com os desdobramentos da crise, abandonaram a crença numa solução militar e passaram a defender a coerção, o que, em última análise, acabou forçando os soviéticos a apresentar dois acordos diferentes. Uma proposta previa a retirada dos mísseis por Moscou em troca do compromisso americano de não invadir Cuba, e a segunda acrescentava a disposição suplementar de que Kennedy removeria os Júpiter da Turquia. O presidente estava disposto a aceitar os dois acordos, tal como seu irmão, que ajudou a negociar o acordo final.

Os dirigentes americanos deliberaram durante toda a crise, reunindo-se dia e noite e discutindo seriamente as diversas opções estratégicas. O principal grupo decisório – que passou a ser conhecido como Comitê Executivo – se reuniu pelo menos uma vez por dia, durante várias horas, de 16 a 28 de outubro. Essas reuniões eram exemplos de livre debate, pois os participantes discutiam intensamente os prós e os contras de cada estratégia. Por exemplo, no dia 20 de outubro, diante da necessidade de definir o que o presidente diria em seu primeiro discurso público a respeito da crise, o Comitê Executivo discutiu duas propostas opostas – uma proclamando o bloqueio de Cuba e outra anunciando ataques aéreos contra a ilha – e realizou uma votação, que resultou numa decisão não unânime em favor do bloqueio. Do mesmo modo, depois que Moscou propôs o acordo sobre os Júpiter na manhã de 27 de outubro, os principais líderes discutiram bastante, não apenas sobre se a nova oferta refletia o pensamento real de Kruschev, mas também se deviam ou não aceitá-la.

O presidente e seus assessores mais próximos também se esforçaram bastante para obter informações relevantes. Em vários momentos durante a crise, o Comitê Executivo foi se aconselhar com pessoas que não faziam parte do grupo, entre as quais falcões como o ex-secretário de Estado Dean Acheson e o subsecretário de Defesa Paul Nitze e pacifistas como o papa do controle de armas John McCloy e o embaixador nas Nações Unidas

161

Adlai Stevenson. Kennedy fez o mesmo com o embaixador britânico em Washington, David Ormsby-Gore. O presidente e seu círculo íntimo chegaram até a recorrer a alguns jornalistas famosos – Charles Bartlett, Frank Holeman e John Scali – para obter informações das suas fontes soviéticas.

No entanto, a deliberação não gerou consenso. Até 27 de outubro, o Comitê Executivo ainda continuava dividido entre falcões e pacifistas, e estes discordavam entre si sobre qual das duas ofertas soviéticas era preferível. Nessa altura, o presidente, que tinha participado ativamente de todas as discussões, decidiu que estava na hora de romper o impasse e tomar a decisão final. Numa reunião tarde da noite com seu irmão, McNamara, Rusk e Bundy, ele encarregou Robert Kennedy de fazer um acordo com os soviéticos, de preferência que não envolvesse os Júpiter, mas cedendo se fosse necessário. Na manhã seguinte, a Rádio Moscou anunciou que Kruschev e Kennedy tinham chegado a um acordo e a crise tinha acabado.

A União Soviética decide invadir a Tchecoslováquia

A visão de que a decisão soviética de intervir na Tchecoslováquia em agosto de 1968 foi não racional surgiu logo depois da invasão. Em novembro daquele ano, um importante membro do Comitê de Planejamento de Defesa da Otan concluiu que "a maneira repentina, e mesmo temerária, com que a decisão final de invadir parece ter sido tomada causa uma profunda preocupação quanto ao futuro. Creio que agora percebemos o grande risco de ocorrer um gesto impulsivo e irracional por parte dos soviéticos, que teria sérias consequências para todos nós".[81] No ano seguinte, Vernon Aspaturian observou que a estratégia soviética durante a Crise Tcheca "parecia se mover de um extremo ao outro". Ele achava que a União Soviética padecia de "instabilidade no topo, imprevisibilidade no comportamento e capacidade reduzida de controlar e conter racionalmente situações perigosas". A equipe dirigente de Leonid Brezhnev e Aleksey Kosygin "não representava tanto uma nova racionalidade coletiva unificada, e sim uma união explosiva latente de conveniência faccional". Ele concluía que havia uma "continuidade significativa de estratégia entre o regime Brezhnev-Kosygin" e o "padrão de comportamento irracional durante a década do governo de Kruschev".[82]

Outros especialistas defenderam argumentos semelhantes. Numa análise detalhada da invasão soviética, Fred Eidlin adverte que não devemos supor que "os líderes soviéticos fossem mais informados, previdentes,

---

81 Citado em Garthoff, *A Journey through the Cold War: A Memoir of Containment and Coexistence*, p.236.

82 Aspaturian, "Soviet Foreign Policy at the Crossroads: Conflict and/or Collaboration?", *International Organization*, v.23, n.3, p.589-92, 1969.

Como os Estados pensam

racionais, claros em seus objetivos, unidos entre si e guiados por uma estratégia de longo alcance do que de fato eram". Ele sugere que "os objetivos mutáveis e vagos escolhidos de forma confusa pelo sistema decisório soviético serão vistos como resultado de um processo evolutivo de reação à nova situação na Tchecoslováquia, dentro de um sistema decisório amplamente paralisado em sua capacidade de lidar com os problemas que ele enfrentou".[83] Jiri Valenta argumenta de forma mais sucinta em sua própria avaliação do caso: "As ações da política externa soviética, como as de outros Estados, não decorrem da maximização racional da segurança nacional ou de qualquer outro valor por um único agente (o governo)".[84] David Paul considera que a decisão soviética de intervir foi "baseada num grau indeterminado de motivos racionais e calculados e num grau igual de motivos não racionais e muitas vezes espontâneos".[85]

A verdade é que os principais líderes soviéticos se basearam em teorias verossímeis e debateram entre si de maneira intensa e irrestrita, concordando finalmente que a invasão era a melhor opção. Em outras palavras, a decisão soviética de invadir a Tchecoslováquia foi um gesto racional.

Alexander Dubček se tornou primeiro-secretário do Partido Comunista da Tchecoslováquia em 5 de janeiro de 1968, pondo em marcha um processo de liberalização que passou a ser conhecido como Primavera de Praga. Inicialmente, os assessores políticos soviéticos não se preocuparam muito com esse projeto, acreditando que ele não ameaçava minar o comunismo na Tchecoslováquia nem fragilizar os vínculos estreitos de Praga com Moscou. Porém, sua opinião mudou quando o comunista linha-dura Antonín Novotný foi deposto do cargo de presidente da Tchecoslováquia no dia 21 de março, despertando temores de que os tchecos pudessem abandonar o comunismo e o Pacto de Varsóvia e, pior, consolidar sua relação de amizade com a Alemanha Ocidental, acabando por se juntar ao campo ocidental.[86]

As reflexões soviéticas a respeito da Crise Tcheca e suas consequências geopolíticas se baseavam num conjunto de teorias realistas e ideológicas. Como a Tchecoslováquia era um Estado que ocupava a linha de frente na

---

83 Eidlin, *The Logic of "Normalization": The Soviet Intervention in Czechoslovakia of 21 August 1968 and the Czechoslovak Response*, p.23 e 26.

84 Valenta, *Soviet Intervention in Czechoslovakia, 1968: Anatomy of a Decision*, p.4.

85 Paul, "Soviet Foreign Policy and the Invasion of Czechoslovakia: A Theory and a Case Study", *International Studies Quarterly*, v.15, n.2, p.159, 1971.

86 Este exemplo se baseia em Crump, *The Warsaw Pact Reconsidered: International Relations in Eastern Europe, 1955-1969*, cap.6; Dawisha, *The Kremlin and the Prague Spring*; Eidlin, *The Logic of "Normalization"*, op. cit.; Kramer, "The Kremlin, the Prague Spring, and the Brezhnev Doctrine, em Tismăneanu (org.), *Promises of 1968: Crisis, Illusion, and Utopia*, p.285-370; Ouimet, *The Rise and Fall of the Brezhnev Doctrine in Soviet Foreign Policy*, cap.1; Prozumenshchikov, "Politburo Decision-Making on the Czechoslovak Crisis in 1968", em Bischof; Karner; Ruggenthaler (orgs.), *The Prague Spring and the Warsaw Pact Invasion of Czechoslovakia in 1968*; Valenta, *Soviet Intervention in Czechoslovakia, 1968*, op. cit.

Guerra Fria, a ideia de que ela pudesse abandonar o Pacto de Varsóvia e alterar o equilíbrio de poder na extremamente importante Frente Central era inconcebível. Pior ainda: os líderes soviéticos temiam que o contágio ideológico em outros países da Europa oriental, incluindo a própria União Soviética, poderia provocar o desmoronamento do pacto, com consequências catastróficas para a segurança de Moscou. Tomadas em conjunto, essas reflexões não deixaram muita opção aos assessores políticos soviéticos senão acabar com a Primavera de Praga antes que ela acabasse com o Pacto de Varsóvia.

Esse consenso sobre a natureza do problema tcheco não se estendeu ao plano dos dirigentes soviéticos para resolvê-lo. Eles defendiam uma destas teorias gerais: coerção ou deposição. Os defensores da coerção estavam convencidos de que a União Soviética poderia aliar diplomacia com ameaças de uso da força militar para obrigar Dubček a dar meia-volta, embora tivessem opiniões diferentes acerca do equilíbrio ideal entre esses elementos. Os defensores da deposição discordavam, acreditando que a coerção estava fadada ao fracasso e que Moscou tinha de escolher entre respaldar um golpe dos linha-dura tchecos para derrubar o governo Dubček ou invadir e instalar um regime pró-soviético confiável.

Raciocinando claramente em função dessas teorias opostas, os principais líderes soviéticos assumiram três posições diferentes. Adeptos da primeira, os falcões pediram uma intervenção militar durante toda a crise. Entre eles estavam o chefe da KGB Yuri Andropov, o ministro da Defesa Andrey Grechko, o ministro do Exterior Andrey Gromiko, o diretor do Presidium do Soviete Supremo Nikolay Podgorny e o primeiro-secretário do Partido Comunista da Ucrânia Petro Shelest. Partidários da segunda, os pacifistas favoreceram a coerção desde o início até a etapa final da crise, quando decidiram que a invasão era necessária para resolver o problema. A figura principal desse grupo era Brezhnev, que era apoiado por seu braço direito e ideólogo do partido Mikhail Suslov, juntamente com o editor-chefe do *Pravda* e ex-embaixador na Tchecoslováquia Mikhail Zimyanin. Por fim, havia os assessores políticos que oscilavam entre a coerção e a deposição do governo tcheco, entre os quais estavam Kosygin, Aleksandr Shelepin, que era um membro influente do Politburo, e Stepan Chervonenko, o embaixador em Praga.

Embora a decisão de invadir a Tchecoslováquia tenha sido tomada dentro da União Soviética, os dirigentes dos outros países do Pacto de Varsóvia influenciaram a escolha. Seu raciocínio se inspirava nas mesmas teorias que orientaram a visão de Moscou sobre como lidar com Praga. O mais linha-dura era o dirigente da Alemanha Oriental Walter Ulbricht, embora tanto Wladyslaw Gomulka, da Polônia, como Todor Zhivkov, da Bulgária, também fossem grandes defensores da deposição dos reformadores tchecos. Por outro lado, o dirigente húngaro János Kádár insistiu numa mescla de diplomacia e ameaça de uso da força durante a maior parte da crise, e foi o principal apoiador de Brezhnev ao defender a coerção durante as reuniões dos "Cinco".

Em última instância, foi a postura tcheca que convenceu os defensores da coerção a mudar de ideia e se alinhar com os defensores da deposição. Uma questão fundamental do ponto de vista soviético foi a incapacidade reiterada de Dubček de cumprir seus compromissos de interromper ou reverter a liberalização. No início da crise, o dirigente tcheco se reuniu com os dirigentes dos Cinco em Dresden e prometeu conter os reformadores. No entanto, logo depois o Partido Comunista Tcheco anunciou um Plano de Ação que previa mais liberalização, além da ampliação de contatos com o Ocidente. Posteriormente, depois de assegurar aos Cinco em Bratislava no início de agosto que coibiria o processo de reforma, Dubček não tomou nenhuma medida nesse sentido.

A cúpula tcheca também recorreu a evasivas, recusando várias vezes convites dos soviéticos para se reunir e discutir assuntos importantes entre os dois lados. Por exemplo, Dubček recusou uma proposta de reunião com Brezhnev em junho e com os Cinco em Varsóvia em julho. Em outras ocasiões, chegou até a rechaçar exigências dos soviéticos. No final de julho, recusou-se a permitir que os soviéticos posicionassem tropas de forma permanente na Tchecoslováquia, uma medida que Moscou privilegiava como uma forma de retardar a liberalização.

O mais importante, talvez, era que Moscou estava cada vez mais convencida de que o governo Dubček tinha perdido o controle e estava provavelmente alimentando a Primavera de Praga. Depois de anunciar o Plano de Ação, o Partido Comunista Tcheco endossou um manifesto reformista conhecido como "Duas mil palavras" e apresentou duas vezes a data do XIV Congresso do Partido, um gesto que assustou os dirigentes soviéticos, porque sabiam que o Congresso varreria a velha ordem comunista de uma vez por todas.

Em resposta à crise existente, os assessores políticos soviéticos se envolveram num processo decisório deliberativo do começo ao fim, realizando inúmeras reuniões internas, intercâmbios bilaterais frequentes com os tchecos e diversas conferências multilaterais com os outros membros dos Cinco. Como foi dito, os soviéticos estavam tão preocupados com a situação na Tchecoslováquia no final de março que convocaram uma conferência em Dresden, onde os Cinco se reuniram com a liderança tcheca. Essa reunião foi seguida no início de abril por uma sessão plenária do Partido Comunista Soviético em Moscou, na qual os dirigentes reunidos reconheceram que os acontecimentos na Tchecoslováquia eram profundamente preocupantes e tinham consequências que iam muito além de suas fronteiras.

Entendendo que a liberalização prosseguia em ritmo acelerado na Tchecoslováquia durante todo o mês de abril, e temendo que Dubček estivesse perdendo o controle da situação, os dirigentes soviéticos o convocaram a Moscou para dois dias de conversa que começariam em 4 de maio. Depois dessas discussões, o Politburo se reuniu no dia 6 de maio e debateu diferentes medidas, que iam da persuasão à invasão, para lidar com a crise crescente. Brezhnev fez reuniões com os outros membros dos Cinco dois dias depois, nas quais vieram à tona as diferenças entre os aliados do Leste Europeu acerca do melhor caminho a seguir. Como as discordâncias ainda persistissem quando o Politburo se reuniu no dia 15 de maio, os assessores políticos soviéticos decidiram executar manobras militares na Tchecoslováquia ao mesmo tempo que também continuavam negociando com Praga. Enquanto isso, Moscou continuou reunindo informações a respeito dos acontecimentos na Tchecoslováquia. Tanto Grechko como Kosygin viajaram a Praga em missões exploratórias em meados de maio.

À medida que a situação na Tchecolosváquia se deteriorava – nas duas semanas do final de maio e início de junho os tchecos anunciaram a convocação do XIV Congresso do Partido e Dubček se recusou a se reunir com Brezhnev –, os assessores políticos soviéticos continuavam debatendo suas opções. A Tchecoslováquia foi o tema principal de discussão nas reuniões do Politburo de 6 e 13 de junho, nas quais os líderes discutiram as vantagens do prosseguimento da diplomacia bilateral, do aumento da pressão militar e da possibilidade de derrubar Dubček e substituí-lo por Josef Smrkovsky, um político popular que continuava comprometido com o comunismo. No final de junho, Brezhnev se reuniu com Kádár, e os dois dirigentes resolveram continuar explorando todas as opções disponíveis, embora Moscou tivesse aumentado a pressão coercitiva sobre Praga, decidindo manter as tropas soviéticas na Tchecoslováquia quando as manobras militares de Šumava chegaram ao fim no dia 30 de junho.

Contudo, apesar dessa pressão, os acontecimentos na Tchecoslováquia estavam entrando numa espiral descontrolada. Os últimos dias de junho assistiram à publicação do manifesto das "Duas mil palavras" e à sugestão dos dirigentes tchecos de que poderiam antecipar o XIV Congresso do Partido de setembro para agosto. No início de julho, Dubček se recusou a comparecer à reunião prevista em Varsóvia com os Cinco. Esses acontecimentos provocaram uma série de reuniões entre os líderes soviéticos e entre eles e seus aliados do Leste Europeu. Argumentos conhecidos foram repetidos e debatidos numa reunião do Politburo em 10 de julho, numa plenária do Soviete em 17 de julho e na Conferência de Varsóvia em 15 de julho, sem que se chegasse a uma decisão firme. No final do mês, porém, a situação começou a mudar. Em quatro reuniões do Politburo, de 19 a 27 de julho, os assessores políticos soviéticos começaram a planejar a invasão, caso Dubček não conseguisse manter a situação sob controle, embora continuassem empenhados por ora a combinar diplomacia com pressão militar e também continuassem examinando a opção do golpe.

Os soviéticos fizeram mais duas tentativas de chegar a um acordo negociado com os tchecos, a primeira numa reunião bilateral de 29 de julho a 1º de agosto em Čierna nad Tisou, e depois em 3 de agosto, quando os Cinco se reuniram com os negociadores tchecos em Bratislava. Embora as diferentes partes chegassem a diversos entendimentos nessas reuniões,

Como os Estados pensam

ficou claro para Moscou que a coerção não estava funcionando como desejado. Depois de uma sessão ampliada do Politburo em 6 de agosto, na qual ficou decidido que ainda não era chegado o momento da invasão, mas que seu planejamento deveria continuar, muitos dos principais assessores políticos soviéticos foram para a Crimeia de férias.

Contudo, continuaram profundamente envolvidos com a crise, sobretudo porque os tchecos tinham começado a se preparar para o XIV Congresso do Partido. Os assessores políticos soviéticos fizeram uma série de reuniões extraordinárias no Politburo e se encontraram para avaliar a situação com Kádár. Ao mesmo tempo, Brezhnev escreveu cartas e fez telefonemas para Dubček, insistindo para que ele cumprisse as promessas que fizera em Čierna nad Tisou e Bratislava. Um desses telefonemas, no dia 13 de agosto, foi fundamental para convencer Brezhnev de que a coerção tinha fracassado e a invasão era necessária. Nessa conversa, Dubček desabou, admitiu que tinha perdido o controle da situação e disse a Brezhnev que ele deveria tomar as medidas que julgasse necessárias. Depois disso, os acontecimentos se precipitaram. O Politburo discutiu a invasão em 16 de agosto e um dia depois aprovou unanimemente a invasão. No dia seguinte, os soviéticos comunicaram sua decisão aos outros membros dos Cinco, a qual foi acatada por todos.

Escalada americana na Coreia e no Vietnã

Passando das crises para a condução da guerra, são famosos os dois exemplos de suposta não racionalidade apontados por Irving Janis: a decisão americana de promover uma escalada durante as guerras da Coreia e do Vietnã. Ele argumenta que ambas as decisões foram resultado da não deliberação, ou do que ele chama de "pensamento de grupo", um processo no qual todo o círculo decisório converge para uma política sem que haja uma discussão expressiva. Esse comportamento coletivamente não racional é guiado aparentemente por duas lógicas. A primeira enfatiza que os seres humanos são animais sociais que "consideram que a lealdade ao grupo é a forma mais elevada de moral". Sua "busca" instintiva "da unanimidade se sobrepõe à sua motivação de avaliar realisticamente linhas de ação alternativas". A segunda salienta as pressões discretas pela conformidade quando os indivíduos se reúnem em grupos coesos. O "pensamento de grupo", escreve Janis, "se refere a uma deterioração da eficiência mental, do teste de realidade e do juízo moral que decorre das pressões intragrupais".[87]

---

87 Janis, *Groupthink*, op. cit., p.9 e 11. *Ver também* Schafer; Crichlow, *Groupthink Versus High--Quality Decision Making in International Relations*.

Janis apresenta a decisão americana de cruzar o paralelo 38 (a linha divisória entre a Coreia do Norte e do Sul) e buscar a unificação da Coreia no outono de 1950 como um exemplo clássico de não deliberação. Ele sustenta que o pensamento de grupo não permitiu que os assessores políticos americanos enxergassem os perigos de escalar a Guerra da Coreia e, especificamente, a probabilidade de que a China interviesse para impedir que os americanos conquistassem a Coreia do Norte. Como o presidente Harry Truman e seus assessores próximos criaram um grupo caracterizado por um acentuado *"esprit de corps* e uma admiração mútua"*, valorizaram demais o consenso entre eles mesmos, reprimindo suas dúvidas a respeito do bom senso de ampliar a guerra e ignorando advertências de que a China interviria se os Estados Unidos avançassem para o norte. Os "erros grosseiros de avaliação resultantes [tiveram] consequências desastrosas". No dia 15 de outubro, depois de expulsar o exército norte-coreano da Coreia do Sul, as tropas americanas cruzaram o paralelo 38 e começaram a avançar na direção da fronteira chinesa. Porém, no final de novembro, a China lançou uma ofensiva fulminante contra as forças americanas, repelindo-as para o outro lado do paralelo 38.[88]

A decisão americana de entrar na Coreia do Norte resultou de um processo deliberativo, não do pensamento de grupo. Para começar, os principais dirigentes se reuniram com frequência durante toda a crise para discutir qual seria a política adequada. Embora houvesse um consenso generalizado nessas reuniões de alto nível, ele não decorria de pressões intragrupais. Janis não oferece nenhuma prova de que fosse assim. Pelo contrário, desde o começo, os principais líderes pensaram da mesma maneira a respeito da situação e da estratégia americana adequada. Eram favoráveis à transposição do paralelo 38; consideravam improvável que a China entrasse na guerra; e acreditavam que, se ela o fizesse, os Estados Unidos venceriam facilmente. Naturalmente, eles se enganaram – contudo, não porque o processo decisório tivesse falhas, mas porque subestimaram as intenções e os recursos da China, que eram difíceis de avaliar tanto antes como depois que as forças americanas entraram na Coreia do Norte.[89]

Janis também descreve a decisão americana de promover uma escalada no Vietnã no início de 1964 como um exemplo de não deliberação provocada pelo pensamento de grupo. Ele afirma que o presidente Lyndon Johnson e seu "grupo de almoço das terças-feiras", que tomaram as principais decisões relacionadas ao conflito do Vietnã, escolheram americanizar a guerra porque previam a vitória americana, apesar dos inúmeros indícios contrários. O motivo, segundo Janis, é que "os membros do grupo" que manifestavam dúvidas com relação à escalada eram "na prática 'domesticados' [...] através de pressões

---

88 Janis, *Groupthink*, op. cit., p.48-9.
89 Halberstam, *The Coldest Winter: America and the Korean War*, parte 7; Hastings, *The Korean War*, cap.6; Janis, *Groupthink*, op. cit., cap.3; Whiting, *China Crosses the Yalu: The Decision to Enter the Korean War*, cap.6.

Como os Estados pensam

sociais discretas". O resultado dessa incapacidade de debater as questões foi que Johnson e seus assessores "ignoraram sistematicamente as graves consequências de praticamente todas as suas [...] decisões estratégicas", envolvendo os Estados Unidos numa guerra catastrófica.[90]

Contudo, não existe praticamente nenhuma prova de que esse consenso aconteceu através do pensamento de grupo. Janis diz o mesmo quando constata que suas provas "não são nem de longe cabais", e que suas "conclusões terão de ser tiradas de maneira bem provisória".[91]

A história deixa claro que a decisão do governo Johnson de escalar decorreu de um processo deliberativo. Como o próprio Janis constata, "Um grupo estável de assessores políticos se reuniu regularmente com o presidente Johnson para deliberar sobre o que fazer a respeito da guerra no Vietnã".[92] Além disso, Leslie Gelb e Richard Betts explicam que "praticamente todas as opiniões e recomendações foram levadas em conta e praticamente todas as decisões importantes foram tomadas sem ilusões a respeito das probabilidades de sucesso". Os defensores da escalada não foram iludidos: "Toda vez que subiam mais um degrau da escalada eles não acreditavam que o incremento daria a vitória no sentido clássico de derrota categórica do inimigo. Na melhor das hipóteses, *torciam* para ter sorte, mas não *esperavam* tê-la". Os dissidentes não eram domesticados nem ignorados. Os defensores "os ouviam, e eles próprios normalmente eram pessimistas. E embora os pacifistas dentro do governo se angustiassem e tivessem mais dúvidas que seus outros colegas, eles não foram realmente anulados. Com raríssimas exceções, mesmo o mais reticente desses homens, vendo o que eles fizeram e regateando à margem das opções, *apoiou* as decisões fundamentais relacionadas à ajuda, às tropas e aos bombardeios".[93]

Comportamento racional do Estado

Todos os Estados examinados neste capítulo foram agentes racionais – isto é, as decisões que tomaram durante crises importantes se basearam em teorias verossímeis e resultaram de processos deliberativos de formulação de políticas.

Uma análise cuidadosa revela que os líderes alemães durante a Crise de Julho, os líderes japoneses no período que antecedeu Pearl Harbor e os líderes alemães nos meses anteriores à Operação Barbarossa basearam sua

---

90 Janis, *Groupthink*, op. cit., p.107 e 115.
91 Ibid., p.97 e 129-30; citações na p.97.
92 Ibid., p.97.
93 Gelb; Betts, *The Irony of Vietnam: The System Worked*, p.2-3, ênfase no original. *Ver também* Ellsberg, "The Quagmire Myth and the Stalemate Machine", *Public Policy*, v.19, n.2, p.217-74, 1971; Logevall, *Choosing War: The Lost Chance for Peace and the Escalation of War in Vietnam*.

reflexão estratégica em teorias verossímeis de política internacional e de vitória militar. Quanto aos americanos durante a Crise dos Mísseis Cubanos, alguns se apoiaram em teorias verossímeis de vitória militar, enquanto outros se apoiaram em teorias de coerção verossímeis. O mesmo aconteceu com os soviéticos durante a Crise Tcheca, que também empregaram teorias verossímeis de política internacional.

Também é evidente que esses formuladores de políticas participaram de processos deliberativos. Quando havia consenso desde o começo – como na Crise de Julho, na decisão sobre Pearl Harbor e na Operação Barbarossa –, a estratégia acordada era, de todo modo, submetida a uma discussão longa e minuciosa. Quando os assessores políticos chegaram a um impasse, como aconteceu durante a Crise dos Mísseis Cubanos, o presidente Kennedy escutou as opiniões de seus subordinados e participou nas deliberações antes de escolher, como decisor supremo, a maneira de agir. Por fim, quando os líderes soviéticos primeiro discordaram, mas depois chegaram a uma visão comum a respeito da melhor estratégia para lidar com a Crise Tcheca, eles o fizeram através de um debate vigoroso e irrestrito.

Os exemplos de processo decisório nos momentos de crise analisados neste capítulo e os exemplos de processo decisório na grande estratégia analisados no capítulo anterior não apenas sustentam nossas principais alegações, mas também esclarecem alguns mal-entendidos comuns a respeito da racionalidade na política internacional. Eles confirmam que os assessores políticos utilizam teorias para guiar seu raciocínio com relação à grande estratégia e ao gerenciamento de crises, em vez de utilizar a maximização da utilidade esperada ou atalhos como analogias e heurísticas. Na verdade, é impressionante o quanto os líderes são *homo theoreticus* em vez de *homo economicus* ou *homo heuristicus*. Além disso, demonstram que o processo decisório independe, em grande medida, da natureza das instituições políticas, da influência dos poderosos grupos de interesses nacionais, da necessidade de atender à opinião pública ou da interferência dos dirigentes militares. Pelo contrário, os principais assessores políticos geralmente estão protegidos das pressões domésticas, e, embora determinados dirigentes militares sejam consultados, suas opiniões não pesam muito na decisão final.

Por fim, agentes racionais nem sempre são bem-sucedidos. Existe uma diferença entre processo e resultados. Em nove dos dez exemplos – a Crise dos Mísseis Cubanos é a exceção – o Estado em questão certamente não conseguiu alcançar o objetivo pretendido.

Isso não quer dizer que todos os Estados são racionais o tempo todo. Existem alguns exemplos importantes em que os Estados adotaram estratégias baseadas em teorias inverossímeis ou em emoções e que decorreram de um processo decisório não deliberativo. É deles que trataremos agora.

7
COMPORTAMENTO IRRACIONAL DO ESTADO

Agora já deve estar claro que a maioria dos Estados é racional na maior parte do tempo, ou seja, suas políticas são baseadas em teorias verossímeis e decorrem de um processo deliberativo. No entanto, às vezes os Estados realmente tomam decisões não racionais. Logicamente, a não racionalidade pode assumir uma destas três formas: os líderes utilizam uma teoria inverossímil ou uma argumentação não teórica e não conseguem deliberar; eles se baseiam numa teoria verossímil, mas o processo de formulação de políticas é não deliberativo; ou utilizam uma teoria inverossímil ou uma argumentação não teórica, mas se envolvem no processo deliberativo.

Empiricamente, porém, a incapacidade de empregar teorias verossímeis e a incapacidade de deliberar parecem andar juntas. Dos quatro exemplos descritos neste capítulo, dois envolvem a formulação de grandes estratégias não racionais: a decisão da Alemanha imperial de construir uma marinha poderosa concebida para desafiar a Grã-Bretanha na virada do século XX e a escolha da Grã-Bretanha de não criar um exército para lutar no continente europeu no final da década de 1930. Os outros dois exemplos se referem a políticas não racionais durante momentos de crise: a decisão dos Estados Unidos de lançar a invasão da Baía dos Porcos em 1961 e de invadir o Iraque em 2003. Em cada um dos casos, a política do governo se baseou em teorias inverossímeis ou em argumentos guiados pela emoção e resultou de um processo não deliberativo. A Tabela 2 apresenta uma análise detalhada desses casos.

Tabela 2. Tomada de decisão não racional de uma grande potência

Grandes decisões estratégicas	Decisões em momentos de crise
A Alemanha escolhe a estratégia de risco antes da Primeira Guerra Mundial	Os Estados Unidos decidem invadir Cuba
A Grã-Bretanha escolhe uma estratégia de desresponsabilização antes da Segunda Guerra Mundial	Os Estados Unidos decidem invadir o Iraque

A Alemanha escolhe a estratégia de risco antes da Primeira Guerra Mundial

No governo do chanceler Otto von Bismarck, a Alemanha se tornou uma potência de primeira classe em terra, mas não no mar. O *Kaiser* Guilherme II, que demitira Bismarck em março de 1890, tinha decidido que o *Kaiserreich* também se tornaria uma grande potência naval. Ele acabou encontrando a pessoa ideal para realizar a tarefa no almirante Alfred von Tirpitz, que foi secretário de Estado do Gabinete da Marinha Imperial – o *Reichsmarineamt* (RMA) – de junho de 1897 a junho de 1900, quando foram tomadas todas as decisões fundamentais relacionadas à construção da frota alemã.[1]

Tirpitz teve a primeira discussão séria com Guilherme a respeito do crescimento da marinha alemã numa reunião em Kiel na primavera de 1891, onde ficou claro que ambos compartilhavam o compromisso de tornar a Alemanha uma potência naval hegemônica. No ano seguinte, Tirpitz se tornou chefe do Estado-Maior do Alto Comando Naval, ou *Oberkommando der Marine* (OK), que, assim como o RMA, era um dos dois principais gabinetes navais alemães. Ali ele desempenhou um papel importante na elaboração do "Projeto Preliminar de Renovação e Expansão do Equipamento da Armada", embora tivesse pedido demissão em setembro de 1895, apenas dois meses antes de o documento ser finalizado e enviado ao *Kaiser*. Depois de ler o projeto preliminar, Guilherme pediu que Tirpitz tecesse comentários sobre ele,

---

1 Este exemplo se baseia em Epkehans, *Tirpitz: Architect of the High Seas Fleet*, cap.3-4; Gemzell, *Organization, Conflict, and Innovation: A Study of German Naval Strategic Planning, 1888-1940*, cap.2; Herwig, *Luxury Fleet: The Imperial German Navy, 1888-1918*, cap.3; Hobson, *Imperialism at Sea: Naval Strategic Thought, the Ideology of Sea Power and the Tirpitz Plan, 1875-1914*, cap.6-7; Kelly, *Tirpitz and the Imperial German Navy*, cap.7-11; Kennedy, *Strategy and Diplomacy, 1870-1945*, cap.4-5; id., "Tirpitz, England and the Second Navy Law of 1900: A Strategical Critique", *Militaergeschichitliche Zeitsschrift*, v.8, n.2, p.33-57, 1970; Murray, "Identity, Insecurity, and Great Power Politics: The Tragedy of German Naval Ambition before the First World War", *Security Studies*, v.19, n.4, p.656-88, 2010; Padfield, *The Great Naval Race: The Anglo-German Naval Rivalry, 1900-1914*, cap.1-5; Rock, "Risk Theory Reconsidered: American Success and German Failure in the Coercion of Britain, 1890-1914", *Journal of Strategic Studies*, v.11, n.3, p.342-64, 1988; Steinberg, *Yesterday's Deterrent: Tirpitz and the Birth of the German Battle Fleet*, cap.2-5.

o que resultou num memorando que resumia as opiniões de Tirpitz sobre o tema. Depois que ambos se reuniram no fim de janeiro de 1896, ficou claro que, assim que concluísse a missão de comandante do Esquadrão de Cruzadores do Leste Asiático, Tirpitz se tornaria o chefe do RMA. Ficou acertado que seu principal objetivo naquele cargo seria ampliar a marinha.

Tirpitz começou promovendo duas leis navais. A Primeira Lei Naval da Alemanha, uma versão atualizada do projeto preliminar de novembro de 1895, foi apresentada a Guilherme em agosto de 1897, aprovada pelo *Bundesrat* três meses depois, votada pelo *Reichstag* em março de 1898 e sancionada no mês seguinte. Ela previa a criação de uma frota composta por dezenove encouraçados distribuídos em duas esquadras. Tirpitz aventou a possibilidade de uma futura expansão numa reunião com Guilherme em Rominten em setembro de 1899 e apresentou ao *Kaiser* um projeto da Segunda Lei Naval em janeiro de 1900. Esse segundo projeto de lei foi rapidamente aprovado pelo *Bundesrat*, adotado pelo *Reichstag* em 12 de junho e sancionado dois dias depois. Ele previa dobrar o tamanho da frota, passando-a para 38 encouraçados, distribuídos em quatro esquadras. Outras leis navais foram aprovadas – em 1906, 1908 e 1912 –, mas esses *Novelles*, ou aditamentos, apenas modificaram a configuração básica instituída pela Primeira e pela Segunda Lei Naval de 1898 e 1900.

Esse fortalecimento naval da Alemanha – principalmente como estava estipulado na Segunda Lei Naval – se baseava na célebre "teoria do risco", ou *Risikogedanken*, que Tirpitz tinha elaborado ao longo de vários anos. A teoria se apoiava em três elementos inéditos. Primeiro: enquanto os planejadores navais tinham considerado durante muito tempo que a França e a Rússia eram as principais ameaças marítimas à Alemanha, Tirpitz se concentrava na Grã-Bretanha. Segundo: em consonância com as pretensões do *Kaiser*, o secretário de Estado estava decidido a construir a marinha imperial em torno de encouraçados, não de cruzadores, que eram os preferidos de diversos oficiais da marinha. Em outras palavras, a frota seria concebida para operar no Mar do Norte, onde os encouraçados eram considerados o instrumento decisivo, não nos oceanos do mundo, onde os cruzadores faziam mais sentido. Terceiro: enquanto os estrategistas alemães tinham pensado em alcançar a superioridade naval sobre a França e a Rússia, Tirpitz admitia que essa vantagem não era possível em relação à Grã-Bretanha. Em vez disso, seu objetivo era alcançar uma relação global de 2:3 encouraçados, o que, ele acreditava, permitiria que a marinha alemã igualasse e possivelmente superasse a marinha britânica no Mar do Norte. Essa crença se baseava em dois pressupostos: a Grã-Bretanha tinha compromissos globais que exigiam a dispersão de seus encouraçados por todo o mundo, e a Alemanha, por não precisar se igualar à Grã-Bretanha, não acabaria numa situação pior se a Grã-Bretanha decidisse entrar numa corrida armamentista naval.

Tirpitz acreditava que a distribuição prevista de encouraçados alemães e britânicos no Mar do Norte significava que, numa futura guerra naval anglo--germânica, a marinha britânica só conseguiria alcançar uma vitória de Pirro: avariada, a frota britânica ficaria mais frágil que suas rivais francesa e russa. Essa possibilidade, por sua vez, impediria que a Grã-Bretanha atacasse a Alemanha e também daria a Berlim uma vantagem coercitiva sobre Londres. Temendo que um conflito com a Alemanha pudesse ter consequências desastrosas, os britânicos se absteriam de iniciar uma guerra. Desse modo, a Grã--Bretanha seria obrigada a aceitar a expansão da Alemanha fora da Europa, vulgarmente conhecida como *Weltpolitik*. Como disse Tirpitz: "Além das condições de combate, que de modo algum seriam desesperadoras para nós, a Inglaterra teria [...] perdido qualquer vontade de nos atacar; e, consequentemente, concederia a Vossa Majestade um enorme poder naval, permitindo assim que Vossa Majestade levasse a cabo uma grande política ultramarina".[2]

Contudo, a teoria do risco era uma teoria inverossímil. Ela contrariava totalmente a teoria consagrada do equilíbrio de poder, que afirma que os Estados quase sempre reagem ao aumento da capacidade de seus adversários aumentando sua própria capacidade e, às vezes, fazendo alianças compensatórias com outros Estados. Mais precisamente, Tirpitz supunha que a Grã-Bretanha não iria se contrapor ao risco emergente da frota, mesmo que Londres tivesse uma longa tradição de conter ameaças semelhantes por meios internos e externos, e mesmo que sua política vigente – o padrão de "duas potências", criado em 1889 – a autorizasse a se contrapor a Berlim se a Alemanha construísse uma marinha que ameaçasse abalar a supremacia britânica nos mares. Do mesmo modo, o *Kaiser* Guilherme observou que os debates internos na Grã-Bretanha a respeito do padrão de duas potências demonstravam que "eles respeitam nossa vontade inabalável e têm de aceitar o fato consumado [do novo programa naval alemão]! Agora prossigam discretamente com a produção".[3] O "erro" da Alemanha, escreve Paul Kennedy, foi a "expectativa de que a Grã-Bretanha manteria a mesma disposição naval, a mesma estratégia e a mesma política externa quando a Alemanha se tornasse uma ameaça grande e poderosa à supremacia marítima britânica como quando ela não tinha uma marinha que nem sequer era digna do nome".[4]

Embora nossa ênfase não seja nos resultados, cabe observar que a Grã--Bretanha reagiu à estratégia de risco de Tirpitz de acordo com a teoria do equilíbrio de poder. Londres agiu rapidamente para redistribuir sua frota, posicionando o grosso de seus encouraçados no Mar do Norte e em seus arredores. A Grã-Bretanha também acelerou seu programa de construção

---

2 Citado em Kennedy, *Strategy and Diplomacy, 1870-1945*, op. cit., p.139.

3 Citado em Jervis, *Perception and Misperception in International Politics*, p.85.

4 Kennedy, *Strategy and Diplomacy, 1870-1945*, op. cit., p.151.

de encouraçados e, finalmente, começou a construir superencouraçados, conhecidos como *dreadnoughts*. O conjunto dessas políticas garantiu que sua marinha conservasse uma vantagem significativa sobre a marinha alemã em águas territoriais. O primeiro lorde do Almirantado da Grã-Bretanha, almirante *sir* John Fisher, definiu a lógica subjacente: "Nosso único inimigo provável é a Alemanha. A Alemanha mantém toda a sua frota sempre concentrada a algumas horas da Inglaterra. Por isso, devemos manter uma frota duas vezes mais poderosa que a da Alemanha sempre concentrada a poucas horas da Alemanha".[5] A Grã-Bretanha complementou essas medidas compensatórias internas com iniciativas compensatórias externas, aproximando-se tanto da França como da Rússia.

A decisão da Alemanha de construir uma frota que apresentava perigo não se baseou apenas numa teoria inverossímil, mas foi também o resultado de uma política não deliberativa. Ao elaborar a fundamentação teórica daquela marinha, Tirpitz não fez nenhuma consulta significativa com outros especialistas da área, nem dentro nem fora do governo. Quase todas as pessoas qualificadas para opinar pensavam de maneira diferente dele. É claro que os formuladores de políticas muitas vezes formulam sua ideia inicial sobre questões estratégicas importantes sozinhos. Mas geralmente aperfeiçoam suas ideias e elaboram políticas junto com seus colegas de maneira deliberativa. Tirpitz era uma exceção. Ele guardava suas ideias para si, se rodeava de gente que dificilmente o questionaria e triturava qualquer um que discordasse dele.

Os dados disponíveis indicam que Tirpitz concebeu suas ideias sobre estratégia naval sozinho. Suas reflexões iniciais acerca da teoria do risco surgiram em duas cartas pessoais – datadas de dezembro de 1895 e fevereiro de 1896 – para o almirante reformado Albrecht von Stosch; num memorando confidencial de janeiro de 1896 para Guilherme a respeito do projeto preliminar OK; e no rascunho de um discurso de março de 1896 que ele jamais proferiu. Nos primeiros meses depois de ter se tornado chefe do RMA em junho de 1897, Tirpitz se concentrou nas manobras políticas para fazer avançar a Primeira Lei Naval no *Reichstag*, em vez de apresentar uma lógica estratégica para a utilização da marinha. Porém, quando precisou justificar a maior expansão naval, ele mostrou uma versão completa da teoria do risco para o *Kaiser* Guilherme, primeiro durante a reunião de setembro de 1899 em Rominten e depois na fundamentação – ou *Begründung* – anexada ao projeto da Segunda Lei Naval. A teoria do risco foi apresentada ao público pela primeira vez quando o projeto de lei foi para o *Bundesrat* e depois para o *Reichstag*, em janeiro e fevereiro de 1900.[6]

---

5 Citado em ibid., p.142.
6 Hobson, *Imperialism at Sea*, op. cit., p.222-5 e 242-4; Kelly, *Tirpitz and the Imperial German Navy*, op. cit., p.112, 115, 185-6 e 195.

Para entender melhor até que ponto Tirpitz estava sozinho em seu pensamento estratégico, deve-se levar em conta que suas opiniões a respeito do tipo de marinha que a Alemanha deveria construir e contra que país ela deveria ser construída não eram amplamente compartilhadas. A maioria dos planejadores navais queria privilegiar os cruzadores, não os encouraçados. Quando Tirpitz assumiu o cargo de secretário de Estado em junho de 1897, o almirante Eduard von Knorr, chefe do OK, e outros oficiais superiores, incluindo alguns subordinados de Tirpitz no RMA, favoreciam uma estratégia de cruzadores e se opunham à ênfase do projeto de lei naval nos encouraçados. Ao mesmo tempo, havia um amplo consenso de que a marinha alemã deveria continuar se concentrando na França e na Rússia como possíveis adversários, não na Grã-Bretanha. Mas Tirpitz estava decidido a mirar a Grã-Bretanha, um objetivo que deixou claro a Guilherme na reunião de janeiro de 1896. Ele repetiu o argumento ao assumir o comando do RMA no verão de 1897, apresentando uma posição que "se opunha profundamente aos planos preparados durante a sua ausência".[7]

Em vez de discutir abertamente suas ideias estratégicas e propostas de políticas dentro da marinha, Tirpitz se rodeou de um grupo coeso de pessoas extremamente leais que não contestava suas opiniões e estava decidido a levar sua frota ameaçadora a bom termo. Dentre esses subordinados, os principais eram dois futuros almirantes: Eduard von Capelle, que resolveu os detalhes do programa de construção, e August von Heeringen, que foi incumbido de promover a frota ameaçadora entre os políticos e a população.

Finalmente, Tirpitz fez um grande esforço para eliminar qualquer oposição aos seus planos transformando o RMA num superministério e usando seu poder pessoal para triturar as pessoas que tinham ou poderiam desenvolver opiniões discordantes. No início de 1899, por exemplo, ele convenceu Guilherme a criticar o endosso do vice-almirante da reserva Victor Valois aos cruzadores, proibir a publicação de um artigo da Academia Naval que questionava o uso de encouraçados contra uma potência marítima superior e, de forma geral, a "silenciar declarações não autorizadas de oficiais da ativa e da reserva".[8]

A Grã-Bretanha escolhe uma estratégia de desresponsabilização antes da Segunda Guerra Mundial

Adolf Hitler se tornou chanceler da Alemanha em janeiro de 1933, decidido a restaurar o poderio militar de seu país e a modificar o mapa da Europa

---

7 Hobson, *Imperialism at Sea*, op. cit., p.236. *Ver também* Kelly, *Tirpitz and the Imperial German Navy*, op. cit., p.112.

8 Kelly, *Tirpitz and the Imperial German Navy*, op. cit., p.164.

Como os Estados pensam

a seu favor. Sua decisão de rearmar a Alemanha e transformá-la numa grande potência temível ficou clara em março de 1935, quando revelou que o Terceiro Reich tinha começado a construir uma força aérea e pretendia adotar o serviço militar obrigatório, visando à criação de um exército de 500 mil homens. Um ano depois, tropas alemãs reocuparam a Renânia, que tinha sido desmilitarizada segundo os termos do Tratado de Versalhes. Em 1938, a Alemanha anexou a Áustria e depois, durante a Crise de Munique, forçou a Tchecoslováquia a ceder os Sudetos, uma grande área junto à fronteira tcheca com a Alemanha habitada por uma população de etnia alemã. Em março de 1939, a Wehrmacht conquistou o resto da Tchecoslováquia. Seis meses depois, Hitler invadiu a Polônia, o que levou a Grã-Bretanha e a França a declarar guerra à Alemanha, dando início, assim, à Segunda Guerra Mundial.[9]

A Grã-Bretanha reconheceu que a Alemanha poderia representar uma séria ameaça logo depois que Hitler assumiu o controle em 1933, embora não fosse fácil saber como lidar com essa ameaça, uma vez que a Grã-Bretanha enfrentava uma situação econômica difícil e que a Itália e o Japão também eram possíveis adversários. Havia o perigo de que uma Alemanha poderosa conseguisse conquistar toda a Europa ocidental e ameaçar a sobrevivência da Grã-Bretanha. Por sua vez, essa possibilidade significava que os assessores políticos britânicos tinham de tomar uma decisão a respeito de um envolvimento no continente, que implicaria o envio de um exército à França para ajudar a dissuadir a Alemanha e lutar contra ela se a dissuasão fracassasse.

O processo decisório pode ser dividido em três períodos, que geraram três políticas diferentes com relação ao envolvimento das forças terrestres britânicas no continente. No primeiro período, de novembro de 1933 a maio de 1937, a Grã-Bretanha optou por uma estratégia de responsabilidade limitada. Isso exigiu a criação de uma força-tarefa composta de cinco divisões, que poderia ser enviada para o continente logo depois do início da guerra, e uma força de reserva de duas divisões do Exército Territorial (ET), que poderia seguir no prazo de quatro meses. Esse exército foi concebido para ajudar a França numa guerra contra a Alemanha, embora não fosse de muita valia se a guerra tivesse a escala da Primeira Guerra Mundial.

No segundo período, que teve início no dia 28 de maio de 1937, quando Neville Chamberlain se tornou primeiro-ministro, e se encerrou com o

---

9 Este exemplo se baseia em Bond, *British Military Policy between the Two World Wars*, cap.6-11; Dennis, *Decision by Default: Peacetime Conscription and British Defence, 1919-1939*, cap.3-11; Gibbs, *Grand Strategy*, v.1: Rearmament Policy; Howard, *The Continental Commitment: The Dilemma of British Defence Policy in the Era of the Two World Wars*, cap.5; Post Jr., *Dilemmas of Appeasement: British Deterrence and Defense, 1934-1937*; Shay Jr., *British Rearmament in the Thirties: Politics and Profits*.

177

Acordo de Munique de 30 de setembro de 1938, a Grã-Bretanha adotou uma estratégia que Michael Howard descreve como de "absolutamente nenhuma responsabilidade".[10] O governo britânico decidiu que a França enfrentaria uma invasão alemã sozinha. No terceiro período, de outubro de 1938 a abril de 1939, Londres mudou de ideia e adotou uma estratégia de responsabilidade plena. Se a Alemanha atacasse a França, a Grã-Bretanha enviaria uma força-tarefa com cinco divisões para o continente após o início das hostilidades, a qual seria seguida de dez divisões do ET dentro de seis meses e mais dezesseis dentro de um ano.[11]

Os dirigentes britânicos tinham uma longa história de reflexão sobre como lidar com um Estado que pudesse dominar toda a Europa ocidental, e tinham desenvolvido uma teoria do equilíbrio de poder para enfrentar o problema. No centro dessa teoria estava a convicção de que qualquer Estado que controlasse a metade ocidental do continente não seria apenas particularmente poderoso, mas também estaria bem posicionado para ameaçar diretamente a pátria britânica. Portanto, era necessário dissuadir qualquer Estado que tentasse dominar a Europa e derrotá-lo se a dissuasão fracassasse.

A estratégia ideal para controlar uma potência possivelmente hegemônica era através da transferência de responsabilidade, por meio da qual a Grã-Bretanha contava com Estados localizados no continente para impedir algum adversário de conquistar a Europa ocidental. Contudo, os estrategistas britânicos sabiam que, se não conseguissem encontrar Estados capazes de conter essa ameaça, a Grã-Bretanha teria de participar de uma coalizão compensatória para dissuadir e derrotar esse adversário. Ambas as políticas exigiam que a Grã-Bretanha criasse um exército que pudesse ser enviado ao continente. No primeiro caso, esse exército não seria deslocado para o continente, mas funcionaria como uma garantia se as outras potências não conseguissem controlar a ameaça à Europa ocidental. No segundo caso, o exército seria enviado ao continente para apoiar a coalizão compensatória antes ou logo depois da eclosão da guerra.

Uma análise das bases teóricas das políticas da Grã-Bretanha e da natureza do processo decisório que conduziu a elas revela que a Grã-Bretanha foi racional no primeiro e no terceiro períodos, mas não racional no segundo. A estratégia da responsabilidade limitada adotada no primeiro período se baseou na teoria do equilíbrio de poder e decorreu de um processo deliberativo de formulação de políticas. O mesmo ocorreu com a estratégia de responsabilidade plena adotada no terceiro período. Porém, a estratégia escolhida no segundo período – absolutamente nenhuma

---

10 Howard, *The Continental Commitment*, op. cit., p.117.
11 Gibbs, *Grand Strategy*, op. cit., p.515.

Como os Estados pensam

responsabilidade – não tinha, aparentemente, uma base teórica e não decorreu de uma deliberação cuidadosa. Em vez disso, os principais líderes basearam sua política preferida sobretudo em pensamentos mágicos e depois a impuseram a seus oponentes internos.

Nos três anos que se seguiram à ascensão de Hitler ao poder, os planejadores britânicos começaram a repensar sua política em relação à Europa, dando especial atenção à possibilidade de criar um exército para lutar no continente. A evolução do seu ideário está refletida em três relatórios produzidos pelo Subcomitê das Necessidades de Defesa (SND) e num relatório feito pelos chefes do Estado-Maior. Os dois primeiros relatórios do SND – expedidos em fevereiro de 1934 e julho de 1935 – pediam a criação de uma força-tarefa composta de cinco divisões. O terceiro, conhecido como "Esquema ideal", porque descrevia as forças militares que a Grã-Bretanha criaria se não levasse em conta considerações de natureza econômica, mantinha a força-tarefa, mas também recomendava o equipamento de doze divisões do ET, que poderiam ser enviadas para o continente cerca de oito meses depois do início da guerra. Finalmente, o relatório dos chefes do Estado-Maior, apresentado ao Gabinete em janeiro de 1937, recomendava uma estrutura militar praticamente idêntica de cinco divisões regulares e doze de reserva.

O Gabinete, que tinha supervisionado e discutido o processo de planejamento desde o começo, começou a debater seriamente a composição do exército britânico em 1936 e se dividiu em duas facções. Chamberlain, então ministro das Finanças, e o primeiro-ministro Stanley Baldwin, preferiam limitar o compromisso da Grã-Bretanha à força-tarefa. O secretário de Estado para a Guerra Duff Cooper e os chefes do Estado-Maior consideravam que ela não era suficiente, e que a Grã-Bretanha também precisava de doze divisões do ET.

As duas facções se envolveram num debate acirrado e finalmente chegaram a um acordo numa reunião do Gabinete em 5 de maio de 1937. Numa série de reuniões de alto nível no inverno de 1936-1937, os dois adversários, Chamberlain e Cooper, apresentaram seus argumentos com veemência e discutiram o bom senso de suas visões opostas. O segredo para romper o impasse foi envolver Thomas Inskip, ministro de Coordenação da Defesa, que elaborou um estudo em fevereiro de 1937 que apoiava a decisão de 5 de maio de optar por uma estratégia de responsabilidade limitada, que resultava numa força-tarefa e duas divisões do ET.

No início do segundo período, Chamberlain, agora primeiro-ministro e mais influente que nunca, reabriu o debate acerca do envio de tropas para o continente. Seu objetivo, que ele fora incapaz de alcançar como ministro da Finanças, era adotar uma estratégia de absolutamente nenhuma responsabilidade, que se contrapunha diretamente à confiança tradicional da Grã-Bretanha na teoria do equilíbrio de poder. Na verdade, sua preferência pelo abandono do compromisso continental aparentemente não tinha base teórica, pelo contrário, era motivada basicamente pelo raciocínio emocional. Ele estava aterrorizado com a ideia de tropas britânicas combatendo em outra guerra mundial, e queria desesperadamente evitá-la. Em outras palavras, pôs o medo e a esperança acima da argumentação teórica, procurando "praticamente a qualquer custo evitar outra guerra mundial, devido aos horrores que ele testemunhara na primeira".[12]

Para alcançar seu objetivo, na prática Chamberlain acabou com o processo deliberativo, utilizando seu novo poder para expurgar do governo os defensores da responsabilidade limitada e substituí-los por pessoas que ele julgava compartilharem de suas opiniões. A primeira onda de expurgos aconteceu no Ministério da Guerra. Cooper foi substituído no final de maio de 1937 do cargo de secretário de Estado para a Guerra por Leslie Hore-Belisha, que Chamberlain esperava que apoiasse sua posição a respeito do exército britânico. Depois, no início de dezembro, o chefe do Estado-Maior Imperial, general Cyril Deverell, e outros membros importantes do Conselho do Exército, entre os quais os generais Harry Knox e Hugh Elles, todos eles favoráveis à alocação de um exército à França, foram dispensados, no expurgo mais expressivo do exército desde 1904.[13]

A segunda onda de expurgos envolveu o Ministério do Exterior. Em janeiro de 1938, o subsecretário de Estado permanente para a política externa, *sir* Robert Vansittart, principal adversário de Chamberlain no Ministério do Exterior, foi afastado do cargo. Seu substituto, Alexander Cadogan, era conhecido por apoiar as posições do primeiro-ministro relacionadas ao compromisso continental. No mês seguinte, o ministro do Exterior Anthony Eden, que trabalhara em estreita colaboração com Vansittart e se desiludira cada vez mais com o rumo da política externa britânica, pediu demissão do Gabinete. Seu sucessor, o visconde de Halifax, era um confidente próximo do primeiro-ministro. Ele e Cadogan trabalharam juntos para assegurar que "o Ministério do Exterior se alinhasse rapidamente" ao programa de Chamberlain.[14]

Esses expurgos faziam parte de uma campanha mais ampla do primeiro-ministro para evitar o processo deliberativo e garantir que o governo britânico endossasse uma estratégia de "não responsabilização". No verão de 1937, Chamberlain incumbiu Inskip de produzir outro estudo sobre o papel do exército britânico numa guerra europeia. Trabalhando com o Tesouro, que era comandado por John Simon, fiel aliado de Chamberlain, Inskip produziu um relatório provisório no dia 15 de dezembro de 1937 que pedia a eliminação do compromisso continental. Quando o relatório foi discutido no Gabinete uma semana depois, Chamberlain, Simon e

---

12 Milton, *Neville Chamberlain's Legacy: Hitler, Munich and the Path to War*, p.37.

13 Bond, *British Military Policy between the Two World Wars*, op. cit., p.255.

14 Shay, *British Rearmament in the Thirties*, op. cit., p.182.

Hore-Belisha o endossaram entusiasticamente, embora Inskip advertisse que, se a Grã-Bretanha não dispusesse de um exército e "a França corresse novamente o risco de ser invadida" pela Alemanha, então o governo britânico "certamente seria criticado por ter deixado de se precaver contra uma possibilidade tão óbvia".[15] Eden foi o único a levantar dúvidas, e sem muita convicção. Essa estratégia de não responsabilização foi detalhada no relatório final de Inskip, que foi produzido em 8 de fevereiro de 1938 e aprovado pelo Gabinete oito dias depois.[16] Em abril, o governo Chamberlain confirmou a estratégia, reduzindo o orçamento do exército em mais 20%.[17]

Essa decisão estratégica não racional teve um impacto significativo na política britânica relacionada à Alemanha em 1938. Assim, por não contar com um exército capaz de influenciar os acontecimentos no continente, a Grã-Bretanha não fez praticamente nada quando a Alemanha anexou a Áustria apenas um mês depois da reunião decisiva do Gabinete em fevereiro. Londres também não tomou nenhuma providência seis semanas depois do *Anschluss*, quando Hitler começou a exigir transformações políticas importantes nos Sudetos. No final de setembro, Chamberlain não teve outra escolha senão acalmar Hitler em Munique aceitando a anexação dos Sudetos.

Depois da Crise de Munique, os líderes britânicos se afastaram lentamente de uma estratégia de não responsabilização para uma de responsabilização total, adotando a teoria do equilíbrio de poder por meio de um processo deliberativo. Os indivíduos que promoveram essa transformação foram Halifax e Hore-Belisha, que tinham mudado de opinião a respeito da capacidade da França de se defender contra a Alemanha e do que isso significava para a estratégia britânica com relação ao continente. O ministro do Exterior foi muito influenciado por uma série de memorandos do embaixador em Paris, Eric Phipps, que advertiu que a França não conseguiria enfrentar os alemães sozinha e poderia até se bandear para a Alemanha, permitindo que Hitler visasse a Grã-Bretanha. Ao mesmo tempo, o secretário de Estado para a Guerra ficou profundamente impressionado com os relatórios provenientes dos chefes de Estado-Maior, que pintavam um quadro sombrio das perspectivas de resistência da Bélgica, da Holanda e da França numa guerra contra a Alemanha, com consequências desastrosas para a Grã-Bretanha.

Embora Chamberlain e Simon se mantivessem firmes inicialmente, se recusando a tolerar qualquer tipo de compromisso continental, eles permitiram que seus adversários se manifestassem livremente, e acabaram aceitando uma estratégia de responsabilização total. A primeira evidência clara de que a política britânica estava mudando surgiu em fevereiro de 1939. Numa série de reuniões do Gabinete, Chamberlain e Simon se aproximaram

---

15 Citado em Gibbs, *Grand Strategy*, op. cit., p.469.
16 Shay, *British Rearmament in the Thirties*, op. cit., p.196.
17 Ibid., p.200.

a contragosto da posição de Halifax e Hore-Belisha, acabando por concordar, no dia 22 de fevereiro, que a Grã-Bretanha teria de criar algum tipo de exército para enviar à França. Menos de dois meses depois, a Alemanha conquistou o restante da Tchecoslováquia, um acontecimento que teve um efeito galvanizador no pensamento britânico. Em meados de abril, o Gabinete aprovou um plano para criar uma força-tarefa com cinco divisões, que seria reforçada por 26 divisões do ET em caso de guerra. O general Henry Pownall observou que a Grã-Bretanha tinha optado por um "compromisso continental com força total!".[18]

Alguns especialistas concordam conosco que o governo Chamberlain foi não racional no final da década de 1930, mas contam uma história diferente da nossa, ressaltando o comportamento da Grã-Bretanha em Munique. Sustentam que falhas cognitivas fizeram o primeiro-ministro interpretar incorretamente as intenções de Hitler e decidir tranquilizar a Alemanha nazista em vez de se contrapor a ela. Keren Yarhi-Milo argumenta que a visão que Chamberlain tinha da Alemanha era "relativamente mais favorável" que a de seus subordinados, e que continuou defendendo essa visão mesmo quando aumentaram os indícios de que Hitler tinha intenções malignas. "O viés egocêntrico, o notório viés truculento e a prevenção defensiva fundamentada", ela escreve, "levaram-no a respeitar sua avaliação preexistente das intenções de Hitler mesmo no final de 1938."[19]

Discordamos dessa interpretação. A estratégia de Chamberlain durante a Crise de Munique foi racional, pois foi conduzida pela teoria verossímil do equilíbrio de poder. Constatando o crescente poderio militar da Alemanha e inseguro a respeito das intenções de Berlim, o primeiro-ministro tinha plena consciência da possibilidade de uma guerra europeia. Contudo, ao mesmo tempo, ele sabia que sua decisão anterior não racional de adotar uma estratégia de desresponsabilização não lhe deixava agora nenhuma escolha senão acalmar a Alemanha. A Grã-Bretanha não dispunha de recursos para enfrentar a Wehrmacht, nem sozinha nem com a França. Se Londres dispusesse de um exército que pudesse combater no continente, provavelmente teria seguido uma política mais arrojada. Foi o que disse Chamberlain: "Espero [...] que meus colegas não pensem que estou fazendo qualquer tentativa de esconder o fato de que, se dispuséssemos agora de uma força superior à Alemanha, provavelmente estaríamos analisando essas propostas com um espírito diferente. Mas precisamos encarar a realidade".[20]

---

18 Bond (org.), *Chief of Staff: The Diaries of Lieutenant-General Sir Henry Pownall*, v.1: 1933-1940, p.197.

19 Yarhi-Milo, *Knowing the Adversary: Leaders, Intelligence, and Assessment of Intentions in International Relations*, p.91-2.

20 Citado em Jervis, *Perception and Misperception in International Politics*, op. cit., p.78. Para um resumo das afirmações frequentes de que a Grã-Bretanha "foi extrema e ativamente racional" não apenas em Munique, mas também ao longo de todo o final da década de 1930, *ver*

Os Estados Unidos decidem invadir Cuba

As origens da invasão da Baía dos Porcos remontam a janeiro de 1960, quando o Conselho de Segurança Nacional autorizou o diretor da Agência Central de Inteligência (CIA) Allen Dulles a se ocupar de um plano de emergência para derrubar o dirigente cubano Fidel Castro. O plano inicial – Operação Pluto –, que o presidente Dwight D. Eisenhower aprovou em 17 de março de 1960, previa a introdução secreta de um grupo guerrilheiro de trezentos exilados cubanos em sua terra natal, onde se juntariam a insurgentes locais anticastristas e provocariam uma revolução.[21]

Contudo, os líderes americanos logo perderam a confiança na Operação Pluto, e a partir daquele verão desenvolveram um novo plano que previa dois dias de campanha aérea para destruir a força aérea cubana, a qual seria seguida de uma invasão anfíbia por uma brigada de exilados cubanos treinados pelos americanos. A força de exilados desembarcaria perto de Trinidad, estabeleceria uma cabeça de ponte e constituiria um governo provisório, depois se juntaria à resistência organizada na ilha e fomentaria uma insurreição de massa que acabaria derrubando Castro e instalando um governo pró-americano.

O presidente eleito John F. Kennedy foi informado três vezes sobre a Operação Trinidad entre a sua vitória eleitoral e a posse. No dia 18 de novembro de 1960, Dulles e o vice-diretor de planejamento da CIA Richard Bissell lhe forneceram uma descrição abrangente da operação prevista. Embora Kennedy não tivesse falado quase nada durante a reunião, ele disse posteriormente a um colaborador próximo que tinha ficado "estupefato" com o alcance do plano. Cuba também foi um dos temas discutidos durante as duas reuniões de transição de Kennedy com Eisenhower, nos dias 6 de dezembro de 1960 e 19 de janeiro de 1961. Na última reunião, o presidente de saída disse ao sucessor que o plano para derrubar Castro "estava indo bem, e que era 'responsabilidade' de Kennedy fazer 'o que fosse preciso' para levá-lo a cabo".[22]

Rathbun, *Reasoning of State: Realists, Romantics and Rationality in International Relations*, p.176. Como deveria estar claro, concordamos com Rathbun a respeito de Munique, mas não a respeito da decisão britânica de buscar a "não responsabilização".

21 Este exemplo se baseia em Carradice, *Bay of Pigs: CIA's Cuban Disaster, April 1961*, cap.1-6; Friedman, "Crisis Management at the Dead Center: The 1960-1961 Presidential Transition and the Bay of Pigs Fiasco", *Presidential Studies Quarterly*, v.41, n.2, p.307-33, 2011; Janis, *Groupthink: Psychological Studies of Policy Decisions and Fiascoes*; Jones, *The Bay of Pigs*, cap.1-4; Kornbluh (org.), *Bay of Pigs Declassified: The Secret CIA Report on the Invasion of Cuba*; Rasenberger, *The Brilliant Disaster: JFK, Castro, and America's Doomed Invasion of Cuba's Bay of Pigs*; Sandman, "Analyzing Foreign Policy Crisis Situations: The Bay of Pigs", *Presidential Studies Quarterly*, v.16, n.2, p.310-6, 1986; Wyden, *The Bay of Pigs: The Untold Story*.

22 Friedman, "Crisis Management at the Dead Center", op. cit., p.313-5, citações nas p.314 e 315.

Os assessores de Kennedy foram informados pela primeira vez a respeito da Operação Trinidad por Dulles e Bissell, que tinham sido mantidos pelo novo presidente, no dia 22 de janeiro de 1961 e, novamente, seis dias depois, na presença de Kennedy. No fim da segunda reunião, o presidente deu sinal verde para o prosseguimento do plano. Contudo, quando Bissell transmitiu novas informações à Casa Branca em 11 de março, Kennedy se mostrou reticente. Ele disse que operação prevista era "espetacular demais", o que tornaria difícil para os Estados Unidos negarem seu envolvimento.[23] Ele ordenou que a CIA apresentasse um plano de invasão que disfarçasse melhor o papel dos Estados Unidos. Bissell respondeu no dia 16 de março com um novo plano – cujo codinome era Operação Zapata –, que previa a mudança do local de desembarque de Trinidad para a Baía dos Porcos e que o ataque fosse feito à noite, não durante o dia. Dessa vez Kennedy aprovou a operação. No dia 17 de abril, as forças anticastristas desembarcaram em Cuba, onde imediatamente encontraram dificuldades e, dois dias depois, se renderam.

Embora a teoria da vitória americana fosse simples – uma campanha aérea seguida de um desembarque anfíbio e o incitamento a uma insurreição de massa junto com a resistência anticastrista organizada na ilha –, ela também era inverossímil, e, portanto, o plano da Baía dos Porcos era não racional.

Embora houvesse uma possibilidade de que o ataque aéreo pudesse destruir a força aérea cubana, havia falta de pilotos exilados, os que estavam disponíveis eram mal treinados e pilotavam aviões antigos que estavam em mau estado. Também não havia praticamente nenhuma possibilidade de que a operação anfíbia desse certo. Para começo de conversa, a força de desembarque era mal treinada e mal equipada, e somente 20% dos soldados tinham alguma experiência militar. O moral estava tão baixo que 250 deles se rebelaram no campo de treinamento da Guatemala em janeiro de 1961. A força anfíbia teria de desembarcar à noite numa zona de desembarque particularmente difícil. E o mais importante era que os 1.500 soldados invasores enfrentariam uma grande desvantagem numérica e de armamento quando chegassem à praia. A liderança cubana, que sabia que um ataque era iminente e o lugar em que ele provavelmente ocorreria, podia contar com um efetivo militar de aproximadamente 300 mil milicianos, 32 mil soldados regulares e 9 mil policiais armados.

Tudo isso estava bastante claro para os planejadores americanos. Um relatório do Estado-Maior Conjunto sobre a condição das forças exiladas em fevereiro de 1961 concluiu que "sua capacidade era mínima se não houvesse resistência, mas inexistente se houvesse". Analistas do Departamento de Defesa afirmaram que a disparidade de forças na zona de conflito seria tão grande que a operação só poderia ter êxito com uma participação expressiva

---

23 Citado em ibid., p.321.

dos americanos, o que tinha sido descartado desde o princípio.[24] É importante observar que essas avaliações se referiam à Operação Trinidad, e que, segundo a descrição feita por Bissell, a Operação Zapata era "mais difícil operacionalmente" que sua antecessora.[25]

Também não havia nenhuma possibilidade de insurreição popular. Os funcionários do governo Kennedy concordavam que a deposição de Castro exigia um amplo, bem organizado e competente movimento de resistência dentro de Cuba. Era impossível fomentar uma revolução sem uma poderosa oposição autóctone comprometida com a derrubada do regime. Para ter êxito, a Operação Zapata precisaria contar quase exclusivamente com o apoio de um amplo movimento de resistência, já que a força invasora jamais sobreviveria sozinha às forças de Castro, que dirá servir de base para uma insurreição de massa. No entanto, como os planejadores da CIA sabiam, esse movimento não existia. No outono de 1960, Bissell percebeu que "não era possível criar uma resistência eficaz [em Cuba] e que as forças invasoras tinham de vencer sozinhas". A situação era a mesma em março de 1961. Bissell sabia perfeitamente que "os agentes da CIA não tinham conseguido criar uma resistência organizada na ilha, ou seja, era impossível haver uma insurreição popular".[26] Resumindo: a hipótese de que a Operação Zapata desse certo era praticamente nula.

Além de a Operação Zapata se basear numa teoria da vitória inverossímil, a decisão do governo Kennedy de desencadear a invasão da Baía dos Porcos resultou de um processo não deliberativo. A principal defensora da Operação Zapata era a CIA, que não somente planejara todos os aspectos da campanha, como também controlava todas as informações importantes. Bissell e Dulles se aproveitaram da situação para enganar Kennedy e seus assessores acerca dos elementos mais importantes do plano e convencê-los da sua viabilidade.[27]

A direção da CIA traçou inúmeras vezes um quadro otimista da eficiência e do moral das forças invasoras.[28] Na véspera da invasão, o principal assessor de Bissell, coronel Jack Hawkins, informou que a brigada de exilados era "uma força realmente formidável" e que ele compartilhava sua confiança de que ela "[iria] vencer todos os combates contra o melhor que Castro tem a oferecer".[29] Robert Kennedy descreveu o relatório, que Bissell

---

24 Jones, *The Bay of Pigs*, op. cit., p.37 e 55, citação na p.55.
25 Citado em Friedman, "Crisis Management at the Dead Center", op. cit., p.326.
26 Jones, *The Bay of Pigs*, op. cit., p.59.
27 Friedman, "Crisis Management at the Dead Center", op. cit., p.318.
28 Janis, *Groupthink*, op. cit., p.22.
29 "Memorandum Prepared in the Central Intelligence Agency to General Maxwell D. Taylor, 26 abr. 1961", em Patterson (org.), *Foreign Relations of the United States, 1961-1963*, v.X: *Cuba, January 1961-September 1962, doc.98*. Disponível em: <https://history.state.gov/historicaldocuments/frus1961-63v10/d98>. Acesso em: 8 out. 2024.

encaminhou ao presidente, como "a análise mais determinante" no processo decisório.[30]

Ao mesmo tempo, Bissell e Dulles asseguraram ao presidente que as forças de Castro eram "mal equipadas, mal treinadas, cheias de desavenças e incapazes de enfrentar até mesmo uma invasão de pequeno porte", muito embora especialistas do Departamento de Estado e dos serviços secretos britânicos afirmassem o contrário.[31] E Bissell não disse a Kennedy que a CIA não tinha criado uma resistência organizada em Cuba, uma falha que significava que não havia possibilidade de um levante popular.[32] Hawkins informou que os exilados "conhecem seu próprio povo e acreditam que, depois de imporem uma grave derrota às forças contrárias, estas últimas vão se afastar de Castro, a quem não desejam apoiar". Ele acrescentou: "Compartilho da sua confiança".[33]

Seria de se esperar que o Estado-Maior Conjunto (EMC) modificasse o plano da CIA ou convencesse Kennedy a abandoná-lo. A invasão da Baía dos Porcos era uma operação anfíbia que estava na esfera dos militares, não da CIA. No entanto, os oficiais militares de alta patente, entre os quais o chefe do EMC, general Lyman Lemnitzer, não tiveram praticamente nenhuma influência no processo decisório. Quando a CIA lhes avisou: "Vocês não vão se envolver nisso; os militares dos Estados Unidos vão ser mantidos fora disso; vocês não dirão a ninguém no seu departamento", os chefes do Estado-Maior Conjunto não ofereceram praticamente nenhuma resistência.[34] E mesmo quando foram consultados, sempre se alinharam à CIA, apesar de duvidar da viabilidade de seus planos. Embora acreditassem que a Operação Trinidad tinha inúmeras falhas, eles a apoiaram sem muito entusiasmo em fevereiro.[35] No mês seguinte, os chefes do Estado-Maior Conjunto aprovaram a Operação Zapata, muito embora acreditassem que ela era ainda pior que a Trinidad.[36] A recusa dos generais de desafiar a CIA está refletida no que aconteceu quando Bissell informou Kennedy a respeito de uma avaliação da Operação Trinidad por parte do EMC. O general David Gray, principal autor da análise, que estava presente na reunião, permaneceu calado quando Bissell distorceu as opiniões dos militares.[37]

Quanto a Kennedy e seus principais assessores, eles não conseguiram questionar seriamente os planos da CIA, permitindo que ela controlasse

---

30 Citado em Jones, *The Bay of Pigs*, op. cit., p.70.
31 Janis, *Groupthink*, op. cit., p.23.
32 Jones, *The Bay of Pigs*, op. cit., p.58-9.
33 "Memorandum Prepared in the Central Intelligence Agency to General Maxwell D. Taylor", op. cit.
34 Citado em Jones, *The Bay of Pigs*, op. cit., p.49. *Ver também* ibid., p.62.
35 Ibid., p.50 e 54-5.
36 Ibid., p.56-7 e 60-1; Friedman, "Crisis Management at the Dead Center", op. cit., p.325-6.
37 Friedman, "Crisis Management at the Dead Center", op. cit., p.319-20.

Como os Estados pensam

o processo decisório de tal maneira que assegurou que a invasão prevista seguisse em frente. O presidente, que não era um grande entusiasta dos vários planos da CIA, acatou o que Bissell e Dulles lhe disseram durante as reuniões. Para piorar a situação, não deu muita atenção à invasão iminente, admitindo para seu assessor Arthur Schlesinger: "Penso nisso o menos possível".[38] O secretário de Estado Dean Rusk e o secretário de Defesa Robert McNamara também não conseguiram fazer perguntas espinhosas, muito embora alguns de seus principais subordinados achassem que a operação cubana estava condenada ao fracasso.

Por fim, as pessoas que questionaram a visão da CIA foram ignoradas. Quando o ex-secretário de Estado Dean Acheson disse a Kennedy que a invasão prevista não poderia dar certo, o presidente não levou muito em conta sua opinião.[39] O mesmo ocorreu com o senador William Fulbright, que fez um discurso inflamado contra a Operação Zapata durante uma reunião com Kennedy e seus assessores no início de abril.

Os céticos no interior do governo também não foram ouvidos. O subsecretário de Estado Chester Bowles preparou um memorando para Rusk se opondo veementemente à invasão, mas Rusk não o repassou à Casa Branca. Rusk disse a seu diretor de inteligência e investigação Roger Hilsman que ele não estava autorizado a esmiuçar os planos da CIA.[40] Thomas Mann, outro funcionário de alto escalão do Departamento de Estado, encaminhou um documento discordante a seus superiores, mas ninguém deu seguimento ao caso.[41] Os pessimistas nas forças armadas – entre os quais o diretor do Estado-Maior Conjunto general Earle Wheeler e o comandante do corpo de fuzileiros navais general David Shoup – também foram ignorados.[42]

Os Estados Unidos decidem invadir o Iraque

Logo depois de 11 de setembro de 2001, alguns altos responsáveis políticos do governo de George W. Bush defenderam o ataque ao Iraque e a remoção de Saddam Hussein do poder, argumentando que ele representava uma grande ameaça tanto para os Estados Unidos como para seus interesses no Grande Oriente Médio. Em vez disso, o presidente invadiu o Afeganistão, numa tentativa de derrubar o regime talibã e erradicar a Al Qaeda, que era responsável pelos ataques de 11 de setembro. No início de dezembro de 2001, as forças americanas tinham derrotado o Talibã e Washington tinha

---

38 Citado em Jones, *The Bay of Pigs*, op. cit., p.65.
39 Ibid.
40 Janis, *Groupthink*, op. cit., p.41-2.
41 Friedman, "Crisis Management at the Dead Center", op. cit., p.321.
42 Jones, *The Bay of Pigs*, op. cit., p.57.

instalado um governo pró-americano chefiado por Hamid Karzai. Durante os quinze meses seguintes, foram criados planos para desencadear uma guerra contra o Iraque, que começou no dia 19 de março de 2003.[43]

O objetivo do governo Bush ao atacar o Iraque era resolver um problema duplo: o terrorismo e a proliferação nuclear no Grande Oriente Médio. Essa região era vista como um solo fértil e um refúgio seguro para os terroristas; os assessores políticos americanos também acreditavam que "Estados párias", entre os quais Iraque, Irã e Síria, tinham decidido criar armas de destruição em massa (ADM), que eles entregariam a grupos terroristas como a Al Qaeda. Depois de uma missão exploratória a Washington em julho de 2002, Richard Dearlove, diretor da inteligência exterior britânica, relatou ao primeiro-ministro Tony Blair: "A ação militar era considerada agora inevitável. Bush queria remover Saddam por meio de uma ação militar, justificada pela combinação de terrorismo com as ADM".[44]

A estratégia do governo Bush para alcançar esse objetivo, conhecida vulgarmente como Doutrina Bush, se baseava na teoria da paz democrática e pedia a democratização do Grande Oriente Médio. A versão principal dessa teoria sustenta que as democracias não lutam entre si porque compartilham regras de "viver e deixar viver" e instituições que limitam o recurso à guerra. Contudo, Bush e seus principais assessores enfatizaram duas consequências menos conhecidas da teoria que abordavam diretamente o problema duplo que os preocupava: as democracias não apoiam o terrorismo contra outras democracias, e, por não temerem uns aos outros, os Estados democráticos não precisam de armas nucleares.

Na prática, esperava-se que a democratização do Grande Oriente Médio exigisse três políticas, cada uma baseada numa teoria diferente. Para começo de conversa, os líderes americanos elaboraram um plano para conquistar o Iraque e remover Saddam do poder. Sua inovadora teoria da vitória exigia o lançamento abrupto e maciço de ataques aéreos contra diversos alvos iraquianos, antes de liberar o exército americano para destruir as forças terrestres iraquianas, que eram muito mais frágeis. Como descreveu o general Tommy Franks, comandante da invasão, assim que a guerra começou: "Esta campanha será diferente de todas as outras da história, uma campanha caracterizada pelo choque, pela surpresa, pela flexibilidade, pelo emprego

---

43 Este exemplo se baseia em Draper, *To Start a War: How the Bush Administration Took America into Iraq*; Fallows, "Blind into Baghdad", *Atlantic Monthly*, 15 fev. 2004; Gordon; Trainor, *Cobra II: The Inside Story of the Invasion and Occupation of Iraq*, cap.1-8; Mann, *Rise of the Vulcans: The History of Bush's War Cabinet*; Packer, *The Assassins' Gate: America in Iraq*, cap.1-3; Ricks, *Fiasco: The American Military Adventure in Iraq*, cap.1-6; Woodward, *Plan of Attack: The Definitive Account of the Decision to Invade Iraq*.

44 Citado em Packer, *The Assassins' Gate*, op. cit., p.61.

Como os Estados pensam

de munições precisas numa escala jamais vista e pela aplicação de uma força esmagadora".[45]

Assim que o Iraque fosse derrotado, Bush e seus assessores acreditavam que seria fácil transformar o país numa democracia funcional. Os Estados Unidos precisariam desempenhar apenas um papel ínfimo nessa missão. Como explicou o presidente: "É importante que o mundo perceba que, antes de mais nada, o Iraque é uma sociedade sofisticada [...] O nível de dificuldade comparado ao Afeganistão, em termos do esforço de reconstrução ou da saída de uma ditadura, é, tipo, infinitesimal".[46] Essa crença se baseava numa versão da teoria da promoção forçada da democracia, que sustenta que os déspotas são o principal obstáculo ao anseio pela democracia da população. O subsecretário de Defesa Paul Wolfowitz expôs a lógica numa entrevista ao *Detroit News*: "Nosso principal objetivo é psicológico, convencer o povo iraquiano de que eles não precisam mais ter medo de Saddam [...] e quando isso acontecer, acho que o que vamos ver, e isso é muito importante, vamos ver os iraquianos aplaudindo as tropas americanas".[47]

Os líderes americanos também esperavam que, quando o Iraque se tornasse democrático, outros Estados da região seguiriam o exemplo. A teoria do dominó estava no centro do seu ideário. Acreditavam que os Estados Unidos poderiam ter de usar a força para remover mais um tirano, talvez dois, mas os ditadores da região logo perceberiam que seus dias estavam contados, entregariam seus cargos e também deixariam a democracia tomar conta de seus Estados. Num memorando para o secretário de Estado Colin Powell, um de seus principais assistentes, William Burns, observou: "Todos nós buscamos um processo de mudança de regime no Iraque que leve a um governo democrático e representativo e à segurança na região. Seria uma reviravolta histórica no Oriente Médio, e a favor dos interesses americanos". A amplitude da crença do governo Bush na teoria do dominó está registrada nos comentários do presidente a um grupo de exilados iraquianos dois meses antes da guerra: "Acredito sinceramente que disto virá a paz entre Israel e os palestinos. Talvez daqui a um ano estaremos brindando à vitória e conversando sobre a transição para a liberdade".[48]

Esses três elementos no centro da Doutrina Bush – conquista, democratização e dominós – andavam juntos. Um dos subordinados de Powell descreveu o conjunto como "a Bela Visão", uma série de ideias que afirmavam: "Vamos derrubar esse ditador violento. Criaremos um governo provisório de exilados. Eles serão acolhidos, e nós os deixaremos com sua prosperidade econômica e seu governo representativo. Todos os outros regimes horríveis

---

45 Citado em Correll, "What Happened to Shock and Awe?", *Air Force Magazine*, 1º nov. 2003.
46 Citado em Draper, *To Start a War*, op. cit., p.191.
47 Citado em Ricks, *Fiasco*, op. cit., p.96.
48 Citado em Draper, *To Start a War*, op. cit., p.166 e 318.

da região cairão como dominós. O lugar todo se torna melhor para Israel. Que belo cenário!".[49] O jornalista George Packer descreveu assim a estratégia do governo Bush: "Com uma estocada violenta, ele tiraria a história de um buraco profundo. Por meio de uma reação em cadeia, um efeito dominó invertido, a guerra do Iraque debilitaria as ditaduras do Oriente Médio e abalaria suas ideologias criminosas, começando a espalhar o bálsamo da democracia liberal. O caminho para Jerusalém, Riad, Damasco e Teerã passava por Bagdá [...] Com vontade e imaginação, os Estados Unidos poderiam desferir um golpe certeiro no terrorismo, na tirania, no subdesenvolvimento e no problema mais difícil e deprimente da região".[50]

A Doutrina Bush se baseava num conjunto de teorias verossímeis e inverossímeis. A teoria da paz democrática – incluindo as alegações de que as democracias não apoiam o terrorismo contra outras democracias e não precisam obter armas nucleares para se defender contra outras democracias – é verossímil. O mesmo ocorria com a teoria da vitória do "choque e pavor" do governo Bush. Porém, tanto a teoria da promoção forçada da democracia como a teoria do dominó são inverossímeis. A história deixa claro que as tentativas de impor a democracia a outros Estados quase sempre fracassam. O próprio histórico deprimente dos Estados Unidos antes da invasão do Iraque deixava isso claro. Somente num único caso – o Panamá depois do afastamento de Manuel Noriega – a intervenção americana levou claramente à implantação de uma democracia consolidada. Aliás, pelo contrário, os indícios apontavam em outra direção.[51]

Também não existe praticamente nenhuma comprovação de que a teoria do dominó funcionou conforme o anunciado. A teoria foi testada em diversas circunstâncias durante a Guerra Fria e deixou a desejar. A vitória comunista na China em 1949, por exemplo, "não provocou nenhuma outra revolução comunista na Ásia nem impediu a derrota das já existentes na Birmânia, nas Filipinas, na Malásia e na Indonésia". O comunismo também não se espalhou pelo hemisfério ocidental depois da Revolução Cubana em 1959, apesar de todos os esforços de Castro. Em meados da década de 1970, a União Soviética apoiou revoluções marxistas vitoriosas em Angola e na Etiópia, mas isso não fez outros Estados africanos adotarem o comunismo, e, "uma década depois, a Etiópia se revelou um antimodelo para outros países africanos [enquanto] Angola tinha se distanciado da União Soviética e estava procurando se abrir para o Ocidente". Pode-se argumentar que os acontecimentos no Sudeste Asiático depois da vitória comunista

---

49 Citado em ibid., p.162-3.
50 Packer, *The Assassins' Gate*, op. cit., p.58.
51 Pickering; Peceny, "Forging Democracy at Gunpoint", *International Studies Quarterly*, v.50, n.3, p.539-59, 2006. *Ver também* Easterly; Satyanath; Berger, *Superpower Interventions and their Consequences for Democracy: An Empirical Inquiry*, Ensaio Preliminar, n.13992, p.1.

Como os Estados pensam

no Vietnã em 1975 confirmam a teoria do dominó. Porém, com exceção do Laos e do Camboja, cujo futuro estava intimamente ligado ao que acontecia no Vietnã, nenhum outro Estado da região virou comunista depois da queda de Saigon.[52]

Não somente a decisão de invadir se baseou em duas teorias inverossímeis, o processo de formulação das políticas também não foi deliberativo.[53] Embora estivesse decidido a entrar em guerra para democratizar o Grande Oriente Médio, Bush não estava profundamente envolvido nos debates importantes dentro do seu governo. Outros que também estavam bastantes ausentes dessas discussões eram a assessora de Segurança Nacional Condoleeza Rice e seu vice, Stephen Hadley, muito embora ambos estivessem empenhados em realizar os desejos do presidente. Em vez disso, os maiores confrontos durante o processo decisório ocorreram entre duas facções. Os principais defensores da guerra eram o vice-presidente Richard Cheney, o secretário de Defesa Donald Rumsfeld e seus subordinados, o chefe de gabinete do vice-presidente I. Lewis Libby, o subsecretário de Defesa Douglas Feith e o secretário adjunto de Defesa Wolfowitz. Os céticos eram liderados por Powell e por vários dos principais generais do exército, que achavam que seria difícil democratizar o Iraque, quanto mais toda a região.

Os defensores prevaleceram sobre os céticos empregando quatro táticas que sabotaram o processo deliberativo. E o mais importante: eles se recusaram a participar de discussões sérias sobre o que aconteceria no Iraque e nos países vizinhos depois da queda de Bagdá. Em junho de 2002, Richard Haas, o chefe da Equipe de Planejamentos de Políticas, se reuniu com Rice e começou a expor os temores do Departamento de Estado a respeito da guerra, quando ouviu: "Poupe seu tempo. O presidente já tomou a decisão".[54] No final do verão, Rice criou o Grupo Diretor Executivo para coordenar o planejamento no pós-guerra, mas Rumsfeld e seus subordinados se recusaram a cooperar com os outros órgãos pertinentes.[55] A falta de um plano para lidar com o Iraque pós-Saddam deixou Hadley tão preocupado que ele convocou uma reunião com os principais líderes dois meses antes da invasão e exigiu que eles apresentassem um plano para o pós-guerra, acrescentando: "Ninguém sai da sala antes de finalizar o plano".[56] Como as palavras de Hadley não surtiram efeito, Rice levantou a questão no dia 20 de fevereiro de 2003 em duas reuniões com o presidente e o vice-presidente. Mas Bush não

---

52 Slater, "Dominos in Central America: Will They Fall? Does It Matter?", *International Security*, v.12, n.2, p.112, 1987. Para uma análise relevante que examina o Oriente Médio, *ver* Walt, *The Origins of Alliances*, cap.5.

53 Sobre esse aspecto, *ver também* Schafer; Crichlow, *Groupthink Versus High-Quality Decision Making in International Relations*, cap.8.

54 Citado em Packer, *The Assassins' Gate*, op. cit., p.45.

55 Draper, *To Start a War*, op. cit., p.238-40.

56 Citado em ibid., p.316.

estava interessado em discutir o assunto, e Cheney disse a Rice: "É melhor não questionar o Pentágono".[57] No mês seguinte, poucos dias antes do início da guerra, Lawrence Di Rita, um dos auxiliares mais próximos de Rumsfeld, disse aos líderes militares encarregados de organizar a ocupação para não se preocuparem em definir uma estratégia: "Dentro de 120 dias vamos ganhar esta guerra e tirar todos os soldados do país, vamos deixar apenas 30 mil".[58]

Quando o Iraque começou a mergulhar no caos, inúmeras pessoas que eram próximas do processo de formulação de políticas perceberam a ausência quase completa de planejamento para o período do pós-guerra. O general Keith Kellogg, um dos principais membros da equipe do Estado-Maior Conjunto, observou: "Não havia nenhum plano concreto. Achavam que não era necessário. Partia-se do princípio de que tudo ficaria bem depois da guerra".[59] Outro general americano comentou que muito antes de março de 2003 "surgiu a preocupação com o que aconteceria no período do pós-guerra, como lidariam com um país decapitado. Ela foi ignorada. Quanto à preocupação com uma ocupação prolongada – ela foi descartada. Francamente, as pessoas que rodeavam o presidente eram muito arrogantes intelectualmente. Elas *sabiam* que o Iraque do pós-guerra seria tranquilo, além de ser um catalisador das mudanças no Oriente Médio. Elas faziam suposições simplistas e se recusavam a colocá-las à prova. Estou me referindo ao vice-presidente e ao secretário de Defesa, com o conhecimento do diretor e do subdiretor do Estado-Maior Conjunto. Eles agiam assim porque já tinham a resposta, e não iam submeter sua hipótese a uma avaliação".[60] Por fim, o general Tim Cross, responsável por planejar o papel da Grã-Bretanha na ocupação, constatou que "o plano é que não precisamos de plano. O plano é que, depois de ocuparmos o Iraque, o povo iraquiano, de modo geral, vai nos receber de braços abertos".[61]

A segunda tática utilizada pelos defensores da guerra foi ignorar os críticos. No final de 2002, setenta especialistas no Oriente Médio se reuniram durante dois dias num simpósio na National Defense University e produziram um documento intitulado "Iraque: um olhar para além do governo de Saddam", que alertava que a ocupação "seria a missão mais desafiadora e complexa que os Estados Unidos e a comunidade internacional terão realizado desde o fim da Segunda Guerra Mundial". O coronel Paul Hughes, um importante protagonista do processo de planejamento do pós-guerra, encaminhou uma cópia do relatório a Feith, mas "nem ele nem ninguém jamais me respondeu". Outra reunião para tratar da ocupação do Iraque – esta envolvendo 24 especialistas militares, consultores regionais, diplomatas e

---

57 Citado em ibid., p.313.
58 Citado em Ricks, *Fiasco*, op. cit., p.106.
59 Citado em ibid., p.109-10.
60 Citado em ibid., p.99, ênfase no original.
61 Citado em Draper, *To Start a War*, op. cit., p.320.

oficiais de inteligência – foi convocada pelo Estado-Maior do Exército em dezembro. O grupo concluiu que "A possibilidade de os Estados Unidos ganharem a guerra e perderem a paz é real e preocupante", e advertiu que "a ocupação não será bem-sucedida a menos que as circunstâncias especiais desse país incomum" sejam compreendidas e levadas em conta. Embora o relatório tenha sido recebido com entusiasmo no exército, a liderança civil no Pentágono o ignorou. "Só muito depois é que ficou claro para nós", escreve o historiador militar Conrad Crane, "o quão malsucedida a equipe [das forças armadas] tinha sido ao definir o plano final". Thomas Ricks resume a situação: "O incrível é que inúmeras vezes, durante os meses decisivos que antecederam a invasão, essas advertências dos especialistas não foram ouvidas – nem mesmo acolhidas".[62]

A terceira tática para lidar com os céticos foi a repressão. No dia 25 de fevereiro de 2003, o chefe do Estado-Maior do Exército, general Eric Shinseki, declarou ao comitê das Forças Armadas do Senado que a ocupação do Iraque exigiria "algo em torno de centenas de milhares de soldados". Isso se opunha diametralmente às opiniões de Rumsfeld, Feith e Wolfowitz, que previam uma força por volta de apenas 30 mil homens – a qual, para eles, seria suficiente para democratizar o Iraque e, aliás, espalhar a democracia por todo o Grande Oriente Médio. Wolfowitz humilhou Shinseki contradizendo-o abertamente num depoimento ao Comitê de Orçamento da Câmara, no qual ele assegurou que a "ideia do chefe do Estado-Maior de que serão necessárias centenas de milhares de soldados americanos para garantir estabilidade ao Iraque pós-Saddam estava totalmente fora da realidade". Esse tapa na cara em público deixou claro que a crítica da Doutrina Bush por funcionários do governo era inaceitável. Ao mesmo tempo, Rumsfeld se envolvia com a repressão nos bastidores, ordenando ao general Jay Garner, encarregado de planejar a ocupação, que despedisse dois de seus principais assessores, Tom Warrick e Meghan O'Sullivan. O crime deles, observa o assistente de Powell, Richard Armitage, era serem "inconvenientes [...] queriam que os fatos entrassem na equação. Não era o tipo de gente que defendia a linha do partido, de que seríamos recebidos com flores".[63]

Por fim, os defensores da guerra usaram a coação para conseguir o que queriam. Como se sabe, Rumsfeld não tolerava que discordassem dele. Robert Draper observa que "a propensão intimidatória do secretário para humilhar e desencorajar seus subordinados fez que a discordância em questões decisivas praticamente inexistisse no Pentágono".[64] Cheney e Libby

---

62 Todas as citações deste parágrafo estão em Ricks, *Fiasco*, op. cit., p.71-3. Para uma descrição de um relatório do Departamento de Estado anterior à guerra que jogou água fria na ideia de que a remoção de Saddam levaria à democracia em todo o Oriente Médio, *ver* Burkeman, "Secret Report Throws Doubt on Democracy Hopes", *Guardian*, 14 mar. 2003.

63 Citado em Ricks, *Fiasco*, op. cit., p.97 e 104.

64 Citado em Draper, *To Start a War*, op. cit., p.84.

deixaram claro para a comunidade de informações que não aceitariam nenhuma avaliação que não coincidisse com o que eles queriam ouvir. No outono de 2002, o vice-presidente e seu assistente informaram à CIA que queriam descobrir uma ligação entre Saddam e a Al Qaeda, e ficaram insatisfeitos com a conclusão da agência de que não havia nenhum indício dessa conexão. Sua pressão incansável valeu a pena. Num depoimento ao Comitê Seleto de Inteligência do Senado em outubro, o diretor da CIA, George Tenet, que anteriormente negara a existência de ligações entre o governo iraquiano e grupos terroristas, voltou atrás, declarando ao senador Bob Graham: "Dispomos de relatórios consistentes sobre contatos de alto nível entre o Iraque e a Al Qaeda que remontam a uma década [...] Dispomos de relatórios verossímeis informando que os líderes da Al Qaeda procuraram contatos no Iraque que os ajudassem a adquirir a capacidade de lidar com ADMs [...] As ligações de Bagdá com os terroristas vão aumentar, justamente com a ausência de uma ação militar americana".[65]

Dominadores e não racionalidade

Em suma, embora os Estados sejam geralmente racionais, esses quatro exemplos demonstram que às vezes eles podem adotar políticas não racionais baseadas em teorias inverossímeis ou em raciocínios carregados de emoção.

Como a não racionalidade é rara na política internacional, é difícil generalizar a respeito de suas causas. No entanto, nossa sensação é que, se teorias não verossímeis ou emoções estiverem em jogo, seu impacto na política depende basicamente da natureza dos grupos decisórios. Esses grupos são estruturados sempre de maneira hierárquica, para garantir que uma decisão final será tomada e permitir que o Estado lide com o assunto em questão. A questão principal é saber se o decisor final é um facilitador ou um dominador. Quando um facilitador está no comando, diversas teorias são debatidas de maneira vigorosa e irrestrita e o processo é deliberativo. Mas, quando um dominador está no comando, a deliberação fracassa. Existe pouco debate a respeito da teoria adequada; em vez disso, os subordinados são obrigados a aceitar as opiniões do dominador. Tirpitz, Chamberlain, Bissell e Cheney foram todos dominadores que tiveram um papel fundamental nas decisões não racionais tomadas por seus respectivos Estados.

Até agora, nos concentramos na questão da racionalidade estratégica, explicando que ela consiste em teorias verossímeis e deliberação. Contudo, existe outro aspecto importante da racionalidade do Estado: saber se os Estados são racionais em relação a seus objetivos.

---

65 Citado em ibid., p.155-6.

8
RACIONALIDADE DE OBJETIVOS

Alguns especialistas sustentam que não faz muito sentido discutir a racionalidade de objetivos porque não existe essa história de objetivo racional ou não racional. Para eles, só existe um tipo de racionalidade, aquela que chamamos de racionalidade estratégica. Bertrand Russell, por exemplo, assegura que a racionalidade tem um "significado claro e preciso. Ela significa a escolha dos meios adequados para alcançar o fim desejado. Ela não tem nada a ver com a escolha dos fins". Herbert Simons declara: "A razão é totalmente instrumental. Ela não pode nos dizer aonde ir; no máximo, pode nos dizer como chegar a um lugar. É uma mercenária que pode ser posta a serviço de qualquer objetivo que tenhamos, bom ou ruim".[1] De acordo com essa visão, a racionalidade de objetivos é irrelevante.

Discordamos. Se a racionalidade significa compreender o mundo a fim de explorá-lo na busca de determinados objetivos, então a compreensão do conceito tem de implicar como os Estados pensam a respeito de seus objetivos e também como eles os buscam. Começamos pela constatação de que, embora os Estados racionais tenham invariavelmente muitos objetivos, eles classificam a sobrevivência como o mais importante. Essa constatação conta com um apoio generalizado, mas não unânime, entre os teóricos das relações internacionais, alguns dos quais argumentam que a priorização da sobrevivência não é uma característica da racionalidade de objetivos. Analisaremos essa perspectiva alternativa e explicaremos suas deficiências.

---

1 Citado em Edvardsson; Hansson, "When Is a Goal Rational?", *Social Choice and Welfare*, v.24, n.2, p.344, 2005.

Em seguida, vamos nos voltar para o registro empírico e demonstraremos que os Estados geralmente pensaram e agiram racionalmente em relação a seus objetivos. Alguns especialistas afirmam terem identificado uma série de exemplos em que os Estados ou ignoraram o imperativo da sobrevivência ou seguiram políticas que puseram em risco a sua sobrevivência de maneira irresponsável. Porém, como deixamos claro, esses supostos casos de não racionalidade de objetivos não resistem a uma análise. Na política internacional, a racionalidade de objetivos é onipresente.

Definição de racionalidade de objetivos

Lembrem que os agentes racionais empregam teorias verossímeis: explicações logicamente coerentes derivadas de pressupostos realistas e sustentadas por sólidas evidências empíricas. Eles agem assim não somente ao elaborar as estratégias, mas também ao definir os objetivos.

Os objetivos individuais têm origem em diversas causas profundas, entre as quais as necessidades biológicas, os sentimentos inatos, as experiências pessoais e a socialização.[2] Portanto, pessoas diferentes têm conjuntos de objetivos diferentes. Quase todos esses objetivos tendem a ser racionais, contanto que não haja nenhuma contradição lógica flagrante nem uma incoerência empírica entre eles e as causas profundas das quais decorrem. Embora as pessoas que têm objetivos diferentes possam às vezes se considerar mutuamente não racionais – porque seus respectivos objetivos se baseiam em causas diferentes –, praticamente qualquer objetivo que esteja lógica e empiricamente conectado a suas causas profundas é racional. Como observa Max Weber, "Algo não é 'irracional' por si só, e sim se torna 'irracional' quando analisado de um determinado *ponto de vista* 'racional'. Todas as pessoas religiosas são 'irracionais' para todas as pessoas sem religião, e, do mesmo modo, todos os hedonistas consideram o modo de vida de todos os ascetas 'irracional', mesmo que, avaliado em função de *seus* valores supremos, tenha ocorrido uma 'racionalização'".[3]

Embora os indivíduos racionais tenham muitos objetivos, alguns se destacam como importantes para quase todo mundo. Evidentemente, as pessoas querem sobreviver. Thomas Hobbes afirma que a "razão" nos diz que "um homem está proibido de fazer o que for destrutivo da sua vida ou que retire os meios de preservá-la".[4] Normalmente as pessoas também querem ter a

---

2 Para uma discussão afim, *ver* Mearsheimer, *The Great Delusion: Liberal Dreams and International Realities*, p.28-33.

3 Citado em Kalberg, "Max Weber's Types of Rationality: Cornerstones for the Analysis of Rationalization Processes in History", *American Journal of Sociology*, v.85, n.5, p.1156, 1980, ênfase no original.

4 Hobbes, *Leviathan* [*Leviatã*], p.104.

Como os Estados pensam

liberdade de levar a vida como bem entenderem, de aumentar sua prosperidade pessoal, de divulgar seus valores, de favorecer suas políticas preferidas e de promover sua versão da boa vida.

Os Estados também podem ter muitos objetivos, alguns dos quais são facilmente perceptíveis. A sobrevivência é particularmente importante. Os Estados procuram preservar a integridade de suas bases materiais e manter a capacidade de determinar seu próprio destino político.[5] A base material do Estado abrange seu território, sua população e os recursos existentes dentro de suas fronteiras. Ele pode administrar seus próprios assuntos internos e internacionais se mantiver o controle de suas instituições internas, principalmente dos órgãos executivos, legislativos, judiciais e administrativos.[6] Os Estados também têm outros objetivos importantes, entre os quais a maximização da sua prosperidade e a difusão da sua ideologia.

Como os Estados têm muitos objetivos, sempre existe a possibilidade de que eles entrem em conflito, o que levanta a questão: qual é a maneira racional de discriminar entre eles? Existe apenas uma regra inviolável: o principal é a sobrevivência, todos os outros objetivos têm de estar subordinados a ela. Trata-se indiscutivelmente de uma questão lógica e evidente que um Estado não pode atingir nenhum outro objetivo se primeiro não sobreviver como Estado. Como observa Kenneth Waltz: "Na anarquia, o fim supremo é a segurança. Só se a segurança estiver assegurada é que os Estados podem buscar tranquilamente outros objetivos como paz, lucro e poder".[7] É claro que os Estados racionais podem ter todo tipo de objetivo secundário além da sobrevivência, e podem classificá-los do jeito que quiserem, mas não podem colocá-los acima da sobrevivência.[8] Consequentemente, os agentes que não querem sobreviver ou que colocam a sobrevivência abaixo de outros objetivos não são racionais.

Nossa afirmação de que os Estados classificam a sobrevivência como seu principal objetivo não é unanimemente aceita. James Fearon, por exemplo, diz que a ideia de que os Estados "valorizam muito a sobrevivência" é "questionável", e a afirmação de que a sobrevivência é um pré-requisito

---

5 Mearsheimer, *The Tragedy of Great Power Politics*, p.31; Rosato, *Intentions in Great Power Politics: Uncertainty and the Roots of Conflict*, p.25.

6 Sobre os componentes da base e das instituições do Estado, *ver* Buzan, *People, State, and Fear: The National Security Problem in International Relations*, p.53-65.

7 Waltz, *Theory of International Politics*, p.126. *Ver também* Gilpin, "The Richness of the Tradition of Political Realism", *International Organization*, v.38, n.2, p.290-1, 1984.

8 Como deve estar claro, nossa definição de racionalidade de objetivos é diferente da utilizada pelos teóricos da escolha racional. Para eles, os Estados são racionais desde que consigam identificar e ordenar seus diversos objetivos. *Ver* Kydd, *International Relations Theory: The Game Theoretic Approach*, p.12-4; Lake; Powell, "International Relations: A Strategic-Choice Approach", em Lake; Powell (orgs.), *Strategic Choice and International Relations*, p.6-7; Morrow, *Game Theory for Political Scientists*, p.18-9. Impomos o requisito suplementar de que a racionalidade implica classificar a sobrevivência como objetivo número um.

para outros objetivos é "incorreta".[9] Ele argumenta que a prosperidade pode ser mais importante que a sobrevivência para os Estados, e, nesse caso, eles podem renunciar à soberania – estar dispostos a desaparecer – para maximizar sua prosperidade.[10] "Imaginem dois Estados", ele escreve, "cada um dos quais com o objetivo de maximizar a renda *per capita* de seus cidadãos. Se isso fosse mais bem atendido através da fusão num único Estado, eles o fariam; não precisam tentar sobreviver como entidades independentes para alcançar esse objetivo." Para ilustrar o argumento, ele equipara os Estados a empresas, afirmando que "as empresas querem apenas maximizar lucros, e se a fusão aumentar os lucros do proprietário, uma empresa tradicional terá o maior prazer em encerrar suas atividades".[11]

Esse argumento se baseia num equívoco a respeito da natureza dos Estados e dos grupos sociais que os apoiam. Os seres humanos – que valorizam a sobrevivência acima de todos os outros objetivos – são animais sociais. Eles nascem e atuam em grupos sociais coesos, que também classificam a sobrevivência como o objetivo número um. Para funcionar com eficácia e proteger seus componentes, esses grupos criam instituições políticas. A forma das entidades políticas resultantes tem variado ao longo do tempo, mas esses "Estados", no jargão de Charles Tilly, existiram durante toda a história humana.[12] A sobrevivência é seu principal objetivo.

É claro que os Estados se preocupam muito com a sua prosperidade, mas esse objetivo sempre fica em segundo plano diante da sobrevivência. Não faz muito sentido argumentar que para maximizar sua riqueza os Estados deixariam voluntariamente de existir por meio da fusão com outros Estados, já que isso poria fim ao Estado cuja riqueza supostamente está sendo maximizada. O erro de Fearon é equiparar Estados e empresas tradicionais quando, na verdade, se trata de entidades radicalmente diferentes. Ao contrário das empresas comerciais, que existem para enriquecer seus proprietários, a existência das entidades políticas é um fim em si mesmo. Portanto, o amálgama numa nova entidade, que pode ser atraente para uma empresa, é algo que está fora de cogitação para os Estados.

---

9 Fearon, "Domestic Politics, Foreign Policy, and Theories of International Relations", *Annual Review of Political Science*, v.1, n.1, p.294, 1998.

10 A análise que Fearon faz da sobrevivência dialoga diretamente com a obra de Kenneth Waltz, que é amplamente reconhecida por enfatizar o primado da sobrevivência como um objetivo do Estado. Contudo, cabe ressaltar que Waltz aborda a questão de forma incoerente. Por um lado, ele afirma que "a sobrevivência é um pré-requisito para alcançar qualquer objetivo que os Estados possam ter", e, por outro, observa que "alguns Estados podem buscar sistematicamente objetivos que valorizam mais que a sobrevivência". *Ver* Waltz, *Theory of International Politics*, op. cit., p.91-2.

11 Fearon, "Domestic Politics, Foreign Policy, and Theories of International Relations", op. cit., p.294.

12 Tilly, *Coercion, Capital, and European States, AD 990-1992*, p.1-2.

A racionalidade de objetivos na prática

Ao longo da história, os Estados quase sempre demonstraram racionalidade de objetivos. Para defender esse argumento, primeiro demonstramos que, embora os Estados tenham buscado muitos objetivos além da sobrevivência, esses objetivos se subordinaram à autopreservação. Depois passamos para os poucos casos em que os especialistas alegam que os Estados tinham objetivos não racionais – seguindo estratégias que punham sua sobrevivência em risco de forma irresponsável ou ignorando o imperativo da sobrevivência – e demonstramos que esses Estados tinham, de fato, objetivos racionais.

A priorização da sobrevivência

Existem inúmeros exemplos de Estados que colocam a sobrevivência acima de outros objetivos importantes. Tomemos a Guerra dos Trinta Anos (1618-1648). Não há muita dúvida de que os principais protagonistas desse conflito foram motivados por objetivos religiosos. Estados católicos e protestantes lutaram entre si esperando converter seus adversários. No entanto, o desejo de garantir a sobrevivência por meio da manutenção de um equilíbrio de poder favorável foi mais importante, e o processo decisório entre os cinco principais combatentes foi dominado por questões de poder, não por questões religiosas. Por exemplo, há indícios reais de que a cooperação austro-espanhola teve pouco a ver com o catolicismo que Áustria e Espanha compartilhavam, e muito a ver com questões de equilíbrio de poder. A religião também se subordinou à preocupação com a sobrevivência na decisão de entrar em guerra tomada por dinamarqueses, franceses e suecos.[13]

A decisão da Alemanha de entrar em guerra em 1914 fornece mais uma prova de que os Estados privilegiam a sobrevivência sobre outros objetivos. Antes da Primeira Guerra Mundial, as principais economias europeias eram extremamente interdependentes. Portanto, esperava-se que uma guerra entre grandes potências afetaria profundamente a prosperidade alemã, que Berlim considerava um objetivo importante. Ao mesmo tempo, a vitória sobre a Tríplice Entente modificaria de forma decisiva o equilíbrio de poder em favor da Alemanha, praticamente assegurando sua sobrevivência. Os dirigentes alemães subordinaram a prosperidade à sobrevivência e optaram pela guerra.[14] Uma lógica semelhante se aplica à relação da China com Taiwan atualmente. Os dirigentes chineses têm ressaltado que consideram que a independência

---

13 Ver Wilson, "Dinasty, Constitution, and Confession: The Role of Religion in the Thirty Years War", *International History Review*, v.30, n.3, p.494-502 e 512-4, 2008. Para uma abordagem mais detalhada, *ver* id., *The Thirty Years War: Europe's Tragedy*.

14 Copeland, *The Origins of Major War*, cap.3-4.

John J. Mearsheimer • Sebastian Rosato

de Taiwan é uma ameaça à sobrevivência da China, porque representa uma perda definitiva de território nacional, algo que praticamente nenhum chinês está disposto a aceitar. Beijing afirmou que irá à guerra se Taipei declarar independência, apesar das consequências econômicas, que Thomas Friedman qualificou de "destruição econômica mútua assegurada".[15]

Outro exemplo diz respeito à política externa britânica durante a Segunda Guerra Mundial. Ao longo da década de 1930, questões ideológicas – uma aversão arraigada ao comunismo – desempenharam um papel importante na decisão britânica de rejeitar uma aliança com a União Soviética para conter a Alemanha nazista. Mas a queda da França em 1940 mudou a lógica britânica. Quando a Alemanha passou a controlar a metade ocidental do continente europeu e a sobrevivência da Grã-Bretanha ficou ameaçada, Londres deixou de lado seu anticomunismo e tentou formar uma coalizão compensatória com Moscou contra Berlim. Winston Churchill captou a lógica em sua célebre declaração: "Se [Adolf] Hitler invadisse o inferno, eu faria ao menos uma referência favorável ao diabo na Câmara dos Comuns".[16] A sobrevivência superou a ideologia.

De maneira geral, o mesmo princípio se aplica à postura da política externa das democracias liberais. Alguns especialistas argumentam que os dirigentes desses Estados se sentem fortemente inclinados a evitar a guerra porque prestam contas a eleitores de seu país que podem ser contrários ao uso da força. Em outras palavras, governos democráticos consideram a paz e seus benefícios um objetivo particularmente importante. Contudo, os teóricos liberais admitem que, quando o objetivo da sobrevivência entra em conflito com o objetivo da paz, o primeiro prevalece. Como constatam Bruce Russet e Zeev Maoz: "Se os Estados passam a acreditar que o fato de eles aplicarem [...] regras democráticas põe em risco sua sobrevivência, eles agem de acordo com as regras [violentas] fixadas por seu rival".[17]

Os Estados também põem em segundo plano seus compromissos institucionais e legais no campo internacional sempre que entram em conflito com a sobrevivência. Na maioria das vezes, os Estados-membros procuram respeitar as regras incorporadas nas instituições internacionais, já que acreditam que esse comportamento pode ser vantajoso; antes de mais nada, é por isso que criam as instituições ou aderem a elas. O mesmo se aplica ao direito internacional: seu objetivo é respeitá-lo porque é vantajoso. Às vezes, porém, os Estados concluem que o respeito às regras é contrário à sobrevivência; quando isso acontece, esta última sempre ganha. Pensem nos programas nucleares do Irã, do Iraque e da Coreia do Norte. Os três países assinaram

---

15 Friedman, *The Lexus and the Olive Tree: Understanding Globalization*, p.202.

16 Citado em Walt, *The Origins of Alliances*, p.38.

17 Maoz; Russett, "Normative and Structural Causes of Democratic Peace, 1946-1986", *American Political Science Review*, v.87, n.3, p.625, 1993. *Ver também* Doyle, "Kant, Liberal Legacies, and Foreign Affairs, Part 2", *Philosophy and Public Affairs*, v.12, n.4, p.324, 1983.

o Tratado de Não Proliferação de Armas Nucleares (TNP), que os proíbe explicitamente de desenvolver um programa de armas nucleares. Contudo, nos três casos, o temor de que viessem a sofrer ameaças à sua sobrevivência os levou a violar o TNP e começar a desenvolver a capacidade de produzir armas nucleares.[18]

Durante a guerra, a sobrevivência é claramente o objetivo primordial. A maior prova disso é o ataque a civis para obter vantagem militar. Uma longa tradição, com raízes tanto filosóficas como religiosas, determina que os Estados devem evitar a morte de civis enquanto estão em guerra. Essa linha de raciocínio é particularmente influente nas democracias liberais, nas quais existe a crença generalizada de que os direitos humanos são inalienáveis e que, consequentemente, atacar não combatentes é uma crueldade. No entanto, os registros históricos mostram que, quando os Estados acreditam que sua sobrevivência está em jogo, eles não hesitam em matar uma grande quantidade de civis se esse comportamento criminoso os ajudar a evitar a derrota ou um número enorme de baixas no campo de batalha. A Grã-Bretanha e os Estados Unidos impuseram um bloqueio à Alemanha durante a Primeira Guerra Mundial com o objetivo de matar de fome sua população e forçar o *Kaiserreich* a se render. Os Estados Unidos também lançaram bombas incendiárias ininterruptamente sobre as cidades japonesas no início de março de 1945 antes de jogar bombas atômicas em Hiroshima e Nagasaki em agosto, para pôr fim à Segunda Guerra Mundial e minimizar as baixas americanas.[19]

A sobrevivência em risco

Os especialistas descrevem duas maneiras pelas quais os Estados arriscaram sua sobrevivência. Alguns afirmam que existem exemplos históricos famosos em que os Estados se expandiram exageradamente de forma irresponsável, sofrendo finalmente uma derrota categórica nas mãos de seus adversários. Jack Snyder argumenta: "As grandes potências da era industrial demonstraram uma tendência surpreendente à automutilação. Sociedades extremamente avançadas que tinham muito a perder sacrificaram sangue e riquezas, arriscando às vezes a sobrevivência de seus Estados, como consequência da sua política externa demasiado agressiva".[20] Os exemplos canônicos são a França napoleônica, a Alemanha guilhermina, a Alemanha nazista e o Japão imperial, sendo que todos lançaram candidaturas à hegemonia regional que acabaram em derrota catastrófica.

---

18 Abe, "The NPT at Fifty: Successes and Failures", *Journal for Peace and Nuclear Disarmament*, v.3, n.2, p.224-33, 2020.

19 Downes, *Targeting Civilians in War*.

20 Snyder, *Myths of Empire: Domestic Politics and International Ambition* (1991), p.1. *Ver também* Schweller, "Neorealism's Status Quo Bias: What Security Dilemma?", *Security Studies*, v.5, n.3, p.107 e 113, 1996.

John J. Mearsheimer • Sebastian Rosato

Outros especialistas sustentam que os Estados às vezes põem sua sobrevivência em risco por não conseguirem equilibrar a situação, ou seja, não conseguem tomar as medidas necessárias para intimidar um rival perigoso. Randall Schweller, por exemplo, afirma que esse tipo de comportamento é corriqueiro nas relações internacionais, argumentando que os Estados muitas vezes não conseguem perceber que estão diante de uma ameaça grave, e, quando percebem, muitas vezes não conseguem tomar as medidas adequadas para controlar o adversário. Em vez disso, recorrem a políticas insensatas como a conciliação, a acomodação e a transferência de responsabilidade, como a Grã-Bretanha e a França teriam feito no final da década de 1930.[21]

Que fique claro: afirmar que os Estados se comportam de uma forma que põe em risco sua sobrevivência não é o mesmo que dizer que eles subordinam sua sobrevivência a outro objetivo. Em nenhum momento Snyder ou Schweller argumentam que os Estados que descrevem não conseguiram tratar a sobrevivência como seu objetivo principal. O que afirmam é que os Estados em questão seguiram políticas insensatas ou irresponsáveis.

Na verdade, existem fortes indícios de que os expansionistas exagerados estavam profundamente preocupados com sua segurança e se lançaram em busca da hegemonia para maximizar suas possibilidades de sobrevivência. Para Napoleão, a hegemonia continental era o prelúdio da destruição da Grã-Bretanha, uma rival que tinha "adotado uma postura superior e ousada que ameaça[va] a existência de todas as nações na sua indústria e no seu comércio, que são a força vital dos Estados". Do mesmo modo, em julho de 1914, Kurt Riezler, secretário pessoal do chanceler Theobald von Bethmann Hollweg, observou que os dirigentes alemães queriam uma guerra europeia geral para derrotar a Rússia antes que ela se tornasse demasiado poderosa e ameaçasse esmagar o *Kaiserreich*. A guerra preventiva era fundamental porque "o futuro pertence à Rússia, que cresce sem parar e impõe sobre nós um pesadelo cada vez mais angustiante". Hitler, raciocinando na mesma linha, observou em 1941 que, se a Alemanha derrotasse a União Soviética, o Terceiro Reich estabeleceria a hegemonia na Europa e "depois ninguém conseguirá derrotá-lo mais".[22] O almirante Nagano Osami defendeu a decisão japonesa de começar a Segunda Guerra Mundial no Pacífico com o argumento de que seu país "era igual a um paciente que sofria de uma doença grave... Se não fosse operado, ele corria o risco de ir piorando aos poucos. Embora pudesse ser extremamente perigosa, ainda assim a operação dava a esperança de salvar sua vida".[23]

Quanto aos países incapazes de equilibrar a situação, tanto Grã-Bretanha como França estavam profundamente preocupadas com sua sobrevivência

---

21 Schweller, *Unanswered Threats: Political Constraints on the Balance of Power*, p.1-2 e 69-79.

22 Citado em Copeland, *The Origins of Major War*, op. cit., p.83, 141 e 230-1.

23 Citado em Sagan, "The Origins of the Pacific War", em Rotberg; Rabb (orgs.), *The Origin and Prevention of Major Wars*, p.325.

diante da ameaça crescente da Alemanha nazista. Embora não haja razão para duvidar da sensatez da estratégia de dissuasão do primeiro-ministro britânico Neville Chamberlain – que, como vimos, foi momentaneamente não racional –, não há dúvida de que a sua preocupação principal era preservar a segurança britânica. O caso francês é ainda mais claro. Os dirigentes franceses não apenas compreenderam que o Terceiro Reich ameaçava o equilíbrio de poder europeu, eles também seguiram uma estratégia racional que buscava assegurar a sobrevivência da França.[24]

Desprezo pela sobrevivência

De vez em quando, assessores políticos ou analistas argumentam que os Estados simplesmente não se importam com sua sobrevivência. Essa afirmação geralmente é feita no contexto da proliferação nuclear. O líder chinês Mao Tsé-tung fez vários comentários displicentes a respeito da guerra nuclear que levou os observadores americanos e soviéticos a concluir que ele não se importava muito com a sobrevivência da China. Em 1955, por exemplo, disse ao embaixador finlandês em Beijing que "mesmo que as bombas atômicas americanas fossem tão poderosas que, ao serem lançadas na China, fariam um buraco que atravessaria a Terra, ou até a explodiria, isso não significaria praticamente nada para o universo como um todo, embora pudesse ser um acontecimento importante para o sistema solar".[25] Mais recentemente, comentaristas insinuaram que o "regime iraniano é intrinsecamente irracional" e que a política do Irã é elaborada por "mulás lunáticos" indiferentes à sobrevivência do país.[26]

Porém, tirando a postura pública, não há nenhum indício de que os dirigentes que procuram obter armas nucleares não se importem com a sobrevivência de seus Estados. Na verdade, a busca por essas armas sugere o contrário. A posse de armas nucleares é o dissuasor supremo, pois maximiza a possibilidade de sobrevivência do país. Devemos levar em conta que Beijing possui um arsenal nuclear há bem mais de cinquenta anos, e nunca pretendeu usá-lo – nem, muito menos, o usou de verdade – de uma forma que ameaçasse a destruição da China.

Finalmente, alguns especialistas afirmam que Estados "optam por desaparecer", abrindo mão voluntariamente de sua soberania em favor de órgãos internacionais. Dustin Howes, por exemplo, ressalta que, ao ceder a "autonomia a órgãos internacionais", os Estados desistiram deliberadamente de

---

24 Sobre as políticas francesas e britânicas no final de década de 1930, *ver* os capítulos 5 e 7, respectivamente.

25 Citado em Keck, "China's Mao Zedong 'Seemed to Welcome a Nuclear Holocaust'", *The National Interest*, 14 dez. 2017.

26 Waltz, "Why Iran Should Get the Bomb: Nuclear Balancing Would Mean Stability", *Foreign Affairs*, v.91, n.4, p.4, 2012.

existir, já que, para ele, autonomia, soberania e sobrevivência são conceitos intercambiáveis. O exemplo paradigmático é a criação da União Europeia (UE), um processo que segundo Howes, entre outros, significou a cessão da soberania de Estados da Europa ocidental a uma poderosa instituição internacional.[27]

Esse argumento apresenta dois problemas. Primeiro: os Estados que ingressam em instituições como a UE não cedem sua soberania, mas, em vez disso, delegam a autoridade de tomar decisões em questões específicas. A autoridade final continua nas mãos dos Estados-membros, que podem recuperá-la a qualquer momento, como a saída da Grã-Bretanha da UE em 2020 deixou claro.[28] Segundo: os Estados delegam a autoridade às instituições com o objetivo expresso de aumentar suas possibilidades de sobrevivência, não para abdicar dela. Os europeus ocidentais criaram a Comunidade Europeia, precursora da UE, para maximizar suas possibilidades de sobrevivência. E ingressaram na Otan pelo mesmo motivo.[29]

O imperativo da sobrevivência

Existem inúmeros indícios de que os Estados têm objetivos racionais, isto é, têm procurado sobreviver e colocaram a sobrevivência acima dos outros objetivos. Que fique claro: isso não significa que os Estados sempre conseguem sobreviver. A União Soviética, a Iugoslávia e a Tchecoslováquia desapareceram depois do fim da Guerra Fria. Porém, em todos esses casos, os dirigentes preferiram manter seu país intacto, só que foram incapazes de fazê-lo. Na verdade, só encontramos um exemplo de objetivo não racional na história: a postura da Alemanha no final da Segunda Guerra Mundial. Diante da possibilidade de uma derrota certa, o Terceiro Reich continuou lutando em vez de se render, assegurando sua própria destruição. Como observa Michael Geyer, os últimos anos da guerra foram marcados pelo "avanço maciço da morte" alimentado pela "tenacidade alemã em meio ao cataclisma da sua própria destruição".[30]

---

27 Howes, "When States Choose to Die: Reassessing Assumptions about what States Want", *International Studies Quarterly*, v.47, n.4, p.669 e 671-2, 2003.

28 Grinberg, "Unconstrained Sovereignty: Delegation of Authority and Reversibility", *SSRN*, 4 nov. 2020. Disponível em: <https://papers.ssrn.com/sol3/papers.cfm?abstract_id=3725113>. Acesso em: 7 out. 2024.

29 Parent, *Uniting States: Voluntary Union in World Politics*; Rosato, *Europe United: Balance of Power Politics and the Making of the European Community*.

30 Geyer, "Endkampf 1918 and 1945: German Nationalism, Annihilation, and Self-Destruction", em Bessel; Lüdtke; Weisbrod (orgs.), *No Man's Land of Violence: Extreme Wars in the 20th Century*, p.39.

9
RACIONALIDADE NA POLÍTICA INTERNACIONAL

Grande parte da moderna teoria das relações internacionais – principalmente as teorias liberais e realistas que dominaram o discurso acadêmico nas décadas de 1970, 1980 e 1990 – se baseia na ideia de que os Estados são agentes racionais, ou seja, que seus dirigentes agem de forma intencional quando elaboram a política externa. É verdade que os especialistas dessas tradições não deram muita atenção à definição e à defesa do pressuposto do agente racional, e é surpreendente que não exista nenhuma obra importante sobre o tema. No entanto, havia um consenso frouxo de que os Estados racionais pensavam em função dos prós e contras das diversas políticas ao decidir como se orientar no sistema internacional.

A crítica do pressuposto do agente racional veio em duas ondas. Muitos dos primeiros críticos recorreram às perspectivas da psicologia para argumentar que os assessores políticos, como todos os seres humanos, têm limitações cognitivas que muitas vezes impedem as decisões racionais.[1] Outros críticos, que trabalhavam na tradição da escolha racional, presumiram que os Estados podiam ser tratados "como se" agissem racionalmente com a finalidade de explicar sua postura, mas observaram que seus dirigentes não eram realmente racionais, se esse termo significava que eles pensavam em

---

[1] Ver, por exemplo, Jervis, *Perception and Misperception in International Politics*; Lebow, *Between Peace and War: The Nature of International Crisis*; Stein, "Building Politics into Psychology: The Misperception of Threat", *Political Pshychology*, v.9, n.2, p.245-71, 1988; Tetlock; McGuire Jr., "Cognitive Perspectives on Foreign Policy", em Long (org.), *Political Behavior Annual*, p.147-79.

função da maximização da sua utilidade esperada.[2] Em suma, psicólogos políticos e teóricos da escolha racional concordavam – por diferentes razões – que, na prática, os Estados em geral são não racionais.

Nas últimas duas décadas, as contestações ao pressuposto do agente racional se intensificaram com a chegada de uma segunda onda de críticas. Recorrendo a novas pesquisas empíricas sobre preferências, crenças e processos decisórios, psicólogos políticos, a exemplo dos economistas comportamentais, rejeitaram a alegação de que os chefes de Estado são sistematicamente racionais.[3] Ao mesmo tempo, teóricos da escolha racional se concentraram em explicar como os Estados tomariam decisões a respeito da competição, da cooperação, da guerra e da paz se fossem racionais, insinuando implícita ou explicitamente que eles muitas vezes não são.[4]

Se os críticos tiverem razão, os teóricos e os profissionais da política internacional estarão em apuros. Como a maioria das teorias liberais e realistas de relações internacionais se baseia no pressuposto de um agente racional, a descoberta de que os Estados geralmente não são racionais invalidaria essas abordagens teóricas, deixando-as com pouco a dizer a respeito do funcionamento do mundo. No nível prático, seria particularmente difícil para os Estados elaborarem estratégias se não pudessem esperar que os outros Estados pensariam e agiriam racionalmente. Afinal, não teriam uma maneira confiável de prever como os Estados poderiam reagir a suas políticas.[5]

Num nítido contraste com o senso comum emergente, julgamos que os Estados geralmente são racionais. Dizer que um Estado é um agente racional significa dizer que ele baseia suas políticas em teorias verossímeis e toma decisões através de um processo deliberativo de formulação de políticas. Por esse padrão, a história revela que a maioria dos Estados é racional a maior parte do tempo. As consequências são profundas. Dentro da academia, o realismo e o liberalismo passam bem.[6] No mundo da política, os Estados dispõem de uma base sólida para elaborar a política externa.

---

2 Ver, por exemplo, Achen; Snidal, "Rational Deterrence Theory and Comparative Case Studies", *World Politics*, v.41, n.2, p.143-69, 1989; Mesquita, *The War Trap*; Morrow, *Game Theory for Political Scientists*.

3 Para um resumo, *ver* Hafner-Burton et al., "The Behavioral Revolution and International Relations", *International Organization*, v.71, supl.S1, p.S1-S31, 2017.

4 Ver, por exemplo, Fearon, "Rationalist Explanations for War", *International Organization*, v.49, n.3, p.379-414, 1995; Glaser, *Rational Theory of International Politics: The Logic of Competition and Cooperation*.

5 Sobre esse aspecto, *ver* Waltz, *Man and the State of War: A Theoretical Analysis*, p.169.

6 Para a opinião contrária de que o liberalismo e o realismo são guias precários para compreender a política internacional, *ver* Lake, "Why 'isms' Are Evil: Theory, Epistemology, and Academic Sects as Impediments to Understanding and Progress", *International Studies Quarterly*, v.55, n.2, p.465-80, 2011; Sil; Katzenstein, "Analytic Eclecticism in the Study of World Politics: Reconfiguring Problems and Mechanisms across Research Traditions", *Perspectives on Politics*, v.8, n.2, p.411-31, 2010.

Cabe uma última observação. Muitos especialistas associam racionalidade à paz entre os Estados. Resumindo, seu argumento é que a racionalidade diz aos Estados que a competição pela segurança e a guerra não fazem muito sentido, e que eles têm um interesse direto em cooperar entre si. Alguns chegam até a afirmar que, se os Estados empregarem regularmente sua capacidade de raciocínio, a guerra seguirá o caminho de outras "práticas violentas que passaram de irrepreensíveis a questionáveis, a imorais, a inacreditáveis, a inconcebíveis".[7] Essa visão confunde racionalidade com moral. Os líderes racionais simplesmente tentam encontrar a estratégia mais eficaz para lidar com outros Estados, e, como já deve ter ficado claro, ameaçar com violência ou tomar a iniciativa de aplicá-la às vezes faz sentido. A mensagem não é muito animadora, mas essa é a realidade da política internacional.

---

7 Pinker, *The Better Angels of our Nature: Why Violence Has Declined*, p.292. Ver também id., *Rationality: What it Is, Why it Seems Scarce, Why it Matters*. Para uma primeira descrição dessa perspectiva otimista, ver Carr, *The Twenty Years' Crisis, 1919-1939: An Introduction to the Study of International Relations*, cap.4.

Referências Bibliográficas

ABE, Nobuyasu. The NPT at Fifty: Successes and Failures. *Journal for Peace and Nuclear Disarmament*, v.3, n.2, p.224-33, 2020.

ABULOF, Uriel. The Malpractice of "Rationality" in International Relations. *Rationality and Society*, v.27, n.3, p.358-84, 2015.

ACHEN, Christopher H.; SNIDAL, Duncan. Rational Deterrence Theory and Comparative Case Studies. *World Politics*, v.41, n.2, p.143-69, 1989.

ADAMTHWAITE, Anthony P. *France and the Coming of the Second World War, 1936-1939*. Londres: Frank Cass, 1977.

_____. Bonnet, Daladier and French Appeasement, April-September 1938. *International Relations*, v.3, n.3, p.226-41, 1968.

ADLER, Emanuel; BARNETT, Michael (orgs.). *Security Communities*. Cambridge: Cambridge University Press, 1998.

ALBRIGHT, Madeleine K. Use of Force in a Post-Cold War World. *U. S. Department of State Dispatch*, v.4, n.39, 27 set. 1993.

ALEXANDER, Martin S. *The Republic in Danger*: General Maurice Gamelin and the Politics of French Defense, 1933-1940. Cambridge: Cambridge University Press, 1992.

ALLINGHAM, Michael. *Choice Theory*: A Very Short Introduction. Oxford: Oxford University Press, 2002.

ALLISON, Graham T. *Essence of Decision*: Explaining the Cuban Missile Crisis. 1.ed. Boston: Little, Brown and Company, 1971.

_____; ZELIKOW, Philip. *Essence of Decision*: Explaining the Cuban Missile Crisis. 2.ed. Nova York: Longman, 1999.

ANGELL, Norman. *The Great Illusion*: A Study of the Relationship of Military Power in Nations to their Economic and Social Advantage. Londres: William Heinemann, 1910.

APPLEBAUM, Binyamin. *The Economists' Hour*: False Prophets, Free Markets, and the Fracture of Society. Nova York: Little, Brown, and Company, 2019.

ARISTÓTELES. *The Nicomachean Ethics*. Trad. David Ross. Oxford: Oxford University Press, 2009. [Ed. bras.: *Ética a Nicômano*. Bauru: Edipro, 2018.]

ARREGUÍN-TOFT, Ivan. *How the Weak Win Wars*: A Theory of Asymmetric Conflict. Cambridge: Cambridge University Press, 2005.

ARROW, Kenneth J. Rationality of Self and others in a Economic System. *Journal of Business*, v.59, n.4, parte 2, p.S385-S399, 1986.

_____. Mathematical Models in the Social Sciences. In: LERNER, Daniel; LASSWELL, Harold D. (orgs.). *The Policy Sciences*. Stanford: Stanford University Press, 1951.

ART, Robert J.; CRONIN, Patrick M. (orgs.). *The United States and Coercive Diplomacy*. Washington, DC: United States Institute of Peace, 2003.

ASADA, Sadao. *From Mahan to Pearl Harbor*: The Imperial Japanese Navy and the United States. Anápolis, MD: Naval Institute, 2006.

ASMUS, Ronald D. *Opening Nato's* door: How the Alliance Remade Itself for a New Era. Nova York: Columbia University Press, 2002.

ASPATURIAN, Vernon V. Soviet Foreign Policy at the Crossroads: Conflict and/or Collaboration? *International Organization*, v.23, n.3, p.589-620, 1969.

BACEVICH, Andrew J. *The Age of Illusions*: How America Squandered its Cold War Victory. Nova York: Metropolitan Books, 2020.

BARNHART, Michael A. *Japan Prepares for Total War*: The Search for Economic Security, 1919-1941. Ithaca, NY: Cornell University Press, 1987.

BEACH, Derek; PEDERSEN, Rasmus Brun. *Causal Case Study Methods*: Foundations and Guidelines for Comparing, Matching, and Tracing. Ann Arbor: University of Michigan Press, 2016.

BEARDSLEY, Kyle; ASAL, Victor. Winning with the Bomb. *Journal of Conflict Resolution*, v.53, n.2, p.278-301, 2009.

BEASLEY, W. G. *Japanese Imperialism, 1894-1905*. Oxford: Clarendon, 1987.

BENNETT, Andrew; CHECKEL, Jeffrey T. *Process Tracing*: From Metaphor to Analytic Tool. Cambridge: Cambridge University Press, 2015.

BERGHAHN, Volker R. *Germany and the Approach of War in 1914*. 2.ed. Nova York: St. Martin's, 1993.

BERMEO, Nancy. Armed Conflict and the Durability of Electoral Democracy. In: KREBS, Ronald; KIER, Elizabeth (orgs.). *In War's Wake*: International Conflict and the Fate of Liberal Democracy. Cambridge: Cambridge University Press, 2010.

BERNSTEIN, Barton J. Understanding Decisionmaking, U. S. Foreign Policy, and the Cuban Missile Crisis: A Review Essay. *International Security*, v.25, n.1, p.134-64, 2000.

BERNSTEIN, Peter L. *Against the Gods*: The Remarkable Story of Risk. Nova York: John Wiley & Sons, 1996.

BIDDLE, Stephen. *Military Power*: Explaining Victory and Defeat in Modern Battle. Princeton, NJ: Princeton University Press, 2010.

BIX, Herbert P. *Hirohito and the Making of Modern Japan*. Nova York: HarperCollins, 2000.

BLAINEY, Geoffrey. *The Causes of War*. 3.ed. Nova York: Free Press, 1988.

BLANKSHAIN, Jessica D.; STIGLER, Andrew L. Applying Method to Madness: A User's Guide to Causal Inference in Policy Analysis. *Texas National Security Review*, v.3, n.3, p.76-89, 2020.

BOND, Brian. *British Military Policy between the Two World Wars.* Oxford: Clarendon, 1980.

_____ (org.). *Chief of Staff:* The Diaries of Lieutenant-General Sir Henry Pownall. v.1: *1933-1940.* Hamden, CT: Archon, 1973.

BOWDEN, Mark. Understanding Kim Jong Un, the World's Most Enigmatic and Unpredictable Dictator. *Vanity Fair,* 12 fev. 2015.

BOYS, James D. *Clinton's Grand Strategy.* Londres: Bloomsbury, 2015.

BRANDS, Hal. *Making the Unipolar Moment:* U. S. Foreign Policy and the Rise of the Post--Cold War Order. Ithaca, NY: Cornell University Press, 2016.

BRENTON, Tony. This Isn't the Vladimir Putin that I once Knew. *Telegraph,* 1º mar. 2022.

BROOKS, Stephen G. *Producing Security:* Multinational Corporations, Globalization, and the Changing Calculus of Conflict. Princeton, NJ: Princeton University Press, 2005.

_____; WOHLFORTH, William C. *America Abroad:* The United States' Global Role in the 21st Century. Oxford: Oxford University Press, 2016.

BUCHHOLZ, Todd G. *New Ideas from Dead Economists:* An Introduction to Modern Economic Thought. Ed. rev. e atual. Nova York: Plume, 2007.

BUFFOTOT, Patrice. The French High Command and the Franco-Soviet Alliance, 1933-1939. *Journal of Strategic Studies,* v.5, n.4, p.546-59, 1982.

BULLOCK, Alan. *Hitler:* A Study in Tyranny. Ed. rev. Nova York: Harpert Torch, 1964.

BURKEMAN, Oliver. Secret Report Throws Doubt on Democracy Hopes. *Guardian,* 14 mar. 2003.

BURNS, William J. *The Back Channel:* A Memoir of American Diplomacy and the Case for its Renewal. Nova York: Random House, 2019.

BUTOW, Robert J. C. *Tojo and the Coming of War.* Princeton, NJ: Princeton University Press, 1961.

BUTTERWORTH, Susan B. Daladier and the Munich Crisis: A Reappraisal. *Journal of Contemporary History,* v.9, n.3, p.191-216, 1974.

BUZAN, Barry. *People, State, and Fear:* The National Security Problem in International Relations. Chapel Hill: University of North Carolina Press, 1983.

BYMAN, Daniel L.; POLLACK, Kenneth M. Let Us Now Praise Great Men: Bringing the Statesman Back In. *International Security,* v.25, n.4, p.107-46, 2001.

_____; WAXMAN, Matthew. *The Dynamics of Coercion:* American Foreign Policy and the Limits of Military Might. Cambridge: Cambridge University Press, 2002.

CARLEY, Michael Jabara. *1939:* The Alliance that Never Was and the Coming of World War II. Chicago: Ivan R. Dee, 1999.

_____. Prelude to Defeat: Franco-Soviet Relations, 1919-1939. *Historical Reflections,* v.22, n.1, p.159-88, 1996.

CARR, E. H. *The Twenty Years' Crisis, 1919-1939:* An Introduction to the Study of International Relations. 2.ed. rev. Londres: Macmillan, 1962. [Ed. bras.: *Vinte anos de crise, 1919-1939:* uma introdução ao estudo das relações internacionais. São Paulo; Brasília: Imprensa Oficial do Estado de São Paulo; Editora da Universidade de Brasília; Instituto de Pesquisa de Relações Internacionais, 2001.]

CARRADICE, Phil. *Bay of Pigs:* CIA's Cuban Disaster, April 1961. Barnsley, RU: Pen & Sword, 2018.

CECIL, Robert. *Hitler's Decision to Invade Russia, 1941.* Nova York: David McKay, 1975.

CHAKRAVARTTY, Anjan. Scientific Realism. In: ZALTA, Edward N. (org.). *The Stanford Encyclopedia of Philosophy*. Ed. verão 2017. Disponível em: <https://plato.stanford.edu/archives/sum2017/entries/scientific-realism/>. Acesso em: 4 out. 2024.

CHALMERS, Alan F. *What Is this Thing Called Science?* 4.ed. Indianápolis, IN: Hackett, 2013.

CHERNOFF, Fred. *Theory and Metatheory in International Relations*: Concepts and Contending Accounts. Londres: Palgrave Macmillan, 2007.

CHOLLET, Derek; GOLDGEIER, James. *America between the Wars*, from 11/9 to 9/11: The Misunderstood Years between the Fall of the Berlin Wall and the Start of the War on Terror. Nova York: PublicAffairs, 2008.

CHOMSKY, Noam. Cuban Missile Crisis: How the US Played Russian Roulette with Nuclear War. *Guardian*, 15 out. 2012.

CLARK, Christopher. *The Sleepwalkers*: How Europe Went to War in 1914. Nova York: Penguin, 2013. [Ed. bras.: *Os sonâmbulos*: como eclodiu a Primeira Guerra Mundial. São Paulo: Companhia das Letras, 2014.]

CLAUSEWITZ, Carl von. *On War*. Org. e trad. Michael Howard e Peter Paret. Princeton, NJ: Princeton University Press, 1976. [Ed. bras.: *Da guerra*. São Paulo: WMF Martins Fontes, 2010.]

COASE, Ronald H. *How Should Economists Choose?* Washington, DC: American Enterprise Institute for Public Policy Research, 1982.

COOPER, Matthew. *The German Army, 1933-1945*: Its Political and Military Failure. Nova York: Stein and Day, 1978.

COPELAND, Dale C. *Economic Interdependence and War*. Princeton, NJ: Princeton University Press, 2015.

_____. *The Origins of Major War*. Ithaca, NY: Cornell University Press, 2000.

CORRELL, John T. What Happened to Shock and Awe? *Air Force Magazine*, 1º nov. 2003.

COSTA, Robert. Entrevista com H. R. McMaster sobre "Face the Nation". *CBS News*, 27 fev. 2022.

CRAIG, Gordon A. *Germany, 1866-1945*. Oxford: Oxford University Press, 1978.

CRAWFORD, Neta C. The Passion of World Politics: Propositions on Emotion and Emotional Relationships. *International Security*, v.24, n.4, p.116-56, 2000.

CROWLEY, James B. *Japan's Quest for Autonomy*: National Security and Foreign Policy, 1930-1938. Princeton, NJ: Princeton University Press, 1966.

CRUMP, Laurien. *The Warsaw Pact Reconsidered*: International Relations in Eastern Europe, 1955-1969. Nova York: Routledge, 2015.

DAMÁSIO, António R. *Descartes' Error*: Emotion, Reason and the Human Brain. Nova York: Putnam's, 1994. [Ed. bras.: *O erro de Descartes*: emoção, razão e o cérebro humano. São Paulo: Companhia das Letras, 2012.]

DAWISHA, Karen. *The Kremlin and the Prague Spring*. Berkeley: University of California Press, 1984.

DEHIO, Ludwig. *Germany and World Politics in the Twentieth Century*. Trad. Dieter Pevsner. Nova York: W. W. Norton, 1967.

DENNIS, Peter. *Decision by Default*: Peacetime Conscription and British Defence, 1919-1939. Durham, NC: Duke University Press, 1972.

DEQUECH, David. Uncertainty: A Typology and Refinements of Existing Concepts. *Journal of Economic Issues*, v.45, n.3, p.621-40, 2011.

_____. Fundamental Uncertainty and Ambiguity. *Eastern Economic Journal*, v.26, n.1, p.41-60, 2000.

DESCH, Michael C. *Cult of the Irrelevant*: The Waning Influence of Social Science on National Security. Princeton, NJ: Princeton University Press, 2019.

DE SOUSA, Ronald. *The Rationality of Emotion.* Cambridge, MA: MIT Press, 1987.

DESSLER, David. Beyond Correlations: Toward a Causal Theory of War. *International Studies Quarterly*, v.35, n.3, p.337-55, 1991.

DICKINSON, G. Lowes. *The European Anarchy.* Nova York: Macmillan, 1916.

DOBBS, Michael. *One Minute to Midnight*: Kennedy, Khrushchev, and Castro on the Brink of Nuclear War. Nova York: Alfred A. Knopf, 2008.

DOWNES, Alexander B. *Catastrophic Success*: Why Foreign-Imposed Regime Change Goes Wrong. Ithaca, NY: Cornell University Press, 2021.

_____. *Targeting Civilians in War*. Ithaca, NY: Cornell University Press, 2012.

_____; SECHSER, Todd S. The Illusion of Democratic Credibility. *International Organization*, v.66, n.3, p.457-89, 2012.

DOWNS, George W.; MESQUITA, Bruce Bueno de. Gun-Barrel Diplomacy Has Failed Time and Again. *Los Angeles Times*, 4 fev. 2004.

DOYLE, Michael W. *Ways of War and Peace*: Realism, Liberalism, and Socialism. Nova York: W. W. Norton, 1997.

_____. Kant, Liberal Legacies, and Foreign Affairs, Part 2. *Philosophy and Public Affairs*, v.12, n.4, p.323-53, 1983.

_____. Kant, Liberal Legacies, and Foreign Affairs. *Philosophy and Public Affairs*, v.12, n.3, p.205-35, 1983.

DRAPER, Robert. *To Start a War*: How the Bush Administration Took America into Iraq. Nova York: Penguin, 2020.

DUKES, Jack R. Militarism and Arms Policy Revisited: The Origins of the German Army Law of 1913. In: _____; REMAK, Joachim (orgs.). *Another Germany*: A Reconsideration of the Imperial Era. Boulder, CO: Westview, 1988.

EASTERLY, William; SATYANATH, Shanker; BERGER, Daniel. *Superpower Interventions and their Consequences for Democracy*: An Empirical Inquiry. Cambridge, MA: National Bureau of Economic Research, maio 2008. [Ensaio Preliminar, n.13992.]

ECKSTEIN, Harry. Case Study and Theory in Political Science. In: GREENSTEIN, Fred I.; POLSBY, Nelson W. (orgs.). *Handbook of Political Science*. v.7: *Strategies of Inquiry*. Reading, MA: Addison-Wesley, 1975.

EDELMAN, Eric S. The Strange Career of the 1992 Defense Planning Guidance. In: LEFFLER, Melvyn P.; LEGRO, Jeffrey W. (orgs.). *In Uncertain Times*: American Foreign Policy after the Berlim Wall and 9/11. Ithaca, NY: Cornell University Press, 2011.

EDELSTEIN, David M. *Over the Horizon*: Time, Uncertainty, and the Rise of Great Powers. Ithaca, NY: Cornell University Press, 2017.

EDVARDSSON, Karin; HANSSON, Sven Ove. When Is a Goal Rational? *Social Choice and Welfare*, v.24, n.2, p.343-61, 2005.

EHLERT, Hans; EPKENHANS, Michael; GROSS, Gerhard P. (orgs.). *The Schlieffen Plan*: International Perspectives on the German Strategy for World War I. Lexington: University Press of Kentucky, 2014.

EIDLIN, Fred H. *The Logic of "Normalization"*: The Soviet Intervention in Czechoslovakia of 21 August 1968 and the Czechoslovak Response. Nova York: Columbia University Press, 1980.

ELLMAN, James. *Hitler's Great Gamble*: A New Look at German Strategy, Operation Barbarossa, and the Axis Defeat in World War II. Guilford, CT: Stackpole, 2019.

ELLSBERG, Daniel. The Quagmire Myth and the Stalemate Machine. *Public Policy*, v.19, n.2, p.217-74, 1971.

ELSTER, Jon. *Alchemies of the Mind*. Cambridge: Cambridge University Press, 1999.

_____. *Nuts and Bolts for the Social Sciences*. Cambridge: Cambridge University Press, 1989.

_____. Introduction. In: _____ (org.). *Rational Choice*. Nova York: New York University Press, 1986.

ENGLISH, Michelle. Stephen van Evera Revisits World War I, One Century after its Bitter End. *MIT Center for International Studies*, 1º nov. 2018. Disponível em: <https://cis.mit.edu/publications/analysis-opinion/2018/stephen-van-evera-revisits-world-war-i-one-century-after-its>. Acesso em: 8 out. 2024.

EPKEHANS, Michael. *Tirpitz*: Architect of the High Seas Fleet. Washington, DC: Potomac, 2008.

EPSTEIN, Klaus. German War Aims in the First World War. *World Politics*, v.15, n.1, p.163-85, 1962.

FAIRBANK, John K. Introduction: Varieties of Chinese Military Experience. In: _____; KIERMAN JR., Frank A. (orgs.). *Chinese Ways in Warfare*. Cambridge, MA: Harvard University Press, 1974.

FALLOWS, James. Blind into Baghdad. *Atlantic Monthly*, 15 fev. 2004.

FAULCONBRIDGE, Guy. UK's Johnson Says Russia's Putin May Be "Irrational" on Ukraine. *Reuters*, 20 fev. 2022.

FEARON, James D. Domestic Politics, Foreign Policy, and Theories of International Relations. *Annual Review of Political Science*, v.1, n.1, p.289-313, 1998.

_____. Rationalist Explanations for War. *International Organization*, v.49, n.3, p.379-414, 1995.

_____. Domestic Political Audiences and the Escalation of International Disputes. *American Political Science Review*, v.88, n.3, p.577-92, 1994.

FINNEMORE, Martha. *National Interests in International Society*. Ithaca, NY: Cornell University Press, 1996.

FISCHER, Fritz. *War of Illusions*: German Policies from 1911 to 1914. Trad. Marian Jackson. Nova York: W. W. Norton, 1975.

FOREIGN Minister Sergey Lavrov's Interview with the BBC TV Channel, St. Petersburg. Ministério das Relações Exteriores da Federação Russa, 16 jun. 2022. Disponível em: <https://www.mid.ru/en/foreign_policy/news/1818228/>. Acesso em: 4 out. 2024.

FRANKEL, Max. *High Noon in the Cold War*: Kennedy, Khrushchev, and the Cuban Missile Crisis. Nova York: Presidio, 2006.

FRIEDMAN, Jeffrey A. *War and Chance*: Assessing Uncertainty in International Politics. Oxford: Oxford University Press, 2019.

FRIEDMAN, Milton. The Methodology of Positive Economics. In: *Essays in Positive Economics*. Chicago: University of Chicago Press, 1953.

FRIEDMAN, Rebecca R. Crisis Management at the Dead Center: The 1960-1961 Presidential Transition and the Bay of Pigs Fiasco. *Presidential Studies Quarterly*, v.41, n.2, p.307-33, 2011.

FRIEDMAN, Thomas L. *The Lexus and the Olive Tree*: Understanding Globalization. Nova York: Farrar, Straus and Giroux, 1999.

_____. Foreign Affairs; Now a Word from X. *New York Times*, 2 maio 1998.

FURSENKO, Aleksandr; NAFTALI, Timothy. *One Hell of a Gamble*: Khrushchev, Castro, and Kennedy, 1958-1964. Nova York: W. W. Norton, 1997.

GARTHOFF, Raymond L. *A Journey through the Cold War*: A Memoir of Containment and Coexistence. Washington, DC: Brookings Institution, 2001.

GARTZKE, Eric. The Capitalist Peace. *American Journal of Political Science*, v.51, n.1, p.166-91, 2007.

GATES, Rustin. Solving the "Manchurian Problem": Uchida Yasuya and Japanese Foreign Affairs before the Second World War. *Diplomacy & Statecraft*, v.23, n.1, p.23-43, 2012.

GELB, Leslie H.; BETTS, Richard K. *The Irony of Vietnam*: The System Worked. Washington, DC: Brookings Institution, 2016.

GEMZELL, Carl-Axel. *Organization, Conflict, and Innovation*: A Study of German Naval Strategic Planning, 1888-1940. Lund: Berlingska Boktryckeriet, 1973.

GEORGE, Alexander L. *Forceful Persuasion*: Coercive Diplomacy as an Alternative to War. Washington, DC: United States Institute of Peace, 1991.

_____; BENNETT, Andrew. *Case Studies and Theory Development in the Social Sciences*. Cambridge, MA: MIT Press, 2005.

GEORGE, Alice L. *The Cuban Missile Crisis*: Threshold of Nuclear War. Nova York: Routledge, 2013.

GERRING, John. *Social Science Methodology*: A Unified Framework. 2.ed. Cambridge: Cambridge University Press, 2012.

_____. *Case Study Research*: Principles and Practices. Cambridge: Cambridge University Press, 2007.

GEYER, Michael. Endkampf 1918 and 1945: German Nationalism, Annihilation, and Self-Destruction. In: BESSEL, Richard; LÜDTKE, Alf; WEISBROD, Bernd (orgs.). *No Man's Land of Violence*: Extreme Wars in the 20th Century. Munique: Max-Planck--Institut für Geschichte; Wallstein, 2006.

_____. German Strategy in the Age of Machine Warfare, 1914-1945. In: PARET, Peter (org.). *Makers of Modern Strategy from Machiavelli to the Nuclear Age*. Princeton, NJ: Princeton University Press, 1986.

GIBBS, Norman H. *Grand Strategy*. v.1: Rearmament Policy. Londres: Her Majesty's Stationary Office, 1976.

GIGERENZER, Gerd. Axiomatic Rationality and Ecological Rationality. *Synthese*, v.198, n.1, p.3547-64, 2021.

GIGERENZER, Gerd. The Bias Bias in Behavioral Economics. *Review of Behavioral Economics*, v.5, n.3-4, p.303-36, 2018.

GILPIN, Robert. The Richness of the Tradition of Political Realism. *International Organization*, v.38, n.2, p.287-304, 1984.

_____. *War and Change in World Politics*. Cambridge: Cambridge University Press, 1981.

GLASER, Charles L. *Rational Theory of International Politics*: The Logic of Competition and Cooperation. Princeton, NJ: Princeton University Press, 2010.

GLEDITSCH, Nils Petter; CHRISTIANSEN, Lene Siljeholm; HEGRE, Havard. *Democratic Jihad?* Military Intervention and Democracy. Washington, DC: World Bank Research Policy Paper n.4242, jun. 2007.

GODFREY-SMITH, Peter. *Theory and Reality*: An Introduction to the Philosophy of Science. 2.ed. Chicago: University of Chicago Press, 2021.

GOERTZ, Gary. *Multimethod Research, Causal Mechanisms, and Case Studies*: An Integrated Approach. Princeton, NJ: Princeton University Press, 2017.

_____; HAGGARD, Stephan. Generalization, Case Studies, and Within-Case Causal Inference: Large-N Qualitative Analysis (LNQA). In: KINCAID, Harold; BOUWEL, Jeroen van (orgs.). *The Oxford Handbook of Philosophy of Political Science*. Oxford: Oxford Academic, 2023. [*on-line*.] Disponível em: <https://ndisc.nd.edu/assets/419564/goertz_haggard2020.pdf>. Acesso em: 6 out. 2024.

GOLDGEIER, James M. *Not Whether but When*: The U. S. Decision to Enlarge Nato. Washington, DC: Brookings Institution, 1999.

_____; MCFAUL, Michael. *Power and Purpose*: U. S. Policy toward Russia after the Cold War. Washington, DC: Brookings Institution, 2003.

GOLDSMITH, Arthur A. Making the World Safe for Partial Democracy? Questioning the Premises of Democracy Promotion. *International Security*, v.33, n.2, p.120-47, 2008.

GOLDSTEIN, Judith; KEOHANE, Robert O. Ideas and Foreign Police: An Analytical Framework. In: _____; _____ (orgs.). *Ideas and Foreign Policy*: Beliefs, Institutions, and Political Change. Ithaca, NY: Cornell University Press, 1993.

GOMPERT, David C.; BINNENDIJK, Hans; LIN, Bonny. *Blinders, Blunders, and War*: What America and China Can Learn. Santa Monica, CA: Rand Corporation, 2014.

GORDON, Michael R.; TRAINOR, Bernard E. *Cobra II*: The Inside Story of the Invasion and Occupation of Iraq. Nova York: Pantheon, 2006.

GREEN, Brendan Rittenhouse. *The Revolution that Failed*: Nuclear Competition, Arms Control, and the Cold War. Cambridge: Cambridge University Press, 2020.

GREEN, Donald P.; SHAPIRO, Ian. *Pathologies of Rational Choice Theory*: A Critique of Applications in Political Science. New Haven: Yale University Press, 1994.

GRIECO, Joseph M. Anarchy and the Limits of Cooperation: A Realist Critique of the Newest Liberal Institutionalism. *International Organization*, v.42, n.3, p.485-507, 1988.

GRINBERG, Mariya. Unconstrained Sovereignity: Delegation of Authority and Reversibility. *SSRN*, 4 nov. 2020. Disponível em: <https://papers.ssrn.com/sol3/papers.cfm?abstract_id=3725113>. Acesso em: 7 out. 2024.

GUNSON, Phil. Is Hugo Chavez Insane? *Newsweek*, 11 nov. 2001.

GWERTZMAN, Bernard. Pentagon Kept Tight Rein in Last Days of Nixon Rule. *New York Times*, 25 ago. 1974.

HAAS, Mark L. *The Ideological Origins of Great Power Politics, 1789-1989*. Ithaca, NY: Cornell University Press, 2005.

_____. Prospect Theory and the Cuban Missile Crisis. *International Studies Quarterly*, v.45, n.2, p.241-70, 2001.

HAFNER-BURTON, Emilie et al. The Behavioral Revolution and International Relations. *International Organization*, v.71, supl.S1, p.S1-S31, 2017.

HALBERSTAM, David. *The Coldest Winter*: America and the Korean War. Nova York: Hyperion, 2007.

HALDER, Franz. *Kriegstagebuch*. v.2: Von der geplanten Landung in England bis zum Beginn des Ostfeldzuges. Stuttgart: W. Kohlhammer, 1963.

HANSON, Victor Davis. The Not-So-Mad Mind of Mahmoud Ahmadinejad. *Chicago Tribune*, 20 jan. 2006.

HARRIES, Owen; SWITZER, Tom. Leading from Behind: Third Time a Charm? *The American Interest*, 12 abr. 2013.

HARSANYI, John C. Advances in Understanding Rational Behavior. In: ELSTER, Jon (org.). *Rational Choice*. Nova York: New York University Press, 1986.

HASTINGS, Max. *The Korean War*. Nova York: Simon & Schuster, 1987.

HAYEK, Friedrich A. The Use of Knowledge in Society. *American Economic Review*, v.35, n.4, p.519-30, 1945.

HEDSTRÖM, Peter; YLIKOSKI, Petri. Causal Mechanisms in the Social Sciences. *Annual Review of Sociology*, v.36, p.49-67, 2010.

HENDRICKSON, David C. *Republic in Peril*: American Empire and the Liberal Tradition. Oxford: Oxford University Press, 2018.

HERRMANN, David. G. *The Arming of Europe and the Making of the First World War*. Princeton, NJ: Princeton University Press, 1996.

HERWIG, Holger H. Germany and the "Short-War" Illusion: Toward a New Interpretation? *Journal of Military History*, v.66, n.3, p.681-93, 2002.

_____. *Luxury Fleet*: The Imperial German Navy, 1888-1918. Londres: Allen & Unwin, 1980.

HERZ, John H. *Political Realism and Political Idealism*: A Study in Theories and Realities. Chicago: University of Chicago Press, 1951.

HILDEBRAND, Klaus. *The Foreign Policy of the Third Reich*. Trad. Anthony Fothergill. Berkeley: University of California Press, 1973.

HOBBES, Thomas. *Leviathan*. Org. David Johnston. Nova York: W. W. Norton, 2021. [Ed. bras.: *Leviatã*. São Paulo: Martins Fontes, 2019.]

HOBSON, Rolf. *Imperialism at Sea*: Naval Strategic Thought, the Ideology of Sea Power and the Tirpitz Plan, 1875-1914. Boston: Brill, 2002.

HOFFMANN, Stanley; FIDLER, David P. (orgs.). *Rousseau on International Relations*. Oxford: Clarendon, 1991.

HOPF, Ted. *Social Construction of International Politics*: Identities and Foreign Policies, Moscow, 1955 and 1999. Ithaca, NY: Cornell University Press, 2002.

HOROWITZ, Michael C. Forecasting Political Events. In: MINTZ, Alex; TERRIS, Lesley G. (orgs.). *The Oxford Handbook of Behavioral Poltical*. [*on-line*.] Oxford Academic, 2018.

Disponível em: <https://doi.org/10.1093/oxfordhb/9780190634131.001.0001>. Acesso em: 8 out. 2024.

HOWARD, Michael. Men Against Fire: Expectations of War in 1914. *International Security*, v.9, n.1, p.41-57, 1984.

_____. *The Continental Commitment*: The Dilemma of British Defence Policy in the Era of the Two World Wars. Londres: Temple Smith, 1972.

HOWES, Dustin Ells. When States Choose to Die: Reassessing Assumptions about what States Want. *International Studies Quarterly*, v.47, n.4, p.669-92, 2003.

HUME, David. Of the Balance of Power. In: MILLER, Eugene F. (org.). *Essays Moral, Political, and Literary*. Indianápolis, IN: Liberty Fund, 1994. [Ed. bras.: *Ensaios morais, políticos e literários*. Rio de Janeiro: Topbooks, 2013.]

HUNTINGTON, Samuel P. *The Clash of Civilizations and the Remaking of World Order*. Nova York: Simon & Schuster, 1996. [Ed. bras.: *O choque de civilizações*. Rio de Janeiro: Objetiva, 2019.]

IENAGA, Saburo. *The Pacific War, 1931-1945*: A Critical Perspective on Japan's Role in World War II. Nova York: Pantheon, 1978.

IGNATIUS, David. Putin's Impending "March of Folly" in Ukraine. *Washington Post*, 13 fev. 2022.

IKE, Nobutaka. *Japan's Decision for War*: Records of the 1941 Policy Conferences. Stanford, CA: Stanford University Press, 1967.

IKENBERRY, G. John. *After Victory*: Institutions, Strategic Restraint, and the Rebuilding of Order after Major Wars. Princeton, NJ: Princeton University Press, 2001.

IMAI, Kosuke. *Quantitative Social Science*: An Introduction. Princeton, NJ: Princeton University Press, 2017.

INGBER, Stanley. The Marketplace of Ideas: A Legitimizing Myth. *Duke Law Journal*, v.1984, n.1, p.1-91, 1984.

IRIYE, Akira. *The Origins of the Second World War in Asia and the Pacific*. 4.ed. Londres: Longman, 1989.

ISHII, Kikujiro. The Permanent Bases of Japanese Foreign Policy. *Foreign Affairs*, v.11, n.2, p.220-9, 1933.

IZARD, Carroll E. The Many Meanings/Aspects of Emotion: Definitions, Functions, Activation, and Regulation. *Emotion Review*, v.2, n.4, p.363-70, 2010.

JACKSON, Peter. *France and the Nazi Menace*: Intelligence and Policy Making, 1933-1939. Oxford: Oxford University Press, 2000.

JANIS, Irving L. *Groupthink*: Psychological Studies of Policy Decisions and Fiascoes. 2.ed. rev. Boston: Houghton Mifflin, 1983.

JARAUSCH, Konrad H. The Illusion of Limited War: Chancellor Bethmann Hollweg's Calculated Risk, July 1914 [1969]. *Historical Social Research*, suplem., v.24, p.53-79, 2012.

JEHL, Douglas. Clinton Offers Poland Hope, but Little Aid. *New York Times*, 8 jul. 1994.

JERVIS, Robert. *How Statesmen Think*: The Psychology of International Politics. Princeton, NJ: Princeton University Press, 2017.

_____. Was the Cold War a Security Dilemma? *Journal of Cold War Studies*, v.3, n.1, p.36-60, 2001.

JERVIS, Robert. *The Meaning of the Nuclear Revolution*: Statecraft and the Prospects of Armageddon. Ithaca, NY: Cornell University Press, 1990.

_____. Rational Deterrence: Theory and Evidence. *World Politics*, v.41, n.2, p.183-207, 1989.

_____. Deterrence and Perception. *International Security*, v.7, n.3, p.3-30, 1982.

_____. Cooperation under the Security Dilemma. *World Politics*, v.30, n.2, p.167-213, 1978.

_____. *Perception and Misperception in International Politics*. Princeton, NJ: Princeton University Press, 1976.

_____. *The Logic of Images in International Relations*. Princeton, NJ: Princeton University Press, 1970.

_____. Hypotheses on Misperception. *World Politics*, v.20, n.3, p.454-79, 1968.

JOHNSON, Dominic D. P. *Strategic Instincts*: The Adaptive Advantages of Cognitive Biases in International Politics. Princeton, NJ: Princeton University Press, 2020.

JOHNSON, Ian Ona. Review of Brendan Simms and Charlie Laderman, *Hitler's American Gamble*: Pearl Harbor and Germany's March to Global War. *H-Diplo Review Essay*, n.409, 17 fev. 2022.

JOLL, James. *The Origins of the First World War*. Nova York: Longman, 1992.

JONES, Howard. *The Bay of Pigs*. Oxford: Oxford University Press, 2008.

KAHNEMAN, Daniel. *Thinking, Fast and Slow*. Nova York: Farrar, Straus and Giroux, 2011. [Ed. bras.: *Rápido e devagar*: duas formas de pensar. Rio de Janeiro: Objetiva, 2012.]

KAISER, David E. Germany and the Origins of the First World War. *Journal of Modern History*, v.55, n.3, p.442-74, 1983.

KALBERG, Stephen. Max Weber's Types of Rationality: Cornerstones for the Analysis of Rationalization Processes in History. *American Journal of Sociology*, v.85, n.5, p.1145-79, 1980.

KANT, Immanuel. Perpetual Peace: A Philosophical Sketch. In: REISS, H. S. (org.). *Kant*: Political Writings. Cambridge: Cambridge University Press, 1980. [Ed. bras.: *À paz perpétua*: um projeto filosófico. Petrópolis, RJ: Vozes, 2020.]

KATZENSTEIN, Peter J. (org.). *The Culture of National Security*: Norms and Identity in World Politics. Nova York: Columbia University Press, 1996.

KAY, John; KING, Mervyn. *Radical Uncertainty*: Decision-Making beyond the Numbers. Nova York: W. W. Norton, 2020.

KECK, Zachary. China's Mao Zedong "Seemed to Welcome a Nuclear Holocaust". *The National Interest*, 14 dez. 2017.

KELLAND, Kate. No Method in Deciphering Gaddafi's Mind. *Reuters*, 3 mar. 2011.

KELLSTEDT, Paul M.; WHITTEN, Guy D. *The Fundamentals of Political Science Research*. 3.ed. Cambridge: Cambridge University Press, 2018.

KELLY, Patrick J. *Tirpitz and the Imperial German Navy*. Bloomington: Indiana University Press, 2011.

KENNAN, George F. A Fateful Error. *New York Times*, 5 fev. 1997.

KENNEDY, Paul. *Strategy and Diplomacy, 1870-1945*. Londres: George Allen & Unwin, 1983.

KENNEDY, Paul. Tirpitz, England and the Second Navy Law of 1900: A Strategical Critique. *Militaergeschichitliche Zeitsschrift*, v.8, n.2, p.33-57, 1970.

KEOHANE, Robert O. Theory of World Politics: Structural Realism and Beyond. In: _____ (org.). *Neorealism and its Critics*. Nova York: Columbia University Press, 1986.

_____. *After Hegemony*: Cooperation and Discord in the World Political Economy. Princeton, NJ: Princeton University Press, 1984.

_____; NYE JR., Joseph S. *Power and Interdependence* Revisited. *International Organization*, v.41, n.4, p.725-53, 1987.

KEREN, Gideon; TEIGEN, Karl H. Yet another Look at the Heuristics and Biases Approach. In: KOEHLER, Derek J.; HARVEY, Nigel (orgs.). *Blackwell Handbook of Judgment and Decision Making*. Oxford: Blackwell, 2004.

KERSHAW, Ian. *Fateful Choices*: Ten Decisions that Changed the World, 1940-1941. Nova York: Penguin, 2007.

_____. *Hitler, 1936-1945*: Nemesis. Nova York: W. W. Norton, 2000.

KEYNES, John Maynard. *General Theory of Employment, Interest and Money*. Nova York: Classic Books America, 2009. [Ed. bras.: *Teoria geral do emprego, do juro e da moeda*. São Paulo: Saraiva, 2012.]

_____. The General Theory of Employment. *Quarterly Journal of Economics*, v.51, n.2, p.209-23, 1937.

KHLEVNIUK, Oleg V. *Stalin*: New Biography of a Dictator. New Haven: Yale University Press, 2015.

KHONG, Yuen Foong. *Analogies at War*: Korea, Munich, Dien Bien Phu, and the Vietnam Decisions of 1965. Princeton, NJ: Princeton University Press, 1992.

KHRUSHCHEVA, Nina L. Putin Joins a Long Line of Irrational Tyrants. *Globe and Mail*, 26 fev. 2022.

KIER, Elizabeth. *French and British Military Doctrine between the Wars*. Princeton, NJ: Princeton University Press, 1997.

KING, Gary; KEOHANE, Robert O.; VERBA, Sidney. *Designing Social Inquiry*: Scientific Inference in Qualitative Research. Nova ed. Princeton, NJ: Princeton University Press, 2021.

KIRSHNER, Jonathan. The Economic Sins of Modern IR Theory and the Classical Realist Alternative. *World Politics*, v.67, n.1, p.168-77, 2015.

_____. Rationalist Explanations for War? *Security Studies*, v.10, n.3, p.143-50, 2000.

KISSINGER, Henry. *On China*. Nova York: Penguin, 2011. [Ed. bras.: *Sobre a China*. Rio de Janeiro: Objetiva, 2011.]

KNIGHT, Frank H. *Risk, Uncertainty and Profit*. Boston: Houghton Mifflin, 1921.

KORNBLUH, Peter (org.). *Bay of Pigs Declassified*: The Secret CIA Report on the Invasion of Cuba. Nova York: New Press, 1998.

KOTKIN, Stephen. *Stalin*: Waiting for Hitler, 1929-1941. Nova York: Penguin, 2018.

_____. When Stalin Faced Hitler: Who Fooled Whom? *Foreign Affairs*, v.96, n.6, p.55-64, 2017.

KOZYREVA, Anastasia; HERTWIG, Ralph. The Interpretation of Uncertainty in Ecological Rationality. *Synthese*, v.198, n.1, p.1517-47, 2021.

KRAMER, Mark. The Kremlin, the Prague Spring, and the Brezhnev Doctrine. In: TISMĂNEANU, Vladimir (org.). *Promises of 1968*: Crisis, Illusion, and Utopia. Nova York: Central European University Press, 2011.

KRASNER, Stephen D. (org.). *International Regimes*. Ithaca, NY: Cornell University Press, 1983.

KRAUTHAMMER, Charles. *Democratic Realism*: An American Foreign Policy for a Unipolar World. Conferências Irving Kristol. Washington, DC: American Enterprise Institute, 2004.

KROENIG, Matthew. *The Logic of American Nuclear Strategy*: Why Strategic Superiority Matters. Oxford: Oxford University Press, 2018.

_____. Nuclear Superiority and the Balance of Resolve: Explaining Nuclear Crisis Outcomes. *International Organization*, v.67, n.1, p.141-71, 2013.

KRUGMAN, Paul. *Peddling Prosperity*: Economic Sense and Nonsense in the Age of Diminished Expectations. Nova York: W. W. Norton, 1994.

KUPCHAN, Charles A. *The Vulnerability of Empire*. Ithaca, NY: Cornell University Press, 1994.

KYDD, Andrew H. *International Relations Theory*: The Game-Theoretic Approach. Cambridge: Cambridge University Press, 2015.

_____. *Trust and Mistrust in International Relations*. Princeton, NJ: Princeton University Press, 2005.

LABS, Eric J. Beyond Victory: Offensive Realism and the Expansion of War Aims. *Security Studies*, v.6, n.4, p.1-49, 1997.

LAKATOS, Imre. *The Methodology of Scientific Research Programmes*. v.1: *Philosophical Papers*. Org. John Worrall e Gregory Currie. Cambridge: Cambridge University Press, 1978.

LAKE, Anthony. From Containment to Enlargement. Escola de Estudos Internacionais Avançados da Universidade Johns Hopkins, Washington, DC, 21 set. 1993. Disponível em: <https://clinton.presidentiallibraries.us/items/show/9013>. Acesso em: 4 out. 2024.

LAKE, David A. Why "isms" Are Evil: Theory, Epistemology, and Academic Sects as Impediments to Understanding and Progress. *International Studies Quarterly*, v.55, n.2, p.465-80, 2011.

_____; POWELL, Robert. International Relations: A Strategic-Choice Approach. In: _____; _____ (orgs.). *Strategic Choice and International Relations*. Princeton, NJ: Princeton University Press, 1999.

LARSON, Deborah Welch. *Origins of Containment*: A Psychological Explanation. Princeton, NJ: Princeton University Press, 1985.

LAYNE, Christopher. Kant or Cant: The Myth of Democratic Peace. *International Security*, v.19, n.2, p.5-49, 1994.

LEACH, Barry A. *German Strategy against Russia, 1939-1941*. Oxford: Oxford University Press, 1973.

LEBOW, Richard Ned. International Relations Theory and the Ukrainian War. *Analyse and Kritik*, v.44, n.1, p.111-35, 2022.

LEBOW, Richard Ned. *Nuclear Crisis Management*: A Dangerous Illusion. Ithaca, NY: Cornell University Press, 1987.

_____. The Cuban Missile Crisis: Reading the Lessons Correctly. *Political Science Quarterly*, v.98, n.3, p.431-58, 1983.

_____. *Between Peace and War*: The Nature of International Crisis. Baltimore: Johns Hopkins University Press, 1981.

_____; STEIN, Janice Gross. Beyond Deterrence. *Journal of Social Issues*, v.43, n.4, p.5-71, 1987.

LEBRA, Joyce C. (org.). *Japan's Greater East Asia Co-Prosperity Sphere in World War II*: Selected Readings and Documents. Oxford: Oxford University Press, 1975.

LEGRO, Jeffrey W.; MORAVCSIK, Andrew. Is Anybody still a Realist? *International Security*, v.24, n.2, p.5-55, 1999.

LEVIN, Bess. An "Increasingly Frustrated" Putin, a Madman with Nuclear Weapons, Is Lashing out at his Inner Circle. *Vanity Fair*, 1º mar. 2022.

LEVY, Jack S. Misperception and the Causes of War: Theoretical Linkages and Analytical Problems. *World Politics*, v.36, n.1, p.76-99, 1983.

_____; MULLIGAN, William. Why 1914 but not Before? A Comparative Study of the July Crisis and its Precursors. *Security Studies*, v.30, n.2, p.213-44, 2021.

LEWIS, Bernard. The Roots of Muslim Rage. *Atlantic Monthly*, 1º set. 1990.

LIEBER, Keir A. The New History of World War I and what it Means for International Relations Theory. *International Security*, v.32, n.2, p.177-83, 2007.

_____. *War and the Engineers*: The Primacy of Politics over Technology. Ithaca, NY: Cornell University Press, 2005.

_____; PRESS, Daryl G. *The Myth of the Nuclear Revolution*: Power Politics in the Atomic Age. Ithaca, NY: Cornell University Press, 2020.

_____; _____. The End of MAD? The Nuclear Dimension of U. S. Primacy. *International Security*, v.30, n.4, p.7-44, 2006.

LIPSON, Charles. *Reliable Partners*: How Democracies Have Made a Separate Peace. Princeton, NJ: Princeton University Press, 2003.

LIPTAK, Kevin. Biden Says Putin "Totally Miscalculated" by Invading Ukraine but Is a "Rational Actor". *CNN*, 11 out. 2022.

LOCKE, John. *Two Treatises on Government*. Org. Peter Laslett. Cambridge: Cambridge University Press, 1960. [Ed. bras.: *Dois tratados sobre o governo*. São Paulo: Martins Fontes, 2019.]

LOGEVALL, Fredrik. *Choosing War*: The Lost Chance for Peace and the Escalation of War in Vietnam. Berkeley: University of California Press, 1999.

LYNN-JONES, Sean M.; MILLER, Steven E. Prefácio. In: _____; _____; BROWN, Michael E. (orgs.). *The Perils of Anarchy*: Contemporary Realism and International Security. Cambridge, MA: MIT Press, 1995.

MACASKILL, Ewen. Irrational, Illogical, Unpredictable: 24 Years on, the World Awaits Saddam's Next Move. *Guardian*, 18 mar. 2003.

MACDONALD, Paul K. Useful Fiction or Miracle Maker: The Competing Epistemological Foundations of Rational Choice Theory. *American Political Science Review*, v.97, n.4, p.551-65, 2003.

MAHAN, Alfred T. *The Influence of Sea Power upon History, 1660-1783*. Boston: Little, Brown, and Company, 1890.

MALECKA, Magdalena. The Normative Decision Theory in Economics: A Philosophy of Science Perspective. The Case of the Expected Utility Theory. *Journal of Economic Methodology*, v.27, n.1, p.36-50, 2020.

MANDELBAUM, Michael. The New Nato: Bigger Isn't Better. *Wall Street Journal*, 9 jul. 1997.

MANN, James. *Rise of the Vulcans*: The History of Bush's War Cabinet. Nova York: Penguin, 2004.

MANSFIELD, Edward D.; SNYDER, Jack. Pathways to War in Democratic Transitions. *International Organization*, v.63, n.2, p.381-90, 2009.

_____; _____. *Electing to Fight*: Why Emerging Democracies Go to War. Cambridge, MA: MIT Press, 2005.

_____; _____. Democratic Transitions, Institutional Strength, and War. *International Organization*, v.56, n.2, p.297-337, 2002.

MAOZ, Zeev; RUSSETT, Bruce. Normative and Structural Causes of Democratic Peace, 1946-1986. *American Political Science Review*, v.87, n.3, p.624-38, 1993.

MAQUIAVEL, Nicolau. *The Prince*. Trad. Harvey C. Mansfield. 2.ed. Chicago: University of Chicago Press, 1998. [Ed. bras.: *O príncipe*. Trad. Antonio Caruccio-Caporale. Porto Alegre: L&PM, 1998.]

MARDINI, Ramzy. Course Correcting toward Diplomacy in the Ukraine Crisis. *National Interest*, 12 ago. 2022.

MARKWICA, Robin. *Emotional Choices*: How the Logic of Affect Shapes Coercive Diplomacy. Oxford: Oxford University Press, 2020.

MAY, Ernest R. *Strange Victory*: Hitler's Conquest of France. Nova York: Hill and Wang, 2000.

_____. Capabilities and Proclivities. In: _____ (org.). *Knowing One's Enemies*: Intelligence Assessment before the Two World Wars. Princeton, NJ: Princeton University Press, 1984.

MCCGWIRE, Michael. Nato Expansion: "A Policy Error of Historic Importance". *Review of International Studies*, v.24, n.1, p.23-42, 1998.

MCDERMOTT, Rose. *Risk-Taking in International Politics*: Prospect Theory in American Foreign Policy. Ann Arbor: University of Michigan Press, 1998.

MCDONALD, Patrick J. *The Invisible Hand of Peace*: Capitalism, the War Machine, and International Relations Theory. Cambridge: Cambridge University Press, 2009.

MCFAUL, Michael. Putin Is Menacing the World. Here's How Biden Should Respond to his Nuclear Threats. *Washington Post*, 3 mar. 2022.

MCMEEKIN, Sean. *July 1914*: Countdown to War. Nova York: Basic Books, 2013.

MEARSHEIMER, John J. The Inevitable Rivalry: America, China, and the Tragedy of Great-Power Politics. *Foreign Affairs*, v.100, n.6, p.48-58, 2021.

_____. *The Great Delusion*: Liberal Dreams and International Realities. New Haven: Yale University Press, 2018.

_____. *The Tragedy of Great Power Politics*. Ed. rev. Nova York: W. W. Norton, 2014. [Ed. port.: *A tragédia da política das grandes potências*. Lisboa: Gradiva, 2007.]

MEARSHEIMER, John J. The False Promise of International Institutions. *International Security*, v.19, n.3, p.5-49, 1994-1995.

_____. *Conventional Deterrence*. Ithaca, NY: Cornell University Press, 1983.

_____; WALT, Stephen M. Leaving Theory Behind: Why Simplistic Hypothesis Testing Is Bad for International Relations. *European Journal of International Relations*, v.19, n.3, p.427-57, 2013.

MEMORANDUM Prepared in the Central Intelligence Agency to General Maxwell D. Taylor, 26 abr. 1961. In: PATTERSON, David S. (org.). *Foreign Relations of the United States, 1961-1963*. v.X: Cuba, January 1961-September 1962. Washington, DC: U. S. Government Printing Office, 1997. Disponível em: <https://history.state.gov/historicaldocuments/frus1961-63v10/d98>. Acesso em: 8 out. 2024.

MERCER, Jonathan. Human Nature and the First Image: Emotion in International Politics. *Journal of International Relations and Development*, v.9, n.3, p.288-303, 2006.

_____. Rationality and Psychology in International Politics. *International Organization*, v.59, n.1, p.77-106, 2005.

MERCHANT, Nomaan; ISACHENKOV, Vladimir. Reading Putin: Unbalanced or Cagily Preying on West's Fears? *Independent*, 1º mar. 2022.

MESQUITA, Bruce Bueno de. *Principles of International Politics*. 5.ed. Thousand Oaks, CA: Sage; Congressional Quarterly Press, 2014.

_____. The Contribution of Expected Utility Theory to the Study of International Conflict. In: ROTBERG, Robert I.; RABB, Theodore K. (orgs.). *The Origin and Prevention of Major Wars*. Cambridge: Cambridge University Press, 1988.

_____. *The War Trap*. New Haven: Yale University Press, 1983.

_____ et al. An Institutional Explanation of the Democratic Peace. *American Political Science Review*, v.93, n.4, p.791-812, 1999.

_____; DOWNS, George W. Intervention and Democracy. *International Organization*, v.60, n.3, p.627-49, 2006.

MILNER, Helen. *Interests, Institutions and Information*: Domestic Politics and International Relations. Princeton, NJ: Princeton University Press, 1997.

MILTON, Nicholas. *Neville Chamberlain's Legacy*: Hitler, Munich and the Path to War. Barnsley, RU: Pen & Sword, 2019.

MINTZ, Alex; VALENTINO, Nicholas A.; WAYNE, Carly. *Beyond Rationality*: Behavioral Political Science in the 21st Century. Cambridge: Cambridge University Press, 2022.

MITTER, Rana. *Forgotten Ally*: China's World War II, 1937-1945. Boston: Mariner, 2013.

MITZEN, Jennifer; SCHWELLER, Randall L. Knowing the Unknown: Misplaced Certainty and the Onset of War. *Security Studies*, v.20, n.1, p.2-35, 2011.

MOE, Terry. On the Scientific Status of Rational Models. *American Journal of Political Science*, v.23, n.1, p.215-43, 1979.

MOMBAUER, Annika. *Helmuth von Moltke and the Origins of the First World War*. Cambridge: Cambridge University Press, [2001] 2005.

MONTEIRO, Nuno P. Unrest Assured: Why Unipolarity Is Not Peaceful. *International Security*, v.36, n.3, p.9-40, 2011-2012.

MOORHOUSE, Roger. *The Devil's Alliance*: Hitler's Pact with Stalin, 1939-1941. Londres: Bodley Head, 2014.

MORAVCSIK, Andrew. Taking Preferences Seriously: A Liberal Theory of International Politics. *International Organization*, v.51, n.4, p.513-53, 1997.

MORGENTHAU, Hans J. *Politics among Nations*: The Struggle for Power and Peace. 5.ed. Nova York: Alfred A. Knopf, 1973. [Ed. bras.: *A política entre as nações*: a luta pelo poder e pela paz. São Paulo; Brasília: Imprensa Oficial do Estado de São Paulo; Editora Universidade de Brasília; Instituto de Pesquisa de Relações Internacionais, 2003.]

MORLEY, James W. (org.). *The China Quagmire*: Japan's Expansion on the Asian Continent, 1933-1941. Nova York: Columbia University Press, 1983.

MORROW, James D. *Game Theory for Political Scientists.* Princeton, NJ: Princeton University Press, 1994.

MÜLLER, Rolf-Dieter. *Enemy in the East*: Hitler's Secret Plans to Invade the Soviet Union. Londres: I. B. Tauris, 2014.

MURAVCHIK, Joshua. *Exporting Democracy*: Fulfilling America's Destiny. Washington, DC: American Enterprise Institute, 1992.

MURPHY, David. E. *What Stalin Knew*: The Enigma of Barbarossa. New Haven: Yale University Press, 2008.

MURRAY, Michelle. Identity, Insecurity, and Great Power Politics: The Tragedy of German Naval Ambition before the First World War. *Security Studies*, v.19, n.4, p.656-88, 2010.

MURRAY, Williamson; MILLETT, Allan R. *A War to Be Won*: Fighting the Second World War. Cambridge, MA: Belknap, 2000.

NARANG, Vipin; NELSON, Rebecca M. Who Are these Belligerent Democratizers? Reassessing the Impact of Democratization on War. *International Organization*, v.63, n.2, p.357-79, 2009.

NARIZNY, Kevin. On Systemic Paradigms and Domestic Politics: A Critique of the Newest Realism. *International Security*, v.42, n.2, p.155-90, 2017.

NATHAN, James A. The Missile Crisis: His Finest Hour Now. *World Politics*, v.27, n.2, p.256-81, 1975.

NEUMANN, John von; MORGENSTERN, Oskar. *Theory of Games and Economic Behavior.* Princeton, NJ: Princeton University Press, 1944.

NISH, Ian. *Japanese Foreign Policy in the Interwar Period.* Westport, CT: Praeger, 2002.

NITZE, Paul H. Assuring Strategic Stability in an Era of Détente. *Foreign Affairs*, v.54, n.2, p.207-32, 1976.

NORTH ATLANTIC TREATY ORGANIZATION. The Partnership for Peace Programme. Disponível em: <https://www.sto.nato.int/Pages/partnership-for-peace.aspx>. Acesso em: 8 out. 2024.

OGATA, Sadako N. *Defiance in Manchuria*: The Making of Japanese Policy, 1931-1932. Berkeley: University of California Press, 1964.

OREN, Ido; HAYS, Jude. Democracies May Rarely Fight One another, but Developed Socialist States Rarely Fight at All. *Alternatives*, v.22, n.4, p.493-521, 1997.

OTTE, Thomas G. *July Crisis*: The World's Descent into War, Summer 1914. Cambridge: Cambridge University Press, 2014.

OUIMET, Matthew J. *The Rise and Fall of the Brezhnev Doctrine in Soviet Foreign Policy.* Chapel Hill: University of North Carolina Press, 2003.

OWEN IV, John M. *Liberal Peace, Liberal War*: American Politics and International Security. Ithaca, NY: Cornell University Press, 1997.

PACKER, George. *The Assassins' Gate*: America in Iraq. Nova York: Farrar, Straus and Giroux, 2005.

PADFIELD, Peter. *The Great Naval Race*: The Anglo-German Naval Rivalry, 1900-1914. Nova York: David McKay, 1974.

PAPE, Robert A. *Bombing to Win*: Air Power and Coercion in War. Ithaca, NY: Cornell University Press, 1996.

PARENT, Joseph M. *Uniting States*: Voluntary Union in World Politics. Oxford: Oxford University Press, 2011.

PAUL, David W. Soviet Foreign Policy and the Invasion of Czechoslovakia: A Theory and a Case Study. *International Studies Quarterly*, v.15, n.2, p.159-202, 1971.

PAUL, T. V. *Asymmetric Conflicts*: War Initiation by Weaker Powers. Cambridge: Cambridge University Press, 1994.

PEATTIE, Mark A. *Ishiwara Kanji and Japan's Confrontation with the West*. Princeton, NJ: Princeton University Press, 1975.

PICKERING, Jeffrey; PECENY, Mark. Forging Democracy at Gunpoint. *International Studies Quarterly*, v.50, n.3, p.539-59, 2006.

PINKER, Steven. *Rationality*: What it Is, Why it Seems Scarce, Why it Matters. Nova York: Viking, 2021. [Ed. bras.: *Racionalidade*: o que é, por que parece estar em falta, por que é importante. Rio de Janeiro: Intrínseca, 2022.]

_____. *The Better Angels of our Nature*: Why Violence Has Declined. Nova York: Viking, 2011. [Ed. bras.: *Os anjos bons da nossa natureza*: por que a violência diminuiu. São Paulo: Companhia das Letras, 2017.]

PORTER, Patrick. A Dangerous Myth. *Lowy Institute*, [s./d.]. Disponível em: <https://interactives.lowyinstitute.org/features/usa-rules-based-order/articles/a-dangerous-myth/>. Acesso em: 8 out. 2024.

POSEN, Barry R. *Restraint*: A New Foundation for U. S. Grand Strategy. Ithaca, NY: Cornell University Press, 2014.

_____. *Inadvertent Escalation*: Conventional War and Nuclear Risks. Ithaca, NY: Cornell University Press, 1991.

_____. *The Sources of Military Doctrine*: France, Britain, and Germany between the World Wars. Ithaca, NY: Cornell University Press, 1986.

POST JR., Gaines. *Dilemmas of Appeasement*: British Deterrence and Defense, 1934-1937. Ithaca, NY: Cornell University Press, 1993.

POWELL, Robert. Research Beats and Behavioral IR. *International Organization*, v.71, supl. S1, p.S265-S277, 2017.

_____. Absolute and Relative Gains in International Relations Theory. *American Political Science Review*, v.85, n.4, p.1303-20, 1991.

PRESS, Daryl G. The Credibility of Power: Assessing Threats during the "Appeasement" Crises of the 1930s. *International Security*, v.29, n.3, p.136-69, 2004-2005.

PROZUMENSHCHIKOV, Mikhail. Politburo Decision-Making on the Czechoslovak Crisis in 1968. In: BISCHOF, Günter; KARNER, Stefan; RUGGENTHALER, Peter (orgs.). *The Prague Spring and the Warsaw Pact Invasion of Czechoslovakia in 1968*. Lanham, MD: Lexington, 2010.

QUESTER, George H. *Offense and Defense in the International System*. Nova York: John Wiley, 1977.

RAMSEY, Frank P. Truth and Probability. In: MELLOR, David H. (org.). *Philosophical Papers*. Cambridge: Cambridge University Press, 1990.

RAPPORT, Aaron. Hard Thinking about Hard and Easy Cases in Security Studies. *Security Studies*, v.24, n.3, p.431-65, 2015.

RASENBERGER, Jim. *The Brilliant Disaster*: JFK, Castro, and America's Doomed Invasion of Cuba's Bay of Pigs. Nova York: Scribner, 2012.

RATHBUN, Brian C. *Reasoning of State*: Realists, Romantics and Rationality in International Relations. Cambridge: Cambridge University Press, 2019.

_____. Uncertain about Uncertainty: Understanding the Multiple Meanings of a Crucial Concept in International Relations Theory. *International Studies Quarterly*, v.51, n.3, p.533-57, 2007.

_____; KERTZER, Joshua D.; PARADIS, Mark. *Homo Diplomaticus*: Mixed-Method Evidence of Variation in Strategic Rationality. *International Organization*, v.71, supl.S1, p.S33-S60, 2017.

RAWLS, John. *Law of Peoples*. ed. rev. Cambridge, MA: Harvard University Press, 2001. [Ed. bras.: *O direito dos povos*. São Paulo: Martins Fontes, 2019.]

READ, Anthony; FISHER, David. *The Deadly Embrace*: Hitler, Stalin and the Nazi-Soviet Pact, 1939-1941. Nova York: W. W. Norton, 1988.

RECORD, Jeffrey. *A War it Was always Going to Lose*: Why Japan Attacked America in 1941. Washington, DC: Potomac, 2011.

RICKS, Thomas E. *Fiasco*: The American Military Adventure in Iraq. Nova York: Penguin, 2006.

RIPSMAN, Norrin M.; LEVY, Jack S. The Preventive War that Never Happened: Britain, France, and the Rise of Germany in the 1930s. *Security Studies*, v.16, n.1, p.32-67, 2007.

_____; TALIAFERRO, Jeffrey W.; LOBELL, Steven E. *Neoclassical Realist Theory of International Politics*. Oxford: Oxford University Press, 2016.

RISEN, James; KLIPPENSTEIN, Ken. The CIA thought Putin Would Quickly Conquer Ukraine. Why Did They Get it So Wrong? *Intercept*, 5 out. 2022.

RITTER, Gerhard. *The Schlieffen Plan*: Critique of a Myth. Nova York: Praeger, 1958.

ROCK, Stephen R. Risk Theory Reconsidered: American Success and German Failure in the Coercion of Britain, 1890-1914. *Journal of Strategic Studies*, v.11, n.3, p.342-64, 1988.

RÖHL, John C. G. *Wilhelm II*: Into the Abyss of War and Exile, 1900-1941. Cambridge: Cambridge University Press, 2014.

_____. The Curious Case of Kaiser's Disappearing War Guilt: Wilhelm II in July 1914. In: AFFLERBACH, Holger; STEVENSON, David (orgs.). *An Improbable War?* The Outbreak of World War I and European Political Culture before 1914. Nova York: Berghahn, 2007.

ROMNEY, Mitt. We Must Prepare for Putin's Worst Weapons. *New York Times*, 21 maio 2022.

ROSATO, Sebastian. *Intentions in Great Power Politics*: Uncertainty and the Roots of Conflict. New Haven: Yale University Press, 2021.

_____. *Europe United*: Balance of Power Politics and the Making of the European Community. Ithaca, NY: Cornell University Press, 2011.

_____. The Flawed Logic of Democratic Peace Theory. *American Political Science Review*, v.97, n.4, p.585-602, 2003.

ROSECRANCE, Richard. *The Rise of the Trading State*: Commerce and Conquest in the Modern World. Nova York: Basic Books, 1986.

ROUSSEAU, Jean-Jacques. *Rousseau e as relações internacionais*. São Paulo; Brasília: Imprensa Oficial do Estado de São Paulo; Editora da Universidade de Brasília; Instituto de Pesquisa de Relações Internacionais, 2003.

RUSSETT, Bruce M. *No Clear and Present Danger*: A Skeptical View of the United States Entry into World War II. Boulder, CO: Westview, 1997.

_____. *Grasping in the Democratic Peace*: Principles for a Post-Cold War World. Princeton, NJ: Princeton University Press, 1993.

SAGAN, Scott D. The Origins of the Pacific War. In: ROTBERG, Robert I.; RABB, Theodore K. (orgs.). *The Origin and Prevention of Major Wars*. Cambridge: Cambridge University Press, 1989.

_____. 1914 Revisited: Allies, Offense, and Instability. *International Security*, v.11, n.2, p.151-75, 1986.

SANDMAN, Joshua H. Analyzing Foreign Policy Crisis Situations: The Bay of Pigs. *Presidential Studies Quarterly*, v.16, n.2, p.310-6, 1986.

SAROTTE, Mary E. How to Enlarge Nato: The Debate inside the Clinton Administration, 1993-1995. *International Security*, v.44, n.1, p.7-41, 2019.

_____. *1989*: The Struggle to Create Post-War Europe. Princeton, NJ: Princeton University Press, 2009.

SATZ, Debra; FEREJOHN, John. Rational Choice and Social Theory. *Journal of Philosophy*, v.91, n.2, p.71-87, 1994.

SAUNDERS, Elizabeth N. No Substitute for Experience: Presidents, Advisers, and Information in Group Decision Making. *International Organization*, v.71, supl.S1, p.S219-S247, 2017.

SAVAGE, Leonard J. *The Foundations of Statistics*. Nova York: Wiley, 1954.

SAYLE, Timothy A. *Enduring Alliance*: A History of Nato and the Postwar Global Order. Ithaca, NY: Cornell University Press, 2019.

SCARANTINO, Andrea; DE SOUSA, Ronald. Emotion. In: ZALTA, Edward N. (org.). *The Stanford Encyclopedia of Philosophy*. Ed. inverno 2018. Disponível em: <https://plato.stanford.edu/archives/win2018/entries/emotion/>. Acesso em: 4 out. 2024.

SCHAFER, Mark; CRICHLOW, Scott. *Groupthink Versus High-Quality Decision Making in International Relations*. Nova York: Columbia University Press, 2010.

SCHELLING, Thomas C. *Arms and Influence*. New Haven: Yale University Press, 1966.

_____. *The Strategy of Conflict*. Cambridge, MA: Harvard University Press, 1960.

SCHMIDT, Brian C. *The Political Discourse of Anarchy*: A Disciplinary History of International Relations. Albany: State University of New York Press, 1998.

_____; WIGHT, Colin. Rationalism and the "Rational Actor Assumption" in Realist International Relations Theory. *Journal of International Political Theory*, v.19, n.2, p.158-82, 2023.

SCHUKER, Stephen A. Dust in the Eyes of Historians: A Comment on Marc Trachtenberg's "New Light". *H-Diplo*, ISSF Forum, n.16, p.70-99, 2017.

SCHULMAN, Alex. Testing Ideology Against Neorealism in Hitler's Drive to the East. *Comparative Strategy*, v.25, n.1, p.33-54, 2006.

SCHULTZ, Kenneth A. *Democracy and Coercive Diplomacy*. Cambridge: Cambridge University Press, 2001.

_____. Review. Keren Yarhi-Milo, *Who Fights for Reputation*: The Psychology of Leaders in International Conflict. *H-Diplo*, ISSF Mesa-redonda XI-10, 31 jan. 2019. Disponível em: <https://networks.h-net.org/node/28443/discussions/5761472/h-diploissf-roundtable-11-10-who-fights-reputation-psychology>. Acesso em: 7 out. 2024.

SCHURZ, Gerhard; HERTWIG, Ralph. Cognitive Success: A Consequentialist Account of Rationality in Cognition. *Topics in Cognitive Science*, v.11, n.1, p.7-36, 2019.

SCHWELLER, Randall L. *Unanswered Threats*: Political Constraints on the Balance of Power. Princeton, NJ: Princeton University Press, 2006.

_____. *Deadly Imbalances*: Tripolarity and Hitler's Strategy of World Conquest. Nova York: Columbia University Press, 1998.

_____. Neorealism's Status-Quo Bias: What Security Dilemma? *Security Studies*, v.5, n.3, p.90-121, 1996.

SCOBLIC, J. Peter; TETLOCK, Philip E. A Better Crystal Ball: The Right Way to Think about the Future. *Foreign Affairs*, v.99, n.6, p.10-9, 2020.

SEAWRIGHT, Jason. *Multi-Method Social Science*: Combining Qualitative and Quantitative Tools. Cambridge: Cambridge University Press, 2016.

SECHSER, Todd S.; FUHRMANN, Matthew. *Nuclear Weapons and Coercive Diplomacy*. Cambridge: Cambridge University Press, 2017.

SEGEV, Tom. *1967*: Israel, the War, and the Year that Transformed the Middle East. Nova York: Metropolitan, 2007.

SHAY JR., Robert Paul. *British Rearmament in the Thirties*: Politics and Profits. Princeton, NJ: Princeton University Press, 1977.

SHIFRINSON, Joshua R. Iskowitz. Eastbound and Down: The United States, Nato Enlargement, and Suppressing the Soviet and Western European Alternatives, 1990-1992. *Journal of Strategic Studies*, v.43, n.6-7, p.816-46, 2020.

_____. Deal or No Deal? The End of the Cold War and the U. S. Offer to Limit Nato Expansion. *International Security*, v.40, n.4, p.7-44, 2016.

SHIN'ICHI, Yamamuro. *Manchuria under Japanese Domination*. Trad. Joshua A. Fogel. Filadélfia: University of Pennsylvania Press, 2006.

SIL, Rudra; KATZENSTEIN, Peter J. Analytic Eclecticism in the Study of World Politics: Reconfiguring Problems and Mechanisms across Research Traditions. *Perspectives on Politics*, v.8, n.2, p.411-31, 2010.

SILOVE, Nina. Beyond the Buzzword: The Three Meanings of "Grand Strategy". *Security Studies*, v.27, n.1, p.27-57, 2018.

SIMMS, Brendam; LADERMAN, Charlie. *Hitler's American Gamble*: Pearl Harbor and Germany's March to Global War. Nova York: Basic Books, 2021.

SIMON, Herbert A. Invariants of Human Behavior. *Annual Review of Psychology*, v.41, p.1-19, 1990.

_____. Rationality as Process and as Product of Thought. *American Economic Review*, v.68, n.2, p.1-16, 1978.

_____. Rational Choice and the Structure of the Environment. *Psychological Review*, v.63, n.2, p.129-38, 1956.

_____. A Behavioral Model of Rational Choice. *Quarterly Journal of Economics*, v.69, n.1, p.99-118, 1955.

SLATER, Jerome. The Domino Theory and International Politics: The Case of Vietnam. *Security Studies*, v.3, n.2, p.186-224, 1993.

_____. Dominos in Central America: Will They Fall? Does It Matter? *International Security*, v.12, n.2, p.105-34, 1987.

SLOCOMBE, Walter B. A Crisis of Opportunity: The Clinton Administration and Russia. In: LEFFLER, Melvyn P.; LEGRO, Jeffrey W. (orgs.). *In Uncertain Times*: American Foreign Policy after the Berlin Wall and 9/11. Ithaca, NY: Cornell University Press, 2011.

SMITH, Alastair. International Crises and Domestic Politics. *American Political Science Review*, v.92, n.3, p.623-38, 1998.

SNYDER, Jack. Better Now than Later: The Paradox of 1914 as Everyone's Favored Year for War. *International Security*, v.39, n.1, p.71-94, 2014.

_____. *Myths of Empire*: Domestic Politics and International Ambition. Ithaca, NY: Cornell University Press, [1991] 1993.

_____. Civil-Military Relations and the Cult of the Offensive, 1914 and 1984. *International Security*, v.9, n.1, p.108-46, 1984.

_____. *The Ideology of the Offensive*: Military Decision Making and the Disasters of 1914. Ithaca, NY: Cornell University Press, 1984.

_____; BORGHARD, Erica D. The Cost of Empty Threats: A Penny, Not a Pound. *American Political Science Review*, v.105, n.3, p.437-56, 2011.

SPOKOJNY, Dan; SCHERER, Thomas. Foreign Policy Should Be Evidence-Based. *War on the Rocks*, 26 jul. 2021.

SPYKMAN, Nicholas J. *America's Strategy in World Politics*: The United States and the Balance of Power. Nova York: Harcourt, Brace and Company, 1942.

STAHEL, David. *Operation Barbarossa and Germany's Defeat in the East*. Cambridge: Cambridge University Press, 2009.

STEEL, Ronald. Endgame. *New York Review of Books*, 13 mar. 1969.

STEIN, Arthur A. The Limits of Strategic Choice: Constrained Rationality and Incomplete Explanation. In: LAKE, David A.; POWELL, Robert (orgs.). *Strategic Choice and International Relations*. Princeton, NJ: Princeton University Press, 1999.

STEIN, Janice Gross. The Micro-Foundations of International Relations Theory: Psychology and Behavioral Economics. *International Organization*, v.71, supl.S1, p.S249-63, 2017.

STEIN, Janice Gross. Threat Perception in International Relations. In: HUDDY, Leonie; SEARS, David O.; LEVY, Jack S. (orgs.). *The Oxford Handbook of Political Psychology*. 2.ed. Oxford: Oxford University Press, 2013.

_____. Building Politics into Psychology: The Misperception of Threat. *Political Psychology*, v.9, n.2, p.245-71, 1988.

STEINBERG, Jonathan. *Yesterday's Deterrent*: Tirpitz and the Birth of the German Battle Fleet. Londres: MacDonald, 1965.

STEVENSON, David. Militarization and Diplomacy in Europe before 1914. *International Security*, v.22, n.1, p.125-61, 1997.

_____. *Armaments and the Coming of War*: Europe, 1904-1914. Oxford: Clarendon, 1996.

TALBOTT, Strobe. Why Nato Should Grow. *New York Review of Books*, 10 ago. 1995.

TALIAFERRO, Jeffrey W. *Balancing Risks*: Great Power Intervention in the Periphery. Ithaca, NY: Cornell University Press, 2004.

TALMADGE, Caitlin. Would China go Nuclear? Assessing the Risk of Chinese Nuclear Escalation in a Conventional War with the United States. *International Security*, v.41, n.4, p.50-92, 2017.

TANNENWALD, Nina. *The Nuclear Taboo*: The United States and the Non-Use of Nuclear Weapons since 1945. Cambridge: Cambridge University Press, 2007.

TAYLOR, Carol M. W. E. B. Dubois's Challenge to Scientific Racism. *Journal of Black Studies*, v.11, n.4, p.449-60, 1981.

TETLOCK, Philip E. *Expert Political Judgment*: How Good Is It? How Can We Know? Nova ed. Princeton, NJ: Princeton University Press, 2017.

_____. Social Psychology and World Politics. In: GILBERT, Daniel T.; FISKE, Susan T.; LINDZEY, Gardner (orgs.). *Handbook of Social Psychology*. Nova York: McGraw-Hill, 1998.

_____; MCGUIRE JR., Charles. Cognitive Perspectives on Foreign Policy. In: LONG, Samuel (org.). *Political Behavior Annual*. Boulder, CO: Westview, 1986.

THALER, Richard H. *Misbehaving*: The Making of Behavioral Economics. Nova York: W. W. Norton, 2015.

TILLY, Charles. *Coercion, Capital, and European States, AD 990-1992*. Ed. rev. Oxford: Blackwell, 1992. [Ed. bras.: *Coerção, capital e estados europeus*: 990-1992. São Paulo: Edusp, 2024.]

TOOZE, Adam. *The Wages of Destruction*: The Making and Breaking of the Nazi Economy. Nova York: Penguin, 2008.

TRACHTENBERG, Marc. A New Light on 1914? *H-Diplo*, ISSF Forum, n.16, 5 set. 2017.

_____. Audience Costs: An Historical Analysis. *Security Studies*, v.21, n.1, p.3-42, 2012.

_____. *The Craft of International History*: A Guide to Method. Princeton, NJ: Princeton University Press, 2006.

_____. The Coming of the First World War: A Reassessment. In: *History and Strategy*. Princeton, NJ: Princeton University Press, 1991.

_____. The Meaning of Mobilization in 1914. *International Security*, v.15, n.3, p.120-50, 1990-1991.

_____. The Influence of Nuclear Weapons in the Cuban Missile Crisis. *International Security*, v.10, n.1, p.137-63, 1985.

TRANSCRIPT: Donald Trump's Foreign Policy Speech. *New York Times*, 27 abr. 2016.

TUCÍDIDES. *The Landmark Thucydides*: A Comprehensive Guide to the Peloponnesian War. Org. Robert B. Strassler. Nova York: Free Press, 1996.

TVERSKY, Amos; KAHNEMAN, Daniel. Judgment under Uncertainty: Heuristics and Biases. *Science*, v.185, n.4157, p.1124-31, 1974.

ULLRICH, Volker. *Hitler*: Downfall, 1939-1945. Trad. Jefferson Chase. Nova York: Alfred A. Knopf, 2020.

VALENTA, Jiri. *Soviet Intervention in Czechoslovakia, 1968*: Anatomy of a Decision. Ed. rev. Baltimore: Johns Hopkins University Press, 1991.

VAN EVERA, Stephen. Why States Believe Foolish Ideas: Non-Self-Evaluation by States and Societies. Massachusetts Institute of Technology, jan. 2002. [manusc. inédito.] Disponível em: <https://dspace.mit.edu/bitstream/handle/1721.1/5533/why_states_believe_foolish_ideas.pdf>. Acesso em: 8 out. 2024.

_____. *Causes of War*: Power and the Roots of Conflict. Ithaca, NY: Cornell University Press, 1999.

_____. Offense, Defense, and the Causes of War. *International Security*, v.22, n.4, p.5-43, 1998.

_____. Why Cooperation Failed in 1914. *World Politics*, v.38, n.1, p.80-117, 1985.

_____. The Cult of the Offensive and the Origins of the First World War. *International Security*, v.9, n.1, p.58-107, 1984.

VERBA, Sidney. Assumptions of Rationality and Non-Rationality in Models of the International System. *World Politics*, v.14, n.1, p.93-117, 1961.

VITALIS, Robert. *White World Order, Black Power Politics*: The Birth of American International Relations. Ithaca, NY: Cornell University Press, 2015.

VLADIMIR Putin's Televised Address on Ukraine. *Bloomberg News*, 24 fev. 2022.

WALKER, Stephen G. Foreign Policy Analysis and Behavioral International Relations. In: _____; MALICI, Akan; SCHAFER, Mark (orgs.). *Rethinking Foreign Policy Analysis*: States, Leaders, and the Microfoundations of Behavioral International Relations. Nova York: Routledge, 2011.

WALLANDER, Celeste. *Mortal Friends, Best Enemies*: German-Russian Cooperation after the Cold War. Ithaca, NY: Cornell University Press, 1999.

WALT, Stephen M. *The Hell of Good Intentions*: America's Foreign Policy Elite and the Decline of U. S. Primacy. Nova York: Farrar, Straus and Giroux, 2018.

_____. Rigor or Rigor Mortis? Rational Choice and Security Studies. *International Security*, v.23, n.4, p.5-48, 1999.

_____. Review: Building Up New Bogeymen: The Clash of Civilizations and the Remaking of World Order. *Foreign Policy*, v.106, p.176-89, 1997.

_____. The Case for Finite Containment: Analyzing U. S. Grand Strategy. *International Security*, v.14, n.1, p.5-49, 1989.

_____. *The Origins of Alliances*. Ithaca, NY: Cornell University Press, 1987.

WALTZ, Kenneth N. Why Iran Should Get the Bomb: Nuclear Balancing Would Mean Stability. *Foreign Affairs*, v.91, n.4, p.2-5, 2012.

_____. Nato Expansion: A Realist's View. *Contemporary Security Policy*, v.21, n.2, p.23-38, 2000.

WALTZ, Kenneth N. *Theory of International Politics.* Nova York: McGraw-Hill, 1979.

_____. *Man and the State of War:* A Theoretical Analysis. Nova York: Columbia University Press, 1959. [Ed. bras.: *O homem, o Estado e a guerra.* São Paulo: Martins Fontes, 2004.]

WAPSHORT, Nicholas. *Samuelson Friedman:* The Battle over the Free Market. Nova York: W. W. Norton 2021.

WATSON, Alexander. *Ring of Steel:* Germany and Austria-Hungary in World War I. Nova York: Basic Books, 2014.

WEINBERG, Gerhard L. Why Hitler Declared War on the United States. *Historynet,* 12 ago. 2007. Disponível em: <https://www.historynet.com/hitler-declared-war-united-states/>. Acesso em: 6 out. 2024.

WEINBERG, Steven. *To Explain the World:* The Discovery of Modern Science. Nova York: Harper Perennial, 2015. [Ed. bras.: *Para explicar o mundo:* a descoberta da ciência moderna. São Paulo: Companhia das Letras, 2015.]

WELCH, David A. Crisis Decision Making Reconsidered. *Journal of Conflict Resolution,* v.33, n.3, p.430-45, 1989.

WENDT, Alexander. *Social Theory of International Politics.* Cambridge: Cambridge University Press, 1999. [Ed. bras.: *Teoria social da política internacional.* Rio de Janeiro: EdPUC-Rio; Apicuri, 2014.]

_____. The State as Person in International Theory. *Review of International Studies,* v.30, n.2, p.289-316, 2004.

_____. Anarchy Is what States Make of it: The Social Construction of Power Politics. *International Organization,* v.46, n.2, p.391-425, 1992.

WHALEY, Barton. *Codeword Barbarossa.* Cambridge, MA: MIT Press, 1973.

WHITING, Allen S. *China Crosses the Yalu:* The Decision to Enter the Korean War. Nova York: Macmillan, 1960.

WILSON, Peter H. *The Thirty Years War:* Europe's Tragedy. Cambridge, MA: Belknap, 2009.

_____. Dinasty, Constitution, and Confession: The Role of Religion in the Thirty Years War. *International History Review,* v.30, n.3, p.473-514, 2008.

WOHLSTETTER, Albert. The Delicate Balance of Terror. *Foreign Affairs,* v.37, n.2, p.211-34, 1959.

WOLFERS, Arnold. *Britain and France between Two Wars:* Conflicting Strategies of Peace since Versailles. Nova York: Harcourt, Brace, 1940.

WOODWARD, Bob. *Plan of Attack:* The Definitive Account of the Decision to Invade Iraq. Nova York: Simon & Schuster, 2004.

_____; COSTA, Robert. *Peril.* Nova York: Simon & Schuster, 2021.

WYDEN, Peter. *The Bay of Pigs:* The Untold Story. Nova York: Simon & Schuster, 1980.

XUETONG, Yan. *Ancient Chinese thought, Modern Chinese Power.* Org. Daniel A. Bell e Sun Zhe. Trad. Edmund Ryden. Princeton, NJ: Princeton University Press, 2011.

YARHI-MILO, Keren. *Knowing the Adversary:* Leaders, Intelligence, and Assessment of Intentions in International Relations. Princeton, NJ: Princeton University Press, 2014.

YOUNG, Louise. *Japan's Total Empire:* Manchuria and the Culture of Wartime Imperialism. Berkeley: University of California Press, 1998.

YOUNG, Robert J. *France and the Origins of the Second World War.* Nova York: St. Martin's, 1996.

_____. A. J. P. Taylor and the Problem with France. In: MARTEL, Gordon (org.). *The Origins of the Second World War Reconsidered*: The A. J. P. Taylor Debate after Twenty-Five Years. Boston: Allen & Unwin, 1986.

_____. *In Command of France*: French Foreign Policy and Military Planning, 1933-1940. Cambridge, MA: Harvard University Press, 1978.

ZOELLICK, Robert B. *America in the World*: A History of U. S. Diplomacy and Foreign Policy. Nova York: Hachette, 2020.

_____. An Architecture of U. S. Strategy after the Cold War. In: LEFFLER, Melvyn P.; LEGRO, Jeffrey W. (orgs.). *In Uncertain Times*: American Foreign Policy after the Berlin Wall and 9/11. Ithaca, NY: Cornell University Press, 2011.

ÍNDICE REMISSIVO[1]

A

Achen, Christopher, 83-4
Acheson, Dean, 161-2, 187
Afeganistão, invasão americana do (2001), 187-8
Ahmadinejad, Mahmoud, 19
Al Qaeda, 187-8, 193-4
Albright, Madeleine, 135-6
Alemanha: anexação da Áustria pela, 177; racionalidade de objetivos da Grã-Bretanha na Segunda Guerra Mundial e, 199-200; estratégia britânica de desresponsabilização antes da Segunda Guerra Mundial e, 176-82; gestão da crise antes da Primeira Guerra Mundial, 106t, 139-45; gestão da crise na Segunda Guerra Mundial, 106t, 150-7; principal estratégia francesa antes da Segunda Guerra Mundial e, 119-26; racionalidade de objetivos na Primeira Guerra Mundial, 199-200, 202; principal estratégia antes da Primeira Guerra Mundial, 106t, 107-13; Operação Barbarossa (1941), 150-7; estratégia de risco antes da Primeira Guerra Mundial, 172t, 172-6; política americana em rela-ção à Europa depois da Segunda Guerra Mundial e, 39-41

Allais, Maurice, 55
Allison, Graham: *Essence of Decision*, 159
analogias: parcialidade e, 30-1, 78, 94-5, 96, 97; limites cognitivos e, 30, 94-5, 96-7; raciocínio baseado em dados e, 68; definição, 68-9, 95-6; nas relações internacionais, 100-3; não racionalidade e, 30-1, 77-8, 94-5, 97; raciocínio não teórico e, 63; prognósticos e, 97-8; teorias *versus*, 30, 97. *Ver também* heurística

Andropov, Yuri, 164
Angell, Norman: *The Great Illusion*, 74
Appelbaum, Binyamin, 51
Aristóteles, 99
armas de destruição em massa (ADM), 188
armas nucleares: provocação e, 160; na China, 203; coação e, 57, 60; Crise dos Mísseis Cubanos (1962), 39, 44-5, 46, 67, 69, 106t, 139, 158-62, 169-70; dissuasão e, 57, 60; escalada e, 57, 60; no Irã, 200-1; no Iraque, 200-1; destruição mútua assegurada (DMA), 60; na Coreia do Norte, 200-1; proliferação e, 188, 203; na Rússia, 41-2;

---

1 Notas e tabelas são indicadas por *n* e *t* depois do número da página.

Tratado de Não Proliferação de Armas Nucleares (TNP), 200-1; guerra e, 57, 60-2
Arrow, Kenneth, 96
Aspaturian, Vernon, 162
Aspin, Les, 129-30
ataque a Pearl Harbor (1941), 43-4, 102, 106t, 139, 145-50
Áustria-Hungria: gestão da crise pela Alemanha antes da Primeira Guerra Mundial e, 141; principal estratégia alemã antes da Primeira Guerra Mundial e, 108-9

B

Bacevich, Andrew, 132
Baldwin, Stanley, 179
Ball, George, 161
Bartlett, Charles, 161-2
Beck, Ludwig, 153-4
Béria, Lavrentiy, 71
Bernoulli, Daniel, 79n7
Bethmann Hollweg, Theobald von, 107-8, 110-3, 139-40, 142, 144, 202
Betts, Richard, 169
Bismarck, Otto von, 172
Bissell, Richard, 183, 184-7, 194
Blair, Tony, 188
Bolívia, em Guerra do Pacífico (1879), 65
Bonnet, Georges, 122-3, 124, 125
Bowles, Chester, 187
Brauchitsch, Walther von, 153
Brezhnev, Leonid, 162, 164, 165-6, 167
Bueno de Mesquita, Bruce, 78-9, 80-1, 83-4, 85-6, 92
Bullock, Alan, 151-2
Bundy, McGeorge, 160, 162
Burns, William, 14, 189
Bush, George H. W., 127, 132-3
Bush, George W., 187-94
Butow, Robert, 113-4
Byman, Daniel, 151

C

Cadogan, Alexander, 180
Campinchi, César, 123
Capelle, Eduard von, 176
Castro, Fidel, 183, 185-6, 190
Chamberlain, Neville, 70n85, 177-8, 179-82, 194, 202-3
Champetier de Ribes, Auguste, 123
Charvériat, Émile, 121
Chautemps, Camille, 123
Chávez, Hugo, 19
Cheney, Richard (Dick), 133, 191-2, 193-4
Chervonenko, Stepan, 164

Chiang Kai-Shek, 114, 118-9
Chile, na Guerra do Pacífico (1879), 65
China: vitória comunista na, 190-1; racionalidade de objetivos na, 199-200, 203; intervenção na Guerra da Coreia, 168; principal estratégia japonesa antes da Segunda Guerra Mundial e, 28-9, 118-9; política japonesa antes do ataque a Pearl Harbor e, 43-4; programa nuclear na, 203-4; política americana em relação ao leste da Ásia depois da Guerra Fria e, 41-3, 46
Chomsky, Noam, 158
Christopher, Warren, 129-30
Churchill, Winston, 200
CIA (Agência Central de Inteligência): invasão americana de Cuba (1961) e, 183-7; invasão americana do Iraque (2003) e, 193-4
Clark, Wesley, 130, 131
Clausewitz, Carl von, 38, 50, 75
Clinton, Bill: expansão da Otan e, 126-31, 136; estratégia de hegemonia liberal pós-Guerra Fria e, 131-6
coação: Crise dos Mísseis Cubanos e, 45, 159-62; armas nucleares e, 60, 67; abordagem realista e, 60-1; invasão soviética da Tchecoslováquia e, 163-7; teorias de, 60
Coase, Ronald, 53-4
Colômbia, 66
comportamento do Estado racional: principal estratégia francesa antes da Segunda Guerra Mundial, 106t, 119-26; gestão da crise pela Alemanha antes da Primeira Guerra Mundial, 106t, 139-45; gestão da crise pela Alemanha na Segunda Guerra Mundial, 106t, 150-7; principal estratégia alemã antes da Primeira Guerra Mundial, 106t, 107-13; gestão da crise pelo Japão antes do ataque a Pearl Harbor, 106t, 145-50; principal estratégia japonesa antes da Segunda Guerra Mundial, 106t, 113-9; gestão da crise pela União Soviética durante a Crise Tcheca, 106t, 162-7; gestão da crise pelos Estados Unidos durante a Crise dos Mísseis Cubanos, 106t, 158-62; escalada americana na Guerra da Coreia, 167-8; escalada americana na Guerra do Vietnã, 168-9; expansão americana da Otan depois da Guerra Fria, 106t, 126-31; estratégia de hegemonia liberal americana depois da Guerra Fria, 106t, 131-6
comportamento não racional do Estado: estratégia britânica de desresponsabilização antes da Segunda Guerra Mundial, 172t, 176-82; dominadores e, 194; estratégia

Como os Estados pensam

de risco da Alemanha antes da Primeira Guerra Mundial, 172-6; invasão americana de Cuba, 172*t*, 183-7; invasão americana do Iraque (2003), 172*t*, 187-94
construtivismo social, 62-3
contenção: expansão da Otan e, 126*n*52; estratégia de hegemonia liberal americana depois da Guerra Fria e, 132, 135-6; política americana em relação ao leste da Ásia depois da Guerra Fria e, 42-3; política americana em relação à Europa depois da Segunda Guerra Mundial e, 40-1
Cooper, Duff, 179, 180
Copeland, Dale, 17, 119*n*33, 145-6, 150
Coreia do Sul: Guerra da Coreia e, 167-9; política americana em relação ao leste da Ásia depois da Guerra Fria e, 42-3
Coreia do Norte: Guerra da Coreia e, 167-9; programa nuclear da, 200-1
Coulondre, Robert, 121, 123, 124
Crane, Conrad, 193
Crise da Bósnia (1908-1909), 108, 139-40
Crise de Mobilização (1912), 108, 111
Crise de Agadir (1911), 108, 110
Crise de Berlim (1948), 39
Crise de Fashoda (1898), 39
Crise de Julho (1914), 15, 39, 70, 70*n*85, 74, 102, 107-8, 139-40, 141, 142, 144-5, 169-70
Crise de Scutari (1913), 108
Crise de Suez (1956), 102
Cross, Tim, 192
Cuba: Crise dos Mísseis Cubanos (1962), 39, 44-5, 46, 67, 69, 106*t*, 139, 158-62, 169-70; invasão americana de (Baía dos Porcos, 1961), 172*t*, 183-7

D

Dahl, Robert, 52-3
Daladier, Édouard, 120-5
Damasio, António, 69
Dearlove, Richard, 188
Dehio, Ludwig, 107
deliberação: definição, 26, 73; não racionalidade do Estado e, 20-1, 26, 29, 47, 74, 75-6; racionalidade do Estado e, 20-1, 25-6, 28-9, 47, 72-3, 75-6, 206
Desch, Michael, 17, 51
destruição mútua assegurada (DMA), 60
Deverell, Cyril, 180
Di Rita, Lawrence, 191-2
Dillon, Douglas, 160
Diretrizes do Planejamento da Defesa (DPD – Estados Unidos, 1992), 133

dissuasão: estratégia britânica de desresponsabilização antes da Segunda Guerra Mundial e, 177, 178, 202-3; convencional, 60; principal estratégia francesa antes da Segunda Guerra Mundial e, 125-6; principal estratégia alemã antes da Primeira Guerra Mundial e, 109-13; racionalidade de objetivos e, 202-3; nuclear, 41-2, 57, 60; gestão da crise soviética na Segunda Guerra Mundial e, 157; teorias de, 60; dispositivo americano de, 41-2
Doutrina Bush, 188-93
Draper, Robert, 193
Dubček, Alexander, 163, 165-6, 167
Dulles, Allen, 183, 184, 185, 186-7

E

Eagleburger, Lawrence, 133-4
Edelstein, David, 90
Eden, Anthony, 180-1
Eidlin, Fred, 162-3
Eiichi, Baba, 118
Eisenhower, Dwight D., 67, 183
Elles, Hugh, 180
Elster, Jon, 79, 85-7, 89
emoções: estratégia britânica de desresponsabilização e, 180-1; definição, 68-70; racionalidade e, 69-71, 70*n*85
equilíbrio de poder: estratégia de desresponsabilização britânica antes da Primeira Guerra Mundial e, 178-9, 180-1, 182; principal estratégia francesa antes da Segunda Guerra Mundial e, 121, 122, 125: gestão da crise pela Alemanha antes da Primeira Guerra Mundial e, 141-2; gestão da crise pela Alemanha na Segunda Guerra Mundial e, 152-3, 155-6; principal estratégia alemã antes da Primeira Guerra Mundial e, 109-10; estratégia de risco alemã antes da Primeira Guerra Mundial e, 174-5; gestão da crise pelo Japão antes do ataque a Pearl Harbor e, 147; principal estratégia japonesa antes da Segunda Guerra Mundial e, 113-6, 117-8; invasão da Tchecoslováquia pela União Soviética e, 163-4; Guerra dos Trinta Anos (1618-1648) e, 199-200; política americana em relação à Europa depois da Segunda Guerra Mundial e, 40-1
Esfera da Coprosperidade, 145
Estado-Maior Conjunto (EMC), 71, 128, 160, 184-5, 186, 187, 192
Estados Unidos: Crise dos Mísseis Cubanos, 39, 44-5, 46, 67, 106*t*, 139, 158-62, 169-

237

70; Diretrizes do Planejamento da Defesa (1992), 133; política para o leste da Ásia depois da Guerra Fria, 41-3; escalada na Guerra da Coreia, 167-8; escalada na Guerra do Vietnã, 168-9; política europeia depois da Segunda Guerra Mundial, 39-41; gestão da crise pela Alemanha na Segunda Guerra Mundial e, 156-7; invasão de Cuba (1961), 172*t*, 183-7; invasão do Iraque (2003), 172*t*, 187-94; política japonesa antes de Pearl Harbor e, 43-4, 145-50; principal estratégia japonesa antes da Segunda Guerra Mundial e, 114-5, 117-9; estratégia de hegemonia liberal depois da Guerra Fria, 106*t*, 131-6; expansão da Otan e, 106*t*, 126-31

F

Falkenhayn, Erich von, 144
Fearon, James, 58*n*38, 197-8, 198*n*10
Feith, Douglas, 191, 192-3
Ferejohn, John, 34
Fisher, *sir* John, 175
formulação da principal estratégia, 105-37; definição, 39
França: estratégia britânica de desresponsabilização antes da Segunda Guerra Mundial e, 177-8, 180-1; Crise de Fashoda (1898), 39; gestão da crise pela Alemanha antes da Primeira Guerra Mundial e, 141, 142-3; gestão da crise pela Alemanha na Segunda Guerra Mundial e, 154-5; principal estratégia alemã antes da Primeira Guerra Mundial e, 108-13; estratégia de risco alemã antes da Primeira Guerra Mundial e, 173-4, 174-5, 176; racionalidade de objetivos na Segunda Guerra Mundial, 201, 202-3; principal estratégia antes da Segunda Guerra Mundial, 106*t*, 119-26, 125*n*51; Crise de Munique (1938), 39; política americana em relação à Europa depois da Segunda Guerra Mundial e, 40, 41
Franks, Tommy, 188-9
Friedman, Jeffrey, 89
Friedman, Milton, 51, 53-4, 84
Friedman, Thomas, 200
Fulbright, William, 187
Fumimaro, Konoe, 147

G

Gaddafi, Muammar, 19
Gamelin, Maurice, 122, 123, 124-5
Garner, Jay, 193
Gates, Rustin, 117

Gelb, Leslie, 169
gestão de crise, 139-70; definição, 39
Geyer, Michael, 151, 204
Gigerenzer, Gerd, 98*n*79
Glaser, Charles, 17, 58*n*38, 79, 85-6
Goldstein, Judith, 47*n*1
Gomulka, Wladyslaw, 164
Gore, Al, 128, 130
Grã-Bretanha: Subcomitê das Necessidades de Defesa (SND), 179; saída da UE (2020), 204; principal estratégia francesa antes da Segunda Guerra Mundial e, 120-1; gestão da crise pela Alemanha antes da Primeira Guerra Mundial e, 140-1, 142-3; principal estratégia alemã antes da Primeira Guerra Mundial e, 107-13; estratégia de risco alemã antes da Primeira Guerra Mundial e, 172-3, 174-5; racionalidade de objetivos na Segunda Guerra Mundial, 200, 202-3; política japonesa antes de Pearl Harbor e, 43-4; principal estratégia japonesa antes da Segunda Guerra Mundial e, 115-9; Crise de Munique (1938), 39, 182; estratégia de desresponsabilização antes da Segunda Guerra Mundial, 172*t*, 176-82, 182-3*n*20; política americana em relação à Europa depois da Segunda Guerra Mundial e, 40, 41
Graham, Bob, 194
Grande Depressão, 114-5, 116
Gray, David, 186
Grechko, Andrey, 164, 165-6
Grécia, principal estratégia francesa antes da Segunda Guerra Mundial e, 125-6
Green, Donald, 79, 80
Gromiko, Andrey, 164
Guerra da Coreia, 139, 167-9
Guerra do Golfo (1990-1991), 69
Guerra do Pacífico (1879), 65
Guerra do Vietnã: teoria do dominó e, 67-9, 190-1; escalada americana na, 82*n*19, 167-9
Guerra dos Bálcãs (1912-1913), 108-9
Guerra dos Seis Dias (1967), 70-1
Guerra dos Trinta Anos (1618-1648), 199
Guerra Fria: estratégia de contenção e, 42; maximização da utilidade esperada e, 82, 88, 92; decisões da política americana durante, 82, 88, 92. *Ver também* União Soviética
Guerra Russo-Japonesa (1904-1905), 108
Guilherme II (imperador alemão): gestão da crise pela Alemanha antes da Primeira

Guerra Mundial e, 140-1, 142, 143-4; principal estratégia alemã antes da Primeira Guerra Mundial e, 110-1, 112-3; estratégia de risco alemã antes da Primeira Guerra Mundial e, 172-3, 174-6

H

Haas, Mark, 158
Haas, Richard, 191
Hachiro, Arita, 118
Hadley, Stephen, 191-2
Hafner-Burton, Emilie, 79
Halder, Franz, 153-5
Halifax, visconde, 180, 181-2
Harsanyi, John, 79-80
Hawkins, Jack, 185-6
Heeringen, August von, 176
Heeringen, Josias von, 109-11, 112-3
Hendrickson, David, 132
Herriot, Édouard, 123
heurística: parcialidade e, 29-30, 78, 94-5, 96; limites cognitivos e, 30, 94-5, 96; raciocínio baseado em dados e, 68; definição, 68-9, 69-70; nas relações internacionais, 100-3; não racionalidade e, 30, 78, 94-5, 97; pensamento não teórico e, 63; prognósticos e, 98; teorias *versus*, 30, 97. *Ver também* analogias
Hideki, Tojo, 148
Hildebrand, Klaus, 151
Hilsman, Roger, 50-1, 187
Hirohito, imperador, 116, 148
Hisaichi, Terauchi, 118
Hitler, Adolf: estratégia britânica de desresponsabilização antes da Segunda Guerra Mundial e, 176-7, 179, 181-2; deliberação e, 155n64; maximização da utilidade esperada e, 80-1; principal estratégia francesa antes da Segunda Guerra Mundial e, 122, 124, 125-6; decisão alemã de invadir a União Soviética e, 150-7; racionalidade de objetivos, 202; analogia de Munique e, 95; como "garoto-propaganda" da não racionalidade, 19
Hobbes, Thomas, 196
Holbrooke, Richard, 130, 131
Holeman, Frank, 162
homo theoreticus, 12, 25, 31, 71-2, 170
Hore-Belisha, Leslie, 180-1, 181-2
Howard, Michael, 143-4, 177-8
Howes, Dustin, 203-4
Hughes, Paul, 192
Hungria, expansão da Otan e, 127

Hussein, Saddam, 19, 69, 187-9, 191, 192, 193-4, 193n62

I

Ike, Nobutaka, 149-50
Império Otomano, 108-9
imprevisibilidade: definição, 36-7; maximização da utilidade esperada e, 86-91; em política internacional, 22, 33, 38-9, 45-6; gestão da crise pelo Japão antes do ataque a Pearl Harbor e, 43-4; teorias e, 49-50; gestão da crise pelos Estados Unidos durante a Crise dos Mísseis Cubanos e, 44-5; estratégia americana em relação ao leste da Ásia depois da Guerra Fria, 41-3; estratégia americana em relação à Europa depois da Segunda Guerra Mundial e, 39-41
Índias Orientais Holandesas, 43-4
Ingber, Stanley, 36
Inskip, Thomas, 179, 180-1
institucionalismo liberal, 52, 54, 61-2, 134
invasão da Baía dos Porcos (1961), 171, 183, 184, 185, 186
Irã, programa nuclear do, 200-1
Iraque: Guerra do Golfo (1990-1991), 69; programa nuclear do, 200-1; invasão americana (2003), 172t, 187-94
isolacionismo, 40, 41, 42
Itália: estratégia britânica de desresponsabilização antes da Segunda Guerra Mundial e, 177; principal estratégia francesa antes da Segunda Guerra Mundial e, 120-1; política americana em relação à Europa depois da Segunda Guerra Mundial e, 40, 41

J

Jagow, Gottlieb von, 142, 144
Janis, Irving, 167-9
Japão: estratégia britânica de desresponsabilização antes da Segunda Guerra Mundial e, 177; gestão da crise antes do ataque a Pearl Harbor, 43-4, 106t, 145-50; racionalidade de objetivos na Segunda Guerra Mundial, 202; principal estratégia antes da Segunda Guerra Mundial, 106t, 113-9, 119n33; Guerra Russo-Japonesa (1904-1905), 108; política americana em relação ao leste da Ásia depois da Guerra Fria e, 41-3
Jervis, Robert, 49-50, 92, 95, 97, 98, 146
Jodl, Alfred, 153-4
Johnson, Boris, 11
Johnson, Dominic, 17, 69, 93, 96-7, 98
Johnson, Lyndon, 168-9

239

K

Kádár, János, 164, 166, 167
Kahneman, Daniel, 94-5, 95-6, 97
Kai-Shek, Chiang, 114, 118-9
Kalberg, Stephen, 34
Kanji, Ishiwara, 116
Kay, John, 38, 50n7
Kellogg, Keith, 192
Kennan, George, 52, 126n52
Kennedy, John F.: Crise dos Mísseis Cubanos e, 44, 158-62, 170; invasão americana de Cuba (1961) e, 183-7
Kennedy, Paul, 174
Kennedy, Robert, 161, 162, 185-6
Keohane, Robert, 17, 20n3, 47n1, 96
Kertzer, Joshua, 85
Keynes, John Maynard, 37, 51, 87-8
Khong, Yuen, 95
Kiderlen-Wächter, Alfred von, 112
Kiichiro, Hiranuma, 116
Kijuro, Shidehara, 115, 117
Kikujiro, Ishii, 116
Kim Jong-Un, 19
King, Mervyn, 38, 50n7
Kirshner, Jonathan, 56, 87-8
Knight, Frank, 37, 87
Knorr, Eduard von, 176
Knox, Harry, 180
Koki, Hirota, 118
Kosygin, Aleksey, 162, 164, 165-6
Kroenig, Matthew, 60n46
Krugman, Paul, 56
Kruschev, Nikita, 69, 158, 159, 161-2
Kruzel, Joseph, 131
Kupchan, Charles, 113, 145

L

La Chambre, Guy, 123
Laderman, Charlie, 156
Lake, Anthony, 129-30, 131, 134, 135-6
Lake, David, 34-5, 80
Larson, Deborah, 95
Lebow, Richard Ned, 69-70, 94, 139-40, 140-1, 145, 158-9
Lei do Controle de Exportações (Estados Unidos, 1940), 147
Lei Tarifária Smoot-Hawley (Estados Unidos, 1930), 114-5
Lemnitzer, Lyman, 186
Libby, I. Lewis, 191, 193-4
Liga das Nações, 120
Litvinov, Maxim, 123
Lobell, Steven, 64-5, 151, 156, 157
Loebell, Arthur von, 143

Lossberg, Bernhard von, 153, 154

M

Malenkov, Georgy, 71
Mandel, Georges, 122, 123
Mandelbaum, Michael, 126
Mann, Thomas, 187
Maoz, Zeev, 200
Maquiavel, Nicolau, 75
Marchandeau, Paul, 123
Markwica, Robin, 69
maximização da utilidade esperada, 78-93; como raciocínio baseado em dados, 68; descrição, 78-83; definição incorreta de racionalidade individual, 84-91; fundamentos da, 79n7; não definição de racionalidade individual, 83-4; não definição de racionalidade do Estado, 91-3; racionalidade e, 21, 26-7; probabilidades subjetivas e, 89-91
May, Ernest, 119-20
MccGwire, Michael, 126
McCloy, John, 161-2
McCone, John, 160
McNamara, Robert, 161, 162, 187
Mercer, Jonathan, 70, 98, 101
Milley, Mark, 71
Molotov, Vyacheslav, 71
Moltke, Helmuth von, 70-1, 110-3, 142, 143, 144
Mombauer, Annika, 144
Monzie, Anatole de, 123
Morgenstern, Oskar, 81; *Theory of Games and Economic Behavior* (com John von Neumann), 79
Morrow, James, 17, 82n19, 84, 86-7, 89, 89n42, 92

N

nacionalismo, 64
Nações Unidas, 134-5, 135-6, 161-2
não racionalidade: analogias e heurística e, 97; pretensões em relações internacionais, 19-20, 21-2, 28, 30; coletiva, 23, 35-6; decisor, 26, 71-2; maximização da utilidade esperada e, 78-9, 85-6; objetivo, 31, 196-8; individual, 22-3, 34-5; prognósticos e, 28-9, 75, 98, 102; psicologia política e, 77-8, 93-100, 102; Estado e, 20, 26, 47, 75-6
Napoleão Bonaparte, 202
Narizny, Kevin, 58, 61, 65
Nathan, James, 158
Nicolau II, tsar, 70
Nitze, Paul, 161-2

Nixon, Richard, 51, 71, 82n19
Noriega, Manuel, 190
Novotny, Antonín, 163

O
O'Sullivan, Meghan, 193
Oberkommando der Marine (OK – Alemanha), 172-3
Olechowski, Andrzej, 131
Operação Barbarossa (1941), 150-7, 169-70
Operação Pluto (1960), 183
Operação Trinidad (1961), 183, 184, 184-5, 186
Operação Zapata (1961), 184-7
Ormsby-Gore, David, 161-2
Osami, Nagano, 118, 147, 148, 149, 202
Otan (Organização do Tratado do Atlântico Norte), 14, 162; expansão da, 13, 52, 106t, 126-31, 135, 136; racionalidade de objetivos nos países que se juntam à, 204

P
Packer, George, 190
Panamá, intervenção americana no (1989-1990), 190
Paradis, Mark, 85
Parceria para a Paz (PpP), 129-31
Paul, David, 163
Paul-Boncour, Joseph, 122, 123
Paulus, Friedrich, 154-5
Pearl Harbor, ataque (1941), 43-4, 102, 106t, 139, 145-50
pensamento de grupo, 99-100, 158-9, 167-9
Perry, William, 128, 131
Peru, na Guerra do Pacífico (1879), 65
Phipps, *sir* Eric, 123, 181
Pinker, Steven, 20n5, 49
Plano Schlieffen (1914), 70-1, 139-41, 140n3, 143-4
Podgorny, Nikolay, 164
Poincaré, Raymond, 112
Pollack, Kenneth, 151
Polônia: estratégia britânica de desresponsabilização antes da Segunda Guerra Mundial e, 176-7; principal estratégia francesa antes da Segunda Guerra Mundial e, 125-6; expansão da Otan e, 127
Pomaret, Charles, 123
Porter, Patrick, 132
Powell, Colin, 189-90, 191, 193
Powell, Robert, 34-5, 80-1, 100
Pownall, Henry, 182
pressuposto do agente racional, 19-32; racionalidade de objetivos e, 31; na teoria das relações internacionais, 19-20, 48-9, 205-6; psicologia política e, 77; teoria da escolha racional e, 77; política racional e, 23-4; na política mundial, 19-21
Primavera de Praga (1968), 163-4, 165
Primeira Guerra Mundial: teorias verossímeis e, 55; gestão da crise pela Alemanha antes da, 139-45; racionalidade de objetivos da Alemanha na, 199-200, 201; principal estratégia alemã antes da, 106t, 107-13; estratégia de risco da Alemanha antes da, 172t, 172-6
psicologia política, 93-100; analogias e heurística e, 29-30, 94-6, 100-3; economia comportamental e, 94; emoções e, 70-1; maximização da utilidade esperada e, 27-8; definição incorreta de não racionalidade, 98-100; não racionalidade e, 19, 21-2, 29-31, 78, 93-4, 205-6; prognósticos e, 30-1, 98; racionalidade e, 19-22, 77
Putin, Vladimir, 11-4, 19

R
Rabin, Yitzhak, 71
raciocínio dedutivo, 49
raciocínio indutivo, 49
raciocínio não teórico: analogias e, 68; raciocínio baseado em dados e, 68; raciocínio baseado na emoção e, 69-71; maximização da utilidade esperada e, 68; heurística e, 68; não racionalidade e, 25, 47, 71-2
racionalidade: avaliação, 105-6; definição, 20-1; explicação, 29, 105-6; prognósticos e, 28-9, 74-5, 170; paz e, 207; questões, 20; rotina, 20, 28, 105, 170, 206. *Ver também* racionalidade coletiva; racionalidade do decisor; racionalidade de objetivos; racionalidade individual; racionalidade do Estado; racionalidade estratégica
racionalidade coletiva, 12, 23-4, 35-6, 91-2, 162
racionalidade de objetivos, 22, 30-1, 195-204; definição, 195-8, 197n8; ignorando a sobrevivência, 203-4; na prática, 199-204; privilegiando a sobrevivência, 199-201; arriscando a sobrevivência, 201-3; imperativo de sobrevivência da, 196-8, 204; onipresença da, 196, 204
racionalidade do decisor, 21, 22, 23, 25-6, 33, 47, 71, 74-5
racionalidade do Estado, 19-21, 22, 26, 33, 47, 72-4, 75, 206
racionalidade estratégica: 22, 24, 26, 33, 47, 75-6; uso do termo, 24-5n8. *Ver também*

racionalidade do decisor; racionalidade; racionalidade do Estado
racionalidade individual, 22-3, 33, 34-5
Rathbun, Brian: sobre a estratégia de desresponsabilização britânica antes da Segunda Guerra Mundial, 182-3n20; sobre emoções e racionalidade, 69-70; sobre heurística, 97; sobre raciocínio indutivo, 49; sobre coleta de informações, 35; sobre pensamento não racional, 98; sobre teoria de escolha racional, 85, 85-6, 89-90, 93-4
Reagan, Ronald, 51
realismo neoclássico, 64-5
Record, Jeffrey, 145
Reichsmarineamt (RMA – Alemanha), 172-3, 175-6
Reijiro, Wakatsuki, 117
Reino Unido. *Ver* Grã-Bretanha
Reynaud, Paul, 123
Ribbentrop, Joachim von, 154
Rice, Condoleeza, 191-2
Ricks, Thomas, 193
Riezler, Kurt, 202
Ripsman, Norrin, 64-5, 151, 156, 157
Rivet, Louis, 124
Röhl, John, 141-2
Romênia, principal estratégia francesa antes da Segunda Guerra Mundial e, 125-6
Rumsfeld, Donald, 191-2, 193-4
Rusk, Dean, 161, 162, 187
Russell, Bertrand, 195
Russett, Bruce, 150
Rússia: gestão alemã da crise antes da Primeira Guerra Mundial e, 139-40, 142-3; principal estratégia alemã antes da Primeira Guerra Mundial e, 108-13; estratégia de risco alemã antes da Primeira Guerra Mundial e, 173, 176; expansão da Otan e, 52, 128; política americana em relação ao leste da Ásia depois da Guerra Fria e, 41-2, 43. *Ver também* União Soviética

S

Saburo, Ienaga, 113-4
Saddam Hussein, 19, 69, 187-9, 191, 192, 193-4, 193n62
Sagan, Scott, 150
Sarraut, Albert-Pierre, 123
Satz, Debra, 34
Saunders, Elizabeth, 99-100
Scalapino, Robert, 146
Scali, John, 162
Schlesinger, Arthur, 186-7
Schlesinger, James, 71

Schulman, Alex, 151
Schultz, Kenneth, 101
Schweller, Randall, 119, 202
Scoblic, Peter, 89-90
Scowcroft, Brent, 127
Segunda Guerra Mundial: estratégia britânica de desresponsabilização antes da, 172t, 176-82, 182-3n20; principal estratégia francesa antes da, 106t, 119-26, 125n51; gestão da crise pela Alemanha na, 106t, 150-7; gestão da crise pelo Japão antes do ataque a Pearl Harbor e, 106t, 145-50; principal estratégia japonesa antes da, 106t, 113-9, 119n33
Sérvia, Crise de Scutari (1913) e, 108-9
Shalikashvili, John, 128, 129-30, 130, 131
Shapiro, Ian, 78-9, 80-1
Shelepin, Aleksandr, 164
Shelest, Petro, 164
Shidehara Kijuro, 115, 117
Shinseki, Eric, 193
Shoup, David, 187
Simms, Brendan, 156
Simon, Herbert, 34, 84, 96, 195
Simon, John, 180-1, 181-2
Sistema do Tratado de Washington, 114
Smrkovsky, Josef, 166
Snidal, Duncan, 17, 83-4
Snyder, Jack, 17, 107, 113, 118, 140-1, 140n3, 145, 146, 201, 202
Sorensen, Theodore, 161
Stahel, David, 155
Stálin, Josef, 70-1, 123, 124-5, 154, 156-7
Steel, Ronald, 159
Stein, Arthur, 79, 80, 86
Stein, Janice Gross: sobre analogias e heurística, 96-7, 97, 101-2; sobre emoções e racionalidade, 69, 69-70; sobre a gestão da crise pela Alemanha antes da Primeira Guerra Mundial, 139-40; sobre a gestão da crise pelo Japão na Segunda Guerra Mundial, 145; sobre o pensamento não racional, 93; sobre a psicologia política, 99; sobre a incapacidade de Stálin de prever a invasão alemã, 157
Stevenson, Adlai, 161-2
Stigler, George, 55n26
Stosch, Albrecht von, 175
Sukhomlinov, Vladimir, 111
Suslov, Mikhail, 164

T

Taiwan, 199-200
Talbott, Strobe, 52, 128, 129, 130

Taliaferro, Jeffrey, 64-5, 151, 156, 157

Talibã, 187-8

Tarnoff, Peter, 135n87

Taylor, Maxwell, 160

Tchecoslováquia e República Tcheca: invasão alemã da, 120, 124-5, 176-7, 181-2; expansão da Otan e, 127; invasão soviética da, 106t, 162-7; morte do Estado e, 204

Tenet, George, 194

teoria da coação nuclear, 67

teoria da democratização e da guerra, 65

teoria da escolha racional: maximização da utilidade esperada e, 26-8, 78-83; definição incorreta da racionalidade individual, 84-91; não definição da racionalidade individual, 83-4; não definição da racionalidade do Estado, 91-3; racionalidade e, 20-2, 28-9, 77-8, 205-6. *Ver também* maximização da utilidade esperada

teoria da interdependência econômica, 51, 52, 61-2, 74

teoria da paz democrática, 48-9, 53, 55, 61-2

teoria da promoção forçada da democracia, 66

teoria do *bandwagoning*, 67

teoria do choque de civilizações, 64

teoria do dominó, 67, 68, 189-91

teoria do equilíbrio de ameaça, 48-9

teoria do risco, 172t, 172-6

teoria dos custos da audiência, 65-6

teoria liberal: teorias verossímeis e, 56, 57-63; teoria da paz democrática, 61-2; teoria da interdependência econômica, 61-2; estratégia principal e, 136-7; institucionalismo liberal, 61-2; outras teorias liberais, 61-2; pressuposto de racionalidade e, 20n3; estratégia de hegemonia liberal americana depois da Guerra Fria e, 131-6

teoria realista: teorias verossímeis e, 57-63; realismo defensivo, 58, 59; estratégia principal e, 136-7; realismo hegemônico, 59; realismo neoclássico, 64-5; realismo ofensivo, 59; pressuposto de racionalidade e, 20n3; estratégia de hegemonia liberal americana depois da Guerra Fria e, 52

teorias inverossímeis: definição, 63-4; inventário das, 64-8; não racionalidade e, 26, 47, 71-2, 75-6

teorias raciais, 64

teorias verossímeis: definição, 53-7; inventário de, 57-63; probabilidade, 56-7, 91; racionalidade estratégica e, 24-6, 47-8, 71-4, 75-6

teorias, 47-76; verossímeis, 47-8, 53-63; definição, 47-8; racionalidade individual e, 71-2; inverossímeis, 47-8, 63-8; pensamento não teórico e, 68-71; formulação de políticas e, 50-3; racionalidade do Estado e, 72-4; racionalidade estratégica e, 47-8; incerteza e, 49-50. *Ver também* teorias (específicas); teorias verossímeis; teorias inverossímeis; pensamento não teórico

Tetlock, Philip, 70, 89-90, 97

Thaler, Richard, 94, 95

Thompson, Llewellyn, 161

Tilly, Charles, 198

Tirpitz, Alfred von, 112-3, 144, 172-6, 194

Trachtenberg, Marc, 17, 144-5

Tratado de Não Proliferação de Armas Nucleares (TNP), 200-1

Tratado de Versalhes (1919), 120, 177

Truman, Harry, 168

Trump, Donald, 71, 131-2

Tsé-tung, Mao, 203

Tucídides, 75

Tversky, Amos, 94-6, 97

U

Ulbricht, Walter, 164

União Europeia (UE), criação da, 203-4

União Soviética: Crise de Berlim (1948), 39; Crise dos Mísseis Cubanos e, 44-5, 69, 158-62, 169-70; invasão da Tchecoslováquia pela, 106t, 162-7; principal estratégia francesa antes da Segunda Guerra Mundial e, 121, 122-3, 124-6; invasão alemã da (1941), 150-7; principal estratégia japonesa antes da Segunda Guerra Mundial e, 113-9; raciocínio não teórico na Segunda Guerra Mundial, 69, 70-1; morte do Estado e, 204; política americana da Guerra Fria e, 82-3, 88, 91-2; política americana em relação à Europa depois da Segunda Guerra Mundial e, 40-1. *Ver também* Rússia

V

Valenta, Jiri, 163

Valois, Victor, 176

Van Evera, Stephen, 107, 114, 140, 146

Vansittart, *sir* Robert, 180

Verba, Sidney, 35

viés: analogias e, 29-30, 78, 94-5, 97; definição, 78; maximização da utilidade esperada e, 78, 94-5; heurística e, 29-30, 78, 94-5, 97; não racionalidade e, 29-30, 78; prognósticos e, 97-8; teorização, 100-1

243

Von Neumann, John, 79, 81; *Theory of Games and Economic Behavior* (com Oskar Morgenstern), 79

Voroshilov, Kliment, 71

W

Waldersee, Georg von, 144
Walesa, Lech, 131
Walt, Stephen, 17, 55n26, 132
Waltz, Kenneth, 54, 126, 197, 198n10; *Theory of International Politics*, 54
Wandel, Franz von, 109-11
Warrick, Tom, 193
Weber, Max, 34, 196
Weinberg, Steven, 68
Welch, David, 158-9
Wermuth, Adolf, 110-1

Weygand, Maxime, 125
Wheeler, Earle, 187
Wilson, Henry, 112
Wolfowitz, Paul, 189, 191, 193

Y

Yarhi-Milo, Keren, 94, 182
Yeltsin, Bóris, 130
Yoshimichi, Hara, 148
Yosuke, Matsuoka, 116
Young, Robert, 119, 124

Z

Zhivkov, Todor, 164
Zimmermann, Arthur, 144
Zimyanin, Mikhail, 164
Zoellick, Robert, 50

SOBRE O LIVRO

Formato: 16 x 23 cm
Mancha: 26 x 48,6 paicas
Tipologia: StempelSchneidler 10,5/12,6
Papel: Off-White 80 g/m² (miolo)
Cartão Triplex 250 g/m² (capa)
1ª edição Editora Unesp: 2024

EQUIPE DE REALIZAÇÃO

Edição de texto
Tulio Kawata (Copidesque)
Carmen T. S. Costa (Revisão)

Editoração eletrônica
Eduardo Seiji Seki

Capa
Quadratim Editorial

Assistente de produção
Erick Abreu

Assistência editorial
Alberto Bononi
Gabriel Joppert

Rua Xavier Curado, 388 • Ipiranga - SP • 04210 100
Tel.: (11) 2063 7000
rettec@rettec.com.br • www.rettec.com.br